近代稀见旧版文献再造丛书

民国中國文化史要籍汇刊

（影印本）

侯杰 主编

第十一卷

李建文 中国文化史讲话

靳仲鱼 中国文化史要

孙德孚译 中国文化辑要

南開大學出版社

图书在版编目(CIP)数据

民国中国文化史要籍汇刊. 第十一卷 / 侯杰主编
. —影印本. —天津 ：南开大学出版社，2019.1
(近代稀见旧版文献再造丛书)
ISBN 978-7-310-05711-5

Ⅰ. ①民… Ⅱ. ①侯… Ⅲ. ①文化史－文献－汇编－
中国 Ⅳ. ①K203

中国版本图书馆 CIP 数据核字(2018)第 278071 号

南开大学出版社出版发行
出版人：刘运峰
地址：天津市南开区卫津路 94 号　　邮政编码：300071
营销部电话：(022)23508339　23500755
营销部传真：(022)23508542　　邮购部电话：(022)23502200
*
北京隆晖伟业彩色印刷有限公司
全国各地新华书店经销
*
2019 年 1 月第 1 版　　2019 年 1 月第 1 次印刷
148×210 毫米　32 开本　12.875 印张　4 插页　371 千字
定价：150.00 元

如遇图书印装质量问题，请与本社营销部联系调换，电话：(022)23507125

出版说明

一、本书收录民国时期出版的中国文化史著述，包括通史性文化著述、断代史性文化著述和专题性文化史著述三大类；民国时期出版的非史书体裁的文化类著述，如文化学范畴类著述等，不予收录；同一著述如有几个版本，原则上选用初始版本。

二、个别民国时期编就但未正式出版过的书稿如吕思勉的《中国文化史六讲》和民国时期曾以文章形式公开发表但未刊印过单行本的著述如梁启超的《中国文化史·社会组织篇》，考虑到它们在文化史上的重要学术影响和文化史研究中的重要文献参考价值，特突破标准予以收录。

三、本书按体裁及内容类别分卷，全书共分二十卷二十四册；每卷卷首附有所收录著述的内容提要。

四、由于历史局限性等因，有些著述中难免会有一些具有时代烙印、现在看来明显不合时宜的内容，如『回回』『满清』『喇嘛』等称谓及其他一些提法，但因本书是影印出版，所以对此类内容基本未做处理，特此说明。

南开大学出版社
二〇一八年十一月

总序

侯杰

中国文化，是世代中国人的集体创造，凝聚了难以计数的华夏子孙的心血和汗水，不论是和平时期的锲而不舍、孜孜以求，还是危难之际的攻坚克难、砥砺前行，都留下了历史的印痕，闪耀着时代的光芒。其中，既有精英们的思索与创造，也有普通人的聪明智慧与发奋努力；既有中华各民族儿女的发明创造，也有对异域他邦物质、精神文明的吸收、改造。中国文化，是人类文明的一座巨大宝库，发源于东方，却早已光被四表，传播到世界的很多国家和地区。

如何认识中国文化，是横亘在人们面前的一道永恒的难题。虽然，我们每一个人都不可避免地受到文化的熏陶，但是对中国文化的态度却迥然有别。大多离不开对现实挑战所做出的应对，或恪守传统，维护和捍卫自身的文化权利、社会地位，或从中国文化中汲取养料，取其精华，并结合不同历史时期的文化冲击与碰撞，进行综合创造，或将中国文化笼而统之地视为糟粕，当作阻碍中国迈向现代社会的羁绊，欲除之而后快。这样的思索和抉择，必然反映在人们对中国文化的观念和行为上。

中国文化史研究的崛起和发展是二十世纪中国史学的重要一脉，是传统史学革命的一部分——传统史学在西方文化的冲击下，偏离了故道，即从以帝王为中心的旧史学转向以民族文化为中心的新史学，又和中国的现代化进程有着天然的联系。二十世纪初，中国在经受了一系列内乱外患后，千疮百孔，国力衰微；与此同时，西方的思想文化如潮水般涌入国内，于是有些人开始对中国传统文化产生怀疑，甚至持否定态度，全盘西化论思潮的出笼，更是把这种思想推向极致。民族自信力的丧失既是严峻的社会现实，又是亟待解决的问题。而第一次世界大战的惨剧充分暴露出西方社会的弊端，其文化取向亦遭到人们的怀疑。人们认识到要解决中国文化的出路问题就必须了解中国文化的历史和现状。很多学者也正是抱着这一目的去从事文化史研究的。

在中国文化史书写与研究的初始阶段，梁启超是一位开拓性的人物。早在一九〇二年，他就深刻地指出：『中国数千年，唯有政治史，而其他一无所闻。』为改变这种状况，他进而提出：『历史者，叙述人群进化之现象也。』而所谓『人群进化之现象』，其实质是文化演进以及在这一过程中所进发出来的缤纷事象。以黄宗羲『创为学史之格』为楷模，梁启超呼吁：『中国文学史可作也，中国种族史可作也，中国财富史可作也，中国宗教史可作也。诸如此类，其数何限?』从而把人们的目光引向中国文化史的写作与研究。一九二一年他受聘于南开大学，讲授『中国文化史』，印有讲义《中国文化史稿》，后经过修改，于一九二二年在商务印书馆以《中国文化史稿第一编——中国历史研究法》之名出版。截至目前，中国学术界将该书视为最早的具有史学概论性质的著作，却忽略了这是梁启超对中国文化历史书写与研究的整体思考和潜心探索之举，充满对新史学的拥抱与呼唤。

与此同时，梁启超还有一个更为详细的关于中国文化史研究与写作的计划，并拟定了具体的撰写目录。梁启超的这一构想，部分体现于一九二五年讲演的《中国文化史·社会组织篇》中。在这个关于中国文化史的构想中，梁启超探索了中国原始文化以及传统社会的婚姻、姓氏、乡俗、都市、家族和宗法、阶级和阶层等诸多议题。虽然梁启超终未撰成多卷本的《中国文化史》（其生前，只有《中国文化史·社会组织篇》等少数篇目问世），但其气魄、眼光及其所设计的中国文化史的书写与研究的构架令人钦佩。因此，鉴于其对文化史的写作影响深远，亦将此篇章编入本丛书。

此后一段时期，伴随中西文化论战的展开，大量的西方和中国文化史著作相继被翻译、介绍给中国读者。桑戴克的《世界文化史》和高桑驹吉的《中国文化史》广被译介，影响颇大。国内一些学者亦仿效其体例，参酌其史观，开始自行编撰中国文化史著作。一九二一年梁漱溟出版了《东西文化及其哲学》，这是近代国人第一部研究文化史的专著。尔后，中国文化史研究进入了一个短暂而兴旺的时期，一大批中国文化史研究论著相继出版。在二十世纪二三十年代，有关中国文化史的宏观研究的著作不可谓少，如杨东莼的《本国文化史大纲》、陈国强的《物观中国文化史》、柳诒徵的《中国文化史》、陈登原的《中国文化史》、王德华的《中国文化史略》等。在这些著作中，柳诒徵所著《中国文化史》被称为『中国文化史的开山之作』，而杨东莼所撰写的《本国文化史大纲》则是第一本试图用唯物主义研究中国文化史的著作。与此同时，对某一历史时期的文化研究也取得很大进展。如孟世杰的《先秦文化史》、陈安仁的《中国上古中古文化史》和《中国近世文化史》等。在宏观研究的同时，微观研究也逐渐引起学人们的注意。其中，中西文化交流史研究成绩斐然，如郑寿麟的《中西文化之关系》、张星烺的《欧化东渐史》等。一九三六至一九三七年，商务印书馆出版了由王云五等主编的《中国文化史丛书》，共有五十余种，体例相当庞大，内容几乎囊括了中国文化史的大部分内容。

此外，国民政府在三十年代初期出于政治需要，成立了『中国文化建设会』，大搞『文化建设运动』，致力于『中国的本位文化建设』。一九三五年十月，陶希盛等十位教授发表了《中国本位文化建设宣言》，提出『国家政治经济建设既已开始，文化建设亦当着手，而且更重要』。因而主张从中国的固有文化即传统伦理道德出发建设中国文化。这也勾起了一些学者研究中国文化史的兴趣。

同时，这一时期又恰逢二十世纪中国新式教育发生、发展并取得重要成果之时，也促进了『中国文化史』课程的开设和教材的编写。清末新政时期，废除科举，大兴学校。许多文明史、文化史的著作因非常适合作为西洋史和中国史的教科书，遂对历史著作的编纂产生很大的影响。在教科书撰写方面，多部中国史的教材，无论是否以『中国文化史』命名，实际上都采用了文化史的体例。而这部分著作也占了民国时期中国文化史著作的一大部分。如吕思勉的《中国文化史二十讲》（现仅存六讲）、王德华的《中国文化史略》、丁留余的《中国文化史问答》、李建文的《中国文化史讲话》、范子田的《中国文化小史》等。

二十世纪的二三十年代实可谓中国学术发展的黄金时期，这一时期的文化史研究成就是有目共睹的，不少成果迄今仍有一定的参考价值。此后，从抗日战争到解放战争十余年间，中国文化史的书写和研究遇到了困难，陷入了停顿，有些作者还付出了生命的代价。但尽管如此，仍有一些文化史论著问世。此时，综合性的文化史研究著作主要有缪凤林的《中国民族之文化》、陈安仁的《中国文化史》、王治心的《中国文化史类编》、陈竺同的《中国文化史略》和钱穆的《中国文化史导论》等。其中，钱穆撰写的《中国文化史导论》和陈竺同撰写的《中国文化史略》两部著作影响较为深远。钱穆的《中国文化史导论》，完成于抗日战争时期。该书是继《国史大纲》后，他撰写的第一部系统讨论中国文化史的著作，专就中国通史中有关文化史一端作的导论。因此，钱穆建议读者『此书当与《国史大纲》合读，庶易获得写作之大意所在』。不仅如此，钱穆还提醒读者该书虽然主要是在专论中国，实则亦兼论及中西文化异同问题。数十年来，『余对中西文化问题之商榷讨论屡有著作，而大体论点并无越出本书所提主要纲宗之外』。故而，『读此书，实有与著者此下所著有关商讨中西文化问题各书比较合读之必要，幸读者勿加忽略』。陈竺同的《中国文化史略》一书则是用生产工具的变迁来说明文化的进程。他在该书中明确指出：『文化过程是实际生活的各部门的过程』，『社会生产，包含着生产力与生产关系。这本小册子是着重于文化的过程。至于生产关系，就政教说，乃是权力生活，属于精神文化，而为生产力所决定』。除了上述综合性著作外，这一时期还有罗香林的《唐代文化史研究》、朱谦之的《中国思想对于欧洲文化之影响》等专门性著作影响较为深远。

不论是通史类论述中国文化的著作，还是以断代史、专题史的形态阐释中国文化，都包含着撰写者对中国文化的情怀，也与其人生经历密不可分。柳诒徵撰写的《中国文化史》也是先在学校教习之用，后在出版社刊行。鉴于民国时期刊行的同类著作，有的较为简略，有的只可供学者参考，不便于学年学程之讲习，所以他发挥后发优势，出版了这部比较丰约适当之学校用书。更令人难忘的是，柳诒徵不仅研究中国文化史，更有倡行中国文化的意见和主张。他在《弁言》中提出：『吾尝妄谓今之大学宜独立史学院，使学者了然于史之封域非文学、非科学，且创为斯院者，宜莫吾国若。三二纪前，吾史之丰且函有亚洲各国史实，固俨有世界史之性。丽、鲜、越、倭所有国史，皆师吾法。夫以数千年丰备之史为之干，益以近世各国新兴之学拓其封，则独立史学院之自吾倡，不患其异于他国也。』如今，他的这一文化设想，在南开大学等国内高校已经变成现实。正是由于有这样的文化观念，所以他才自我赋权，主动承担起治中国文化史者之责任：『继往开来……择精语详，以诏来学，以贡世界。』

杨东莼基于『文化就是生活。文化史乃是叙述人类生活各方面的活动之记录』的认知，打破朝代观念，将各时代和作者认为有关而又影响现代生活的重要事实加以叙述，并且力求阐明这些事实前后相因的关键，希望读者对中国文化史有一个明确的印象，而不会模糊。不仅如此，他在叙述中，尽力坚持客观的立场，用经济的解释，以阐明一事实之前因后果与利弊得失，以及诸事实间之前后相因的关联。这也是作者对『秉笔直书』『夹叙夹议』等历史叙事方法反思之后的选择。

至于其他人的著述，虽然关注的核心议题基本相同，但在再现中国文化的时候却各有侧重，对中国文化的评价也褒贬不一，存在差异。这与撰写者对中国文化的认知，及其史德、史识、史才有关，更与其学术乃至政治立场、占有的史料、预设读者有关。其中，既有学者之间的对话，也有学者与读者的倾心交流，还有对大学生、中学生、小学生的知识普及与启蒙，对中外读者的文化传播，及其跨文化的思考。他山之石，可以攻玉。二十世纪二十年代日本学者高桑驹吉的著述以世界的眼光，叙述中国文化的历史，让译者感到：数千年中，我过去的祖先曾无一息与世界相隔离，处处血脉流转，气息贯通。如此叙述历史，足以养成国民的一种世界的气度。三十年代，中国学者陈登原不仅将中国文化与世界联系起来，而且还注意到海洋所带来的变化，以及妇女地位的变化等今天看来都亟待解决的重要议题。实际上，早在二十世纪二十年代，就有一些关怀中国文化命运的学者对十九世纪末到二十世纪初通行课本大都脱胎于日本人撰写的《东洋史要》一书等情形提出批评：以外人目光编述中国史事，精神已非，有何价值？而陈旧固陋，雷同抄袭之出品，竟占势力于中等教育界，垂二十年，亦可怜矣。乃者，学制更新，旧有教本更不适用。为改变这种状况，顾康伯广泛搜集文化史料，因宜分配，撰成《中国文化史》，脉络分明，宗旨显豁，不徒国史常识可由此习得，即史学门径，亦由此窥见。较之旧课本，不可以道里计，故而受到学子们的欢迎。此外，中国文化的海外传播、中国对世界文化的吸收以及中西文化关系等问题，也是民国时期中国文化史撰写者关注的焦点议题。

围绕中国文化史编纂而引发的有关中国文化的来源、内涵、特点、价值和贡献等方面的深入思考，耐人寻味，发人深思。孙德孚更将翻译美国人盖乐撰写的《中国文化辑要》的收入全部捐献给因日本侵华而处于流亡之中的安徽的难胞，令人感佩。

实际上，民国时期撰写出版的中国文化史著作远不止这些，出于各种各样的原因，没有收入本丛书，也是非常遗憾的事情。至于已经收入本丛书的各位作者对中国文化的定义、解析及其编写体例、使用的史料、提出的观点、得出的结论，我们并不完全认同。但是作为一种文化产品值得批判地吸收，作为一种历史的文本需要珍藏，并供广大专家学者，特别是珍视中国文化的读者共享。

感谢南开大学出版社的刘运峰、莫建来、李力夫诸君的盛情邀请，让我们徜徉于卷帙浩繁的民国时期中国文化史的各种论著，重新思考中国文化的历史命运；在回望百余年前民国建立之后越演越烈的文化批判之时，重新审视四十年前改革开放之后掀起的文化反思，坚定新时代屹立于世界民族之林的文化自信。

感谢与我共同工作、挑选图书、撰写和修改提要，并从中国文化中得到生命成长的区志坚、李净昉、马晓驰、王杰升等香港、天津的中青年学者和志愿者。李力夫全程参与了很多具体工作，表现出一位年轻编辑的敬业精神、专业能力和业务水平，从不分分内分外，让我们十分感动。

总目

第八卷

王德华　中国文化史略

陈竺同　中国文化史略

第九卷

李继煌译　中国文化史

第十卷

姚名达　朱鸿禧　中国文化小史

范子田　中国文化小史

常乃悳　中国文化小史

第十一卷

李建文　中国文化史讲话

靳仲鱼　中国文化史要

孙德孚译　中国文化辑要

第十二卷

王云五　编纂中国文化史之研究

陈安仁　中国文化建设问题

陈安仁　中国文化演进史观

陈国强　物观中国文化史（上、下）

第十三卷　丁留余　中国文化史问答

姚江滨　民族文化史论

缪凤林　中国民族之文化

第十四卷　王治心　中国文化史类编（上、中）

第十五卷　雷海宗　中国文化与中国的兵

蒋星煜　中国隐士与中国文化

第十六卷　孟世杰　先秦文化史

罗香林　唐代文化史研究

第十七卷　陈安仁　中国上古中古文化史

第十八卷　陈安仁　中国近世文化史

第十九卷　朱谦之　中国思想对于欧洲文化之影响

第二十卷

张星烺　欧化东渐史

郑寿麟　中西文化之关系

梁启超　中国文化史·社会组织篇

吕思勉　中国文化史六讲

李建文《中国文化史讲话》

李建文所著《中国文化史讲话》共一册，一九四二年由世界书局出版发行。全书依朝代将太古、先秦至清代的文化史分为九章，每章分节记述各代政治制度、学术思想、宗教、农商等情况。在第九章『清代文化』中，作者将清代称为文化更化期，鸦片战争后的情况较为简略。此书对有争议的问题，只选录一般公认的说法。

靳仲鱼《中国文化史要》

靳仲鱼所著《中国文化史要》共一册，一九四一年九月在上海三通书局出版。全书共有十五章，无序跋。采取分科文化史的方法，将上古至清末历朝，分田制、币制、官制、兵制、法制、教育、学术、文学和宗教等门类，依据具体情况予以论述，尤注重制度文化史。

孙德孚译 【美】盖乐《中国文化辑要》

盖乐（Esson M.Gale）曾任职于中国盐税管理署，一九二七至一九二八年，任美国密歇根大学远东历史讲座教师，一九二八至一九三二年，在美国加州大学东方语言学院任职。本书译者孙德孚生平不详，从序言中可以得知译者曾以大圣、白兰等笔名在南京、上海等地的报章杂志中发表外文诗歌、短篇小说多篇。

盖乐《中国文化辑要》一书是孙德孚唯一一本以汉语文言文翻译的作品，其英文名称是 *A Topical Survey in Outline*，又名《中国文化基础》（*Basics of the Chinese Civilization*）。原书内容分为两编，分别是『中国文化发展之真相』和『中国现代之国际关系』，其中每编各三十章。译者孙德孚认为第二编内容较为常见，故只翻译了第一编结集出版。译作正文共四十六页，于一九三六年翻译完毕。其友为筹集救助安徽战争难民的资金，于一九三八年十月将该译作交由溆浦县合作金库经理室发行，由湖南溆浦县民众书局、沅陵青年书报供应社代售。

全书以大纲形式编纂，大致按照时间顺序记述了中国从周到清代的文化发展历史。在外来文化方面，着重介绍了佛教、伊斯兰教和古代基督教在历代政治、文化中的影响。对于中国本土文化，作者介绍了他对诸子百家、宋代理学家、艺术家及革新者王安石的看法。全书视野宏阔，资料来源丰富，具有一定的学术价值。

中國文化史講話

李建文著

世界書局印行

小引

編綜合的中國文化史不易；範圍務求廣闊，選擇務求謹嚴，敍述務求簡潔，態度務求忠實。因爲種種方面的關係，我們現在很難找到一本滿意的中國文化史。就是中國通史，也很難舉出那一本來作爲代表。本書的編述，自然更不能與名家比肩，然而廣闊、謹嚴、簡潔、和忠實四點，在編述的時候，筆者一直是信守着的。好在本書原不過是入門之作，讓讀者可以在短短的九十多頁中，窺到和我國民生活有密切關係的文化的輪廓，至於詳盡的敍述，只有虛左讓賢了。

歷史書籍的編寫法，原有兩種：一爲轉述法，卽引用各種著作，加以引號，註明出處，作者只略附意見。二爲直述法，卽以作者個人的口氣敍述，所引用的文字，也化爲作者的口氣，而納入於文中，不復加用引號及註明出處。兩法無分優劣。但本書原不過是一本介紹式的入門書，談不到深切的研究，所以用直述法；關於中國歷史上久懸不決的問題，本書只舉出普通承認的事實，也不預備作仔細的討論了，這一點希讀者原諒。

本書的敍述，略依朝代而分期，以便讀者；然而也不是拘拘於一朝一族的眼光，無寧說是以全世界爲背景而敍述中華民族的文化活動。分章卽依據朝代，每章又分若干節，略述其時代的波動概況，以及其時代的文化，包括政治、制度、法律、教育、賦稅、兵制、宗教、交通、風氣、學術、文藝、社會經濟、生活狀況……等各方面，務期沒有缺漏。又敍述的次序，也依材料分量輕重而先後，並不怎樣固定，以避免枯澀之病。至於清朝的敍述，在鴉片戰爭之後，只舉綱略，因爲近百年的文化史，和我們現代的生活有密切關係的，擬另寫現代中國文化史，以爲續篇，所以本書中止於遜清季年。

甚願讀者以本書的介紹，略知數千年來我民族的偉業；而名家巨子，以本書的簡陋蕪雜，進而編寫大規模的中國文化史，則筆者的私懷可以說是達到了。謹在此致深切的期望。

目次

第一章　太古時代的文化

（一）傳說中的歷史

太古時代的中國情形究竟是怎樣，現在東西學者，還在聚訟紛紜之中。本書編著的方法，不在於研究，而在於作一鳥瞰式的敍述，所以對於未曾確定的學說，無意加以引錄。關於中國的歷史，從什麼時代開端；中華民族中主要分子的漢族，是怎樣的起源。……諸如此類的問題，現在也沒有完全可靠的答案，只好俟諸異日。

現在我們所能夠知道的，就是在公元前三千年左右，中華民族中主要分子的漢族，已經在黃河沿岸繁殖，而且有了相當可觀的文化。這以後幾世紀中的情形，可在傳說中窺見一二；但是傳說決不是歷史，所以這些事實，是不必信以爲眞的。據說，中國最早的君主，有天皇氏、地皇氏、人皇氏三位，這三位或稱「三皇」。三皇之後，還有許多君主，其中有名的幾位，如教民構木爲巢的有巢氏，教民鑽木取火的燧人氏，畫八卦的伏羲氏，創耕稼的神農氏。——但是當時黃河沿岸的漢族，只是零零碎碎的部落，沒有統一的君主，三皇和有巢氏燧人氏等，如果眞有其人，也不過是各部落的酋長，決不會是君主；何况「構木爲巢」「鑽木取火」……等事實，不過表示社會進化的狀態，不能夠歸諸於個人的事業，說是某一位人物發明的；因此充其量，我們只能夠說，有巢氏是代表會築巢的部落，燧人氏是代表會用火的部落，伏羲氏代表會漁獵的部落，神農氏代表會耕種的部落吧了。

根據傳說來闡述，則統一中國而成建國偉業的人是黃帝軒轅氏。黃帝立國於熊，與神農氏的後裔戰爭而克之，又擒殺蚩尤，就爲諸侯推戴而即帝位。他更北逐匈奴祖先葷粥，就建立一個東起大海，西抵崆峒，南迄長江，北至釜山的大帝國。戰亂既平，黃帝把涿鹿地方當作國都，建城市，作舟車，定官制衣冠。又使蒼頡作文字，容成作曆，隸首作數，伶倫作律呂（音樂），元妃西陵氏（嫘祖）教民以蠶桑。由這樣看來，黃帝實在是中國文化的先驅而統一事業的完成者。但是文化這個東西，是漸次進步而非急切就可以起來的。即使黃帝怎樣神聖，羣臣怎樣睿智，而要說是在一代之中，便會成功這許多創作，這也是很困難吧。所以我們現在以爲黃帝還是傳說中的人物，不過那時中國已經文化斐然，高於附近諸民族，是可以確信的。

黃帝之後，再經過幾代，便是老學究所津津樂道的堯舜。堯舜也是兩位古代的君主，他們的事蹟，書經中的堯典舜典兩篇記載得很明白。據說堯命羲和治曆象，正四時，以便農耕。堯禪帝位於舜，並把二女妻之。舜定諸侯朝聘之禮，又訂中央和地方的官制、法則。如禹爲司空，總理一切民政；棄爲后稷，掌農事；契爲司徒，布五教；垂爲共工，治百工。……」——堯舜時代的情形，據說是太平盛世，頗令後人有「生不逢堯與舜時」之感。然而究竟有無這樣的時代，也許編輯尚書的孔夫子，也不能夠確言了。

舜禪帝位於禹。據說禹曾經受命治洪水，在外面漂泊八年，勞心焦思，三過家門不入，到底把洪水治平。他又把中國本部劃定九州，視察各地田土的肥瘠，制定貢賦。禹是夏朝第一位君主。在他以前，帝位有好久都是禪讓的，如堯傳舜，舜讓禹；然而自從禹死後，這例就跟着破壞。據說禹本是想把帝位讓給一位大臣伯益的，可是禹一死，人民紀念他平洪水的好處，便推禹的兒子啓即位，於是開世襲之局。這是三代中第一個朝代夏。——傳說雖然如此，但是夏代的事蹟，究竟有幾分可信，迄今還成問題。

夏代的君主桀暴虐無道，湯起兵滅夏，建立商（殷）代，把夏桀流放在南巢地方。這是「革命」。接着，湯做了君主，定封建制度，創井田法，設立學校，獎勵農業。湯死後，子孫仍舊世襲，並遷都好幾次。到紂王的時候，賦斂繁重，刑罰嚴酷，加以荒淫無度，以致諸侯反叛，民衆怨嗟。周武王起兵「革命」，攻入商都，紂自焚死，商歷十六世而亡。而周代興，從周代起，中國歷史可信的成分是極濃厚，顯然脫離傳說時代了。周武王建國時，在公元前一千年左右。關於周以前文獻的不備，事蹟的荒邈，孔子也曾說過：「夏禮吾能言之，杞不足徵也；殷禮吾能言之，宋不足徵也。文獻不足故也，足則吾能徵已。」可見三代以上，久已難言了。

（二）原始的中國人

上面已經把傳說中的歷史說過了，這裏再依據社會進化的軌跡證之以最近地下發掘的所得，把原始的中國人，大略一述。

原始人所用的工具，大概是石器，從石器的精粗，可以分作舊石器時代和新石器時代。後者比前者時期較晚，程度較高。中國曾經有過石器時代，而且也有過舊石器時代。桑志華（Pére E. Licent）曾在陝西和甘肅北部，發見舊石器時代的石器，又曾發現那時代人類的遺齒遺骨。還有另外幾個地質學家，在北平西南周口店，發現與世界最古人類屬於同一時代的人類的遺齒遺骨，由此可以證明在太古的時候，黃河流域已經有人們居住。

舊石器時代以後，是新石器時代。新石器時代的遺跡，在黃河流域被發現的更多，其分布區域也較廣大。根據各家的報告，新石器時代的遺址是在華北，蒙古，東三省一帶，約有七十餘處之多。北平地質調查所曾在河南省澠池縣仰韶村掘得很多的骨器石器和土器，如石器有石斧、石鏃、石刀、石鍬及石製紡錘具等，骨器有骨鏃、貝鏃、骨製和角製的針，土器有土製紡錘具等多種。至於金屬和文字卻沒有發見，也許所有這些遺跡，都是當時沒有文字也不知利用金屬的種族所遺留下來的。

就發現的石器而論，新石器時代的中國人，既然有石鏃、骨鏃、貝鏃等工具，可知已經發明了弓矢，從事狩獵，而以獸肉爲日常的食料，並用火、石斧、石刀等，作爲加工於自然產物的工具，婦女用紡錘具紡樹皮的纖維，以手指織之。從他們所用的石鍬，可知他們會用極幼稚的方法，開始栽培植物，並且定居於村落。同時也發明了土器。但是他們還不知道應用金屬。從這樣的情形看來，那時候的中國人，已經進入野蠻時代的下段了。

接着新石器時代之後，便是銅器時代。夏朝的情形，迄今尚曖昧不明，但是根據殷墟出土的甲骨和古器物，可見殷人已有極大的進步，知道熔解並利用金屬，也會農耕，且發明了文字。然而從本質上，還不能說殷代已經推進到農業社會。大概說來，殷代是從游牧生活到農業定居的開始，似乎較爲適當。當時家畜仍舊是人們主要的財產，同時也是他們主要的粮食資源。他們也以簡單的農具，栽培禾黍一類的作物，藉以補助粮食。他們的勞動用具是高貴的銅器，並須靠石器和木器來補助，所以農業和工業，實在並不是主要的。

中國太古時代的原始社會，到殷代似乎在崩潰。起初人們沒有私有財產，「民只知有母，不知有父。」然而漸漸進化，牧畜成爲主要的勞動部門，做丈夫的便把畜羣和其他動產，當作自己的財產，而將其積蓄起來。於是社會發生一個大變革，就是母權顛覆，父權確立；由母權組織起來的原始的氏族，一變而爲由父權組織起來的派生的氏族。殷代的中國社會，是父權的氏族社會到形成國家的過渡期。換言之，就是由野蠻到文明的過渡期。那時候，一方面氏族的組織依然存在，同時在另一方面國家的萌芽也已經在生長着。但是無論如何，中國人建設國家的事業，是由周人來完成的，也正當周的時候，中國才步入眞正的歷史時代。

（三） 文化啓蒙

（1）衣食住　太古的中國人，也和別的原始民族一樣，只靠天然的產物，當作食糧，他們每天所孜孜從事的，就是狩獵禽獸和採集果實。後來人口漸漸增加，知識漸漸進步，只食天然的產物時虞不足，乃發明牧畜之業和耕作之法。於是肉食穀食，兩者得兼，也不必担心匱乏了。次於食者是衣。太古的人們，自然不知道織布帛裁衣服的方法，只把獸皮木葉，遮蔽在身上，聊禦寒風烈日。接着，人們發明以纖維製布，蠶絲製絹，黃帝時代，已定衣冠之制，可見那時就有了衣服。至於住居，太古時代也極簡陋，或結巢樹上，以避毒蛇猛獸，或掘穴土中，以禦風雨寒暑。在傳說中的黃帝堯舜時代，已經有家屋的建築；到夏殷的時代，家屋的構造，便大大進步。如殷末的紂王，興造宏大的宮殿台榭，可知當時那般貴族住居的地方，已經很完備，不過普通的人們，還多穴居野處的衣食住之外，便是行。太古的人們，除了戰爭時以外，簡直談不到交通，逐水草而居的游牧，也是時行時止的。且看老子的話：「鄰國相望，雞犬相聞，民至老死不相往來。」可見交通的不需要了。

（2）婚喪祭祀　太古的人們，男女雜居，無所謂夫婦。那時候是母權社會，以女性為中心，到了父權社會的時候，便有掠奪婦女或以婦女和物品交換等事出現。傳說在伏羲氏時代始創嫁娶之禮，也許那時才有婚姻的儀式出現，然而一夫娶數妻及姊妹共嫁一夫的事，還數見不鮮呢。至於喪葬，最早也沒有一定的儀式，有的簡直棄尸溝壑而已。後來人們知識漸進，相信死者魂魄的存在，遂作棺槨，把死者安葬野外。到殷代末了，喪葬已經成功極鄭重的禮式。至於信仰和祭祀，原始民族，大都是崇拜大自然而以土為神的，中國人也不能例外；所以日月星辰、山川河海、風雨雷霆地震等，都當作有主管的神靈而對之崇拜。後來殷人信鬼神之風甚盛，則自然崇拜之外，又崇拜幽靈了。

（3）農工商業　原始人因為所用的工具，不脫石器木器銅器，其農工業自然是無足觀的。大概所謂工業，也不過是石器、木器、土器、銅器的製造，由粗而精，漸趨進步。至於農業方面，其耕種的工具，就是到了金屬發現，還不脫「木耕手耨」。不過由畜牧進展到農業的時候，注意曆象四時，天文學卻萌芽了。至於商業，在太古時代，簡直談不到。人們自己所需要的，都靠自己作出來供給，偶有不足，也是以物易物來補充。傳說中的「神農氏日中爲市，使民交易」正足表示以物易物的狀態。後來也許感到不便，在殷代便開始以貝作貨幣。貝是殷人和東海邊上民族交易所用，像財、貨、賣、買、賄、賂、貸、賦諸字，都是從貝的，可見貝是最早的貨幣。此外尙有以刀、布、絹帛作貨幣的。

（4）文字　太古的中國沒有文字，用結繩來記事。相傳伏羲氏首創的八卦，也許可以說是最初的文字。黃帝時蒼頡始制文字，自然是不可信的。但是從此可以看到中國文字的演進：因結繩感到不便，乃刻劃而成八卦，八卦漸嫌太簡單，於是有模擬事物的字體。如今所看到殷墟出土的甲骨文，還是半圖半字的形狀，而且並沒有統一。可見最早的中國文字，不外「指事」（以點畫表示事物的性質，如一、二、上、下）和「象形」（模擬物形，如日、月、山、水）兩者。後來應用漸繁，在「指事」「象形」以外，再用「會意」（如止戈爲武、人言爲信）「形聲」（如江、河）「轉注」（如音樂的樂，轉爲快樂之樂）「假借」（如然而的然，本作燃燒解）各法，造出新字。這六種造字的方法，合稱「六書」，是後人歸納而成的，並不是造字時先有六書的原則。至於寫字的東西，在殷代還是用刀刻畫在龜甲獸骨之上呢。文字以外，還有繪畫和雕刻，如今甲骨文雖有出土，但是繪畫和雕刻，在夏殷兩代，並沒有可以徵信的實物留下來，只是看到甲骨文，可知繪畫雕刻兩者，當時也同樣萌芽了。或者太古時代的中國人，因爲沒有崇拜偶像，所以兩者都沒有發達吧。

中國文化，到殷代已露曙光，但是文獻無可徵，只能夠撮述如上，此外關於詩歌、音樂、天文、曆數等，當在次章詳述之。

第二章 先秦時代的文化

（一） 周的建國和崩潰

根據傳說，周的祖先是堯舜之際作后稷（官名）的棄。棄的母親名叫姜嫄。堯因爲棄教民農耕有功，把他封在邰的地方在此建立家室奉乃母姜嫄的祭祀。可是棄的子孫因不肯而失去官職，沒落於戎狄之間。直到公劉，又漸漸顯達。他率領一族，移居於豳。傳了幾代，到古公亶父手裏他被北方的戎狄所迫，乃移居岐山，與姜女結婚，自成一個部落，號曰周。一邊周人勵行農耕，生息日繁，到古公的孫昌時，爲殷的西伯（西方諸侯的領袖）與鄰近的部落結盟，顯然成功一大勢力。昌子發立，便率領諸侯伐殷，殷的紂王敗死。昌就即位，都鎬京。他尊父昌爲文王，分封宗室功臣於四方，立公侯伯子男五等爵。當時受封而建國爲諸侯者，凡兄弟十五人，同姓四十人，異姓二十餘人，其他前代的諸侯，並仍其舊。

發死，謚爲武王。自周武王建國後，歷三代而周室漸露衰象。其時有一位暴君周厲王，因爲失民心被逐，政府裏由兩位貴族攝政，號稱「共和」。接着，周宣王立。宣王是號稱中興的英主，他主持政府的時候，雖然不能恢復周初的盛況，然而曾和侵略進來的異族作殊死戰。原來四方的異族進窺漸烈，玁狁（後來的匈奴）甚至打到國都。宣王乃命尹吉甫北伐玁狁，方叔南討荊蠻，召虎東征淮夷，並親伐徐戎。縱然如此，西北的游牧民族，仍舊步步進逼，宣王之子幽王立，就死於犬戎之手。平王即位，爲避西北游牧民族之勢，遷都於東方的洛陽。這是在公元前七七〇年左右。

西北游牧民族，進逼不已，斲傷了周的元氣，東周的時候，君主的威嚴掃地，無力爲諸侯領袖。諸侯強橫，互相攻爭，弱肉強食，便現出所謂春秋之世來。春秋時代是指公元前七二二年到四八一年而言。在周的初期，諸侯之數，大概有一千八百光景，到了春秋時代，兼併而減少，剩下一百六十餘。其中強大的諸侯，看到周王威令不行，戎狄步步進逼，便起來內扶衰弱的王室，外攘侵略的戎狄，以威力爲諸侯的領袖，號稱霸者。如齊的桓公、宋的襄公、晉的文公、秦的穆公、楚的莊王，都曾成功霸業，世謂「五霸」，此外吳和越也各曾稱霸一時。

齊是東方的大諸侯，雄踞今山東一帶。桓公稱霸時，挾天子，令諸侯，功業炳彪一時，桓公死後，國勢不振。晉是在今山西一帶，楚是在長江流域中部，兩方面都有問鼎中原之意，對峙幾兩百年。秦在今陝西一帶，是西方諸侯的領袖，並有極好的形勢。晉、楚、秦三國角逐，得精疲力盡的時侯，太湖流域的吳越兩諸侯，也曾經先後稱霸南方，然而究竟因爲實力不足，旋其地併於楚。最後，周室日益式微，諸侯僭稱王號，外則兼併，內則篡奪，如田氏篡齊，韓魏趙三家瓜分晉國。春秋結束，入於戰國時代了。

戰國時代緊接春秋，直到秦統一中國（公元前二二〇年左右）為止，約二百五十年。當時號稱君主的周室，聊保殘喘，和宋、魯、鄭、衛等小國一樣。只有七國角逐着，這是所謂「戰國七雄」：（田）齊割據東方，占山海之利；韓、魏、趙鼎峙中原，區域雖小，然而地肥民衆；楚雄踞長江流域；燕據東北而南向；秦拓地西戎，蓄國力而東顧。其中秦因為地利的優越，努力生產，積蓄國力，隱然有宰制天下的形勢。另外六國，雖然想用攻守同盟的「合從」來對付秦，然而因為各自不和，濫耗兵力，愈趨於弱。秦乃出函谷關，先滅日薄崦嵫的周室。到秦始皇的時候，陸續滅掉韓、趙、魏、楚、燕、齊六國。封建諸侯，隻影無存，統一國家，開始在中國歷史上出現了。秦是第一個統一中國的朝代，當時的形勢，統一原是必然的。於是中國歷史開始了新頁。

（二） 周的制度法則

（1）封建制　中國封建制的起源，現在尚未考明。世稱禹王「為塗山之會，執玉帛而朝者萬國。」又言周武王「伐殷時，諸侯之來會者八百。」然而這些究竟是封建的諸侯，還是部落的酋長，這是極難說的。不過我們可以相信，在周代開頭，封建制已經頗具規模。周王分封宗室功臣為諸侯，定公侯伯子男五等爵位：公侯得方百里之地，稱大國；伯得方七十里之地，稱中國；子男得方五十里之地，稱小國；不滿五十里的諸侯稱附庸，使隸屬於大國。周的初期，諸侯云有千八百國，可見那時的中國，是在怎樣零碎不統一的狀態中。春秋戰國時代的兼併攘奪，雖然使封建制度動搖，然而正是統一的前驅呢。

周的封建社會，在階級上，是這樣組織的：最高的是天帝，其次是王，在王之下，就是公侯伯子男五等諸侯。王下面有公卿、大夫、士，諸侯也有卿大夫士，且又各有官吏、庶民、以及賈人、牧畜人等。在階級最下層的是奴隸。其情形，王和諸侯在上，士大夫在中，庶民和奴隸在下，好像金字塔式。王、諸侯、士、大夫是支配者，支配者階級用「宗法」來組織血屬，規定繼承者。

（2）官制　周的官制，見於周禮。是否可信，却不能斷定。有三公（太師、太傅、太保）三孤（少師、少傅、少保）作爲天子的顧問。這種顧問，並無常任的官守，於行政事務，絕未有絲毫關係。執掌政務者，則中央政府的組織，有天地、春夏、秋冬六官。天官以大冢宰爲之長，總理諸政，又掌內外出納及宮中事務。地官以大司徒爲之長，掌民治、教育及農商事務；春官以大宗伯爲之長，掌祭祀及朝聘會同的禮式；夏官以大司馬爲之長，掌兵馬出征；秋官以大司寇爲之長，掌刑辟訟獄；冬官以大司空爲之長，掌勸工、勸農及土木。大冢宰、大司徒、大宗伯、大司馬、大司寇、大司空，這是中央政府六位領袖，叫做六卿。每一位各有士大夫等屬官六十，所以官的總數有三百六十云。至於諸侯，也準此而有大同小異的官制，不過在異姓國家，官名或有不同，如楚的令尹，宋的左師司城之類。

（3）兵制　周的兵制，實際上是否如下述那樣的整齊，也頗不易確定，這只根據古書記載而說吧了。當時周的王畿方千里，除去山川邸宅等項，約略可得井田六十四萬，以六十四井作一甸，便有一萬甸。而方里爲井（八家），四井爲邑（三十二家），四邑爲丘（一二八家），四丘爲甸（五一二家。）至於徵兵的方法，是以丘及甸作基礎；丘出戎馬一四牛三頭，甸出兵車一乘，戎馬四疋，牛十二頭，甲兵三人，步卒七十二人，人夫二十五人，總計凡百人。所以天子有兵車萬乘，號爲萬乘之君。

軍隊的編制：五人爲伍，五伍（二十五人）爲兩，四兩（百人）爲卒，五卒（五百人）爲旅，五旅（二五〇〇人）爲師，五師（一二五〇〇人）爲軍，各有伍長、司馬、卒長、旅師、軍將等來統率。天子有六軍，諸侯則大國三軍，中國二軍，小國一軍。人民服兵役的義務，從二十歲到六十歲止，每半年或一年交代一次，所以一生之中，少或一次，多也不過兩三次的服務。

戰爭所用的兵器，太古時代都是石造，自從人們發現並利用銅以後，兵器也全是銅製。這些銅製的兵器，有刀、劍、矛、戟、戈等。到戰國初冶鐵術進步，才有鑄造鐵劍的。戰士用以保護身體的甲冑，有犀甲、兕甲、合甲等，都用堅韌的皮革製成，冑大概是用革或銅所造成的。還有弓、箭、杆楯之類武器，這裏也不詳述了。

(4)田制和稅法　「井田制」、「貢助徹」法兩者,久爲學者研究探索的問題,這裏無意採取任何一家的學說,只根據古書上記載的,加以撮述吧了;至於當時實際上究竟如何,還待將來研究的結果呢。據說三代之時田地是公有的,由國家貸給人民耕種,使納田賦充國用。夏代所行的叫作「貢」法,以田五十畝爲一間,以十間爲一組而授給十家人民耕種,使每家繳納其五畝的收穫作田賦。殷代所行的叫作「助」法,將田六百三十畝劃成九區,成井字形,每區七十畝。以中央一區算作公田,其餘的算作私田,凡八家則得一井的田,每家自耕私田,並共耕公田而以其收穫繳納於上。周代則折衷夏殷之制而依土地的情況兼用貢助兩法,如近都市而人家稠密之所則用助法,遠離都市而人家稀少之所則用貢法。因此周代所行的叫作「徹」法;徹者,通也。不過周代井田,一井有九百畝,一區有百畝,這是和殷代稍異的地方。人民年二十,受田百畝,至六十仍舊把田歸公。次子稱餘夫,年十六受田二十五畝。——這樣整齊的井田制度,即使眞的存在,到春秋戰國的時代,因爲要盡地力,便破壞無餘了。

稅法,據說禹治洪水後,立九等(上上、上中、上下、中上、中中、中下、下上、下中、下下)之別。夏代則依貢法,以田五十畝授之一家而使納其十分之一;殷代則依助法,使八家共耕公田而以其收穫爲稅;周代則依徹法,既如殷的以公田收穫爲稅,又如夏的使納其十分之一。周代由田繳納的叫粟米之征,另外還有令納絹布若干的，叫布縷之征；又每年使用人民為夫役，叫力役之征。這些和稅是同一的意義，並且是後世行「租、庸、調」的濫觴。其他還有山澤之征，漆林之征等征。總之，田賦是古代中國最大的稅收，而春秋戰國時兵戈頻仍，稅收一定是極重的，決不會取到十分之一而已。

(5)法制　古代刑罰，不用說是十分殘酷的。相傳五刑(墨、劓、剕、宮、大辟)是舜時所定。夏殷兩代，在五刑而外，還增了流刑、鞭刑、朴刑、贖刑等類。到了周代，更添設刵、髡、桎、梏、焚、辜、肆、徒等刑，其幼弱、老耄、白癡者犯罪無罰；又不知而犯、誤犯及遺忘而犯的罪，都有恕宥及減等的寬典。周末還生出種種酷刑，如夷族、車裂、體解、鑿顛、抽脅、鑊烹等類，以處治犯大逆之罪者。

關於刑事的訴訟，須先訊之於羣臣吏民而後判決；若所決為死刑，則士師受其宣告書而擇日執行刑事；可是王族和有爵者不在市朝行刑示衆，婦女也不得肆諸市朝。此外士大夫和幼弱老耄的人不執行徒刑，命婦(大夫的妻)不能自出而身與獄訟，得使臣僕代替。民事訴訟中關於人事的，以訟者的鄉人為證；關於土地的，以邦國的本圖為標準；貸借的訴訟，以證劵為本；買賣的訴訟，以約劑為據而加斷決。聽訟之日，史官將兩造所陳述的話記錄下來。關於犯罪的訴訟，則有使先入劵書及鈞金之例；關於貨財的訴訟，則有使先入束書之例。

（6）教育和選舉　下述的教育和選舉制度，當時在實際上是否這樣，也頗難說。據說舜使契爲司徒敷五教，已經是中國教育制度的濫觴。其後學制漸備，夏代大學叫「東序」，小學叫「西序」；殷代大學稱「右學」，小學稱「左學」。周代在京師設大學稱「辟雍」，或稱「成均」，使自十五歲到二十歲的王世子、羣后世子、卿大夫及元士的嫡子和地方俊選之士入學，而授以禮樂射御書數六藝。小學則州（一萬二千五百家）有「序」，黨（五百家）有「庠」，教八歲到十四歲的庶民子弟，使習簡易的學科和洒掃應對之節。又閭（二十五家）有塾，選閭中有德而致仕的人使教閭民。至於諸侯之國，也有大學小學；大學稱「泮宮」，比天子的辟雍規模稍減。

選舉伴學制而俱來。在周代則鄉大夫舉鄉中俊彥送於司徒，稱「選士」；司徒又舉選士中的俊彥送之於學，稱「俊士」；俊士既舉於學，稱「造士」；大樂正又舉造士中的俊彥送於司馬，稱「進士」。司馬乃論其才調，而授之以官，賜之以爵，與之以祿。由鄉進者，鄉大夫掌之，大司徒用之；由國學進者，大樂正掌之，大司馬用之。鄉學所進，從「選士」而成爲「造士」者，得爲鄉遂之吏；國學所進，由「進士」而升者，得爲士大夫。——選舉制度雖然這樣完備，然而周代會否實行，不敢臆斷；而春秋戰國之際，布衣匹夫，崛起而爲卿相者不鮮，則即使有此制度，也破滅殆盡了。

（三）農工商業和生活狀況

（1）農業　殷代是否已經踏入農業社會，這裏無庸再說。但是無論如何，周代的農業已十分發達，那時已脫離游牧而進入定居的農業時代。政府有草人、稻人、司稼等官，以監督田圃的稼穡之事。農民還不大知道利用牲畜，兩人相並而耕，所以稱「耦耕」。他們所播種的穀類，概是稻粱菽麥稷黍；養蠶也漸盛行，農民在自已家宅旁邊，栽種桑樹，得農暇便養蠶，成繭後，有稱繭稅的，隨桑之多少而納繭。

（2）工商業　春秋戰國時代，諸侯攻伐不已，兼併之風極熾，有益於工商業不淺。本來，周代關於器物的製作，已有進步，如攻木、攻金、攻皮、摶埴諸工，各專其業，而作車之法和製弓之術，非常繁盛，那就是因為戰爭的緣故。然而比較起來，工業之中，以「製鹽」「冶鐵」兩者最大，而且都屬於國營。齊在山東，擅山海之利，換一句話說，就是擅鹽鐵之利，因此富甲列國。因為鐵的廣用，戰國時的中國已經步入鐵器時代了。

春秋戰國時代，又有巨商大賈出現。他們積資財而為富翁，進而參預政治。大商人的崛起，因為商業的興盛，而商業的興盛，也是兼併的結果。周初天下有千八百國，眞所謂十步一關，五步一卡，貨物經過一國，就要多納一筆捐稅，在這樣的情形下，怎談得到使商業發展。但兼併之後，餘下的國家無幾，交通方便，商賈往來，就容易賺錢了。至於貨幣，像齊的法貨，周的大錢，韓的宅陽諸布，還有流傳到現在的，很可相信。

（3）衣食住　周代織物，已有絹帛與麻布二者，作衣服之用，絹帛有綾羅之類，麻布有絺綌之類，種類都很多；又用植物染料以染絲，並有刺繡之術。衣服依貴賤而有等差，一般則有上衣下裳之別，袖闊而裙寬，嚴寒則服狐裘及羊裘。禮服方面有種種的區別：天子祭昊天和上帝時，服羔羊之裘，享先公時，着袞龍之衣，享先公而爲饗射時，則衣上畫雉子之服，祀四望及山川之衣，則上畫虎蜼，祭社稷及五祀（春戶、夏灶、秋門、冬行、季夏中霤）時之衣，則其上縫爲米粉之狀，祭羣小祀之時，則着玄衣以爲例。其他公侯伯子男卿大夫的吉服，依上各降一等。冠冕則夏殷兩代的體裁，已無可稽考。周代則有冕（麻冕、袞冕、毳冕、希冕等）雀弁（或作爵弁）尚有皮弁、韋弁、武弁等）委貌等類，其體裁猶能詳知。佩帶的東西極多，據說男子左佩紛（拭器之類）帨（手巾之類）刀、礪、小觿、金燧，右佩玦、捍、管、遰（刀亮子）、大觿、木燧。女子左佩與男子同，右佩箴、管、綫、纊、鞶袠、大觿、木燧。頭飾：男子幼時，把頭髮分開而結之，稱作弁髦；長則以黑布裹髮而簪以笄，以帛束髮根，垂髻於後以爲飾。女子長則以髢束髮，插以櫛笄之類。

飲食則每日三餐。食物於穀類、蔬菜而外，並食鳥獸的肉。穀類爲稻、米、菽、麥、黍、稷等，多蒸而食之。蔬菜爲葱、薤、薑、茶之類，或以爲羹，或雜入鳥獸肉裏面。鳥獸的肉，以雞、鴨、雉、雁及牛、羊、犬、豕爲主，而馬、鹿、熊、狼等類，也供食用。飲料有酒、醴、漿、湆等，酒相傳爲儀狄所發明，由來已久。

住居，在周代似極其發達進步，王宮建築，更稱完美。王侯的宮殿和官衙等屋上，大概都覆以藁茅之類，也有蓋瓦的；到了周末，都市的屋宇也許都是蓋瓦的了。中流以上的住宅，在屋內分設種種的房屋，地上敷陳筵席，以供坐臥之用，因爲當時有在戶外脫履登堂而坐的習慣，頗像今日日本人的樣子。

（4）禮儀風俗　「禮不下庶人，刑不上大夫，」這裏所說的禮儀風俗，不外是統治階級的，而庶民不與。統治階級以禮來定尊卑，表示自己的身分，當周末貴族的地位在動搖的時候，嚴格的禮也宣告破產了。周禮之中，有冠婚喪祭燕射朝聘等的儀式，就中喪祭最爲重視。祭祀的起源極古，到周代則尤加尊重，凡天、地、山川、林、澤等皆祭之。祭祀之中，郊祀和社稷之祭，更稱重典。所謂郊祭，天子築壇於國都的南郊，燔柴以祀昊天上帝，而以其祖配享。所謂社稷之祭，社是地祇，以后土配之，稷是穀神，以后稷配之。郊祀只限於天子，諸侯雖得建社稷，可是不能祀昊天及上帝。又天子可以祭九州的名山大川，諸侯則國境以外的山川，便不能往祭。凡有旱災日蝕等時，必行祭事。

喪葬：天子及諸侯五日而殯，大夫士三日而殯；天子七月而葬，諸侯五月而葬，大夫三月而葬，士踰月而葬。而王葬，同軌（諸侯）悉至；諸侯之葬，同盟悉至；士大夫之葬，外姻悉至；庶人之葬，族黨來會。棺槨天子四重，諸侯三重，都是用松的；大夫二重，用柏；士一重，用雜木。又製竹器瓦器之類，納在棺中，叫作明器。父母的喪，服斬衰三年，從天子到庶人都是一樣的；祖父母伯叔父母昆弟的喪，服齊衰一年；若爲從父昆弟的喪，則服大功九月；若爲再從兄弟外祖父母的，則服緦麻三月。在父母的喪中，則不論貴賤，一般只食飦粥；年五十纔不毀瘠，七十只服衰麻，並得飲酒食肉。

男子二十而冠，女子十五而笄。二十歲的男子舉行冠禮，原以表其爲成人。在舉行前，先卜日的吉凶，次卜加冠的人。到那一天，冠者的父着禮服，將爲子加冠的人迎來，請他爲子加冠，且給他取字。加冠畢，乃有見兄弟姊妹及鄉大夫鄉先生之禮。——這是士的冠禮，舉一以見大概。

婚姻的年齡，所謂男子三十而娶，女子二十而嫁，這是常例。結婚與異姓，氏族雖別，如果是同姓，仍舊不得相婚。婚姻有納采、問名、納吉、納徵、請期、親迎的六禮，從王侯到庶民，都是一律的。——在將欲娶女之前，以雁爲贄，使媒人致其意於女父，叫作納采；若得了女父的允許，更問女的名字，叫作問名；媒人歸來，乃卜吉凶，若是吉時，便遣使相告，叫作納吉；其次納玄纁之帛十端及皮二枚作爲證據，叫作納徵；納徵既畢，則請婚期，叫作請期；到了婚日，爲婿者乘黑車赴女家親往迎接，叫作親迎。普通貴族的男子，除正妻以外，尚有不少姬妾，就是庶民，也可公然蓄妾。這一方面由於一夫多妻的遺風，一方面則有重視嗣續的理由在內。

（四）學術思想的黃金時代

中國文字的起源，雖然極早，然而書寫的工具，卻頗不便。殷代是用刀尖刻畫於甲骨上。周代仍舊沒有紙筆，寫字的時候，用竹木的尖端醮漆而寫在布帛或板上；書籍則寫在竹簡上面，用皮帶連綴攏來，乃合而卷之，以便保存。孔子讀易，韋編三絕，可見他用功之勤，而書籍是怎樣的笨重了。

古代的書籍，據說有三墳、五典、八索、九丘，都久已不傳。現在所能看到中國最古的書，無疑要推孔子刪定的書、詩、易、禮四經。書即尚書，記載自堯舜以來，至秦穆公之歷代君臣的典謨誓誥等類。詩包括風、雅、頌三類：國風載各國的民歌；雅是燕饗朝會的樂歌；頌是宗廟的樂歌。易為卜筮的書，據說伏羲畫八卦，文王作彖辭，周公又作爻辭。禮中的周禮，是記周的官制，儀禮是記冠婚喪祭燕射朝聘，禮記則孔子以禮教授門人時，據周禮儀禮所編纂而成者。此外的古書，有春秋、論語、管子、老子、墨子、孟子、莊子、荀子、左傳、國語、戰國策等。唯五經諸子的書流傳到現在的，眞偽尚有問題，不能一概而論的。

縱然如此，然而就流傳至今的諸子百家著作看來，我們不能不說春秋戰國是中國學術思想的黃金時代。當時王室衰微，諸侯兼併，戰亂頻仍，民生痛苦；而且封建制度因大商人崛起而動搖，貴族漸趨淩夷。有志之士，或欲挽回其階級的沒落，或抱濟世救民的宏願，或欲揚名立身，遂四方風起，各述其說，各闡其意見。結果，各派的學說爭起，蔚為空前的奇觀。總計有儒、道、墨、法、名、陰陽、縱橫、雜、農九流，合小說家稱十家，其他還有兵家、楊子等派，請撮要分述於下：

（1）儒家　儒家之祖爲孔子。孔子名丘，字仲尼，於公元前五五一年生於魯國。他抱維持禮教的宏願，但出仕不得意，周遊列國凡十八年。歸魯後，以其精力從事述作，以垂後世；敍書，刪詩，序易，作春夏，五經俱由他所手定。年七十三（公元前四七九）卒。孔子的學說，以仁爲人的行爲之大本，以修身齊家治國平天下爲目的，以詩書禮樂爲至德的工具；他想以禮教來使社會穩固，上下有序。他的門人據說有三千，而高足凡七十二人。這些門人散居四方，祖述孔子的學說，儒學大昌，遂成後世中國政教的基礎；餘波更經朝鮮而及於日本，在東洋風化上，給與以極偉大的影響。

孔子之後，有孟子荀子，出稱爲儒家的雙璧。孟子名軻，受業於孔子之孫子思的門人，著孟子七篇，祖述孔子，但於尊王、賤霸、重仁義、輕功利、唱性善，有獨到之處。後世就尊他爲「亞聖」，推爲儒家的正統。荀子名況，也叫荀卿，後孟子五十年生，著荀子三十二篇，祖述儒學，而主張性惡，雖具卓見，終爲後儒所誹議，卒以正統歸孟子。

（2）道家　道學之祖是老子。老子姓李名耳，差不多在孔子同時，生於楚之苦邑，據說曾仕周爲藏書室史。所著之書分上下兩篇，凡五千言，後人稱爲（老子）道德經。老子目睹貴族凌夷，商賈日興，故主張返歸太古淳朴之世，排斥禮樂，絕棄聖智，消滅戰爭、交通、工商、技術諸事，以無爲而服從自然爲原則。其說欲使時代倒退，實際上自不能行，不過理想超絕，用意飄逸，給迷於功利的人心以極大影響。後世更以老子之說，附會於黃帝，稱黃老，並假託老子而創興一種所謂道教的宗教，大行於中國。

老子之後，有文子、列子、關尹子等，其書傳於今者，顯係僞託。惟莊子堪與老子先後媲美，莊子名周，宋之蒙人，生當孟子同時。著莊子十萬言，其說出自老子，而自立一家之見，文筆汪洋自恣，縱橫飄逸，可稱諸子中最傑出的。

楊子名朱，主張爲我，拔一毛而利天下不爲，悉天下以奉一身不取。當時其學說極盛行，與墨家平分天下，但後竟不傳。察其思想，當與道家相近。

(3)墨家　墨家之祖爲墨翟，其生稍後於孔子。他所著的墨子一書，主兼愛，非攻戰，尚節儉，崇鬼神，眼光極遠大，並且躬自履行，不虞一己的犧牲，頗有耶穌基督的精神。墨子弟子，有禽滑厘等，但學說過激，爲統治階級所嫉視，墨子死後而學說頓衰了。

(4)法家　法家的崛起，是當時商工業勃興的結果。法家主張功利主義，要求統一國家，明君臣上下之分，信賞必罰，以治天下。他們以爲仁義禮樂非切要，用法術來治天下。這一學派，發源於使齊國富強的管仲，為魏國盡地力的李悝，其徒有申不害、商鞅、韓非等。商鞅治秦，雖稱嚴峻，而效立現。集法家學說之大成者是韓非。韓非為韓的公子，與李斯俱學於荀況，長於法術。秦王政震其名，招其赴秦，不幸為李斯所讒死。但是後來秦始皇所施行的政策，實在是從韓非的學說胚胎出來的。

(5)其他各家　名家非家，實在不過是論學的方法，即論理學的一端。其徒以趙人公孫龍為始，後有鄧析惠施等，所唱的「白馬非馬」「堅白同異」「鷄三足」等，大都近乎詭辯。

兵家是軍事學家。有著孫子的孫武，著吳子的吳起，其論兵術，至今猶有其價值。

縱橫家是政客一流人物，祖鬼谷子，據說是蘇秦張儀之師，主張以陰謀權術操縱天下。蘇秦主合從，張儀持連衡，游說諸侯，煊耀一時。繼起者有公孫衍、蘇代、蘇厲、樓緩一班人。

陰陽家言神仙，談地理，近乎方士。其著名者有鄒衍。農家近乎社會主義一派，其著名者有許行。以上各家之外，尚有尸佼、陳仲、彭蒙、田駢、慎到等，也各自倡導一派的學說。

(6)科學　科學方面可言者，有天文、曆法、醫術諸端。天文學起源極早，至周頗有進步，推測星宿運行之術也開其端。分天體為二十八宿，又將列國的領土分配於天體，名叫分野。謂屬於分野的分星若有變異的時候，則此分野之國當遭災難。以天象而徵候吉凶的占星術便發達起來了。曆法在周也有一點變動，夏以建寅之月爲正月，殷以建丑之月爲正月，周以建子之月爲正月。或者說周的正月，適當夏的十一月；而夏的正月，則現在太陰曆的正月便是所以農曆（陰曆）一稱夏曆。

據說神農氏嘗百草之味首創醫藥，黃帝著醫經，但這是不足信的。中國古代的醫師，都由巫覡兼之，藥劑也不過草根樹皮之類，實在談不到什麼醫術。周代略有進步，有疾醫（內科醫）瘍醫（外科醫）獸醫等。更如扁鵲神術，揚名於諸侯。可是這時醫師極少，諸侯有疾，往往向鄰國聘醫，民間則依然求治於巫覡。又鍼灸之術，當時已行於世。

（7）文藝　文章之興，韻文先於散文。中國最早的韻文，以詩經楚辭稱爲雙璧。詩經代表初期的北方韻文，包含廟堂樂歌和里巷民歌，而經過孔子編删的，各篇的作者早已不詳。楚辭代表初期的南方韻文，其作品頗具神話的意味，其作者有屈原宋玉等。屈原所著的離騷，則爲後世詞賦的模範。韻文之外，則有散文，春秋戰國諸子，意想卓越，詞藻華美，氣魄磅薄，就文論文，也不失爲極可觀的作品。

藝術可從音樂、繪畫兩方面而言。中國的音樂，據說起於黃帝時伶倫作十二律。十二律者，黃鐘、太簇、姑洗、蕤賓、夷則、無射稱六律，太呂、夾鐘、仲呂、林鐘、南呂、應鐘稱六呂，合稱十二律，造成音樂的基礎。樂舞之名，則有雲門、咸地、大韶、大夏、大獲、大武等，今俱失傳。樂器分金、石、絲、竹、匏、土、革、木八音，以鐘爲金，磬爲石，絃爲絲，管爲竹，笙爲匏，壎爲土，鼓爲革，柷爲木。鐘有頌鐘、編鐘之類，絃有琴瑟之類，鼓有鼖鼓、鼛鼓之類，所以樂器的種類極多。

繪畫到周代，也似乎發達起來了。據說有「司繪」之職，掌繪畫之事以描畫衣服等物；可是詳細的事實，史無可徵，故不能知，只論語上有「繪事後素」的一句話，和其他書籍中的兩三典實吧了。

第三章　秦漢三國的文化

（一）建設統一國家

中國的歷史，雖然很悠久，然而正式把黃河長江兩流域統一，而成一個泱泱的大國，當以秦始皇（公元前第三世紀）爲嚆矢。始皇平定六國，統一天下，造成空前的偉業，便着手組織中央集權政府。他自稱德兼三皇，功邁五帝，乃號皇帝；以古來謚法子議父臣議君爲非禮，乃令廢謚，而立一世二世三世以至於萬世之制，並自稱始皇帝。接着廢封建而布郡縣制，改中央及地方官制，總攬行政、兵馬、監察三大政而確立帝權。命李斯作小篆以統一文字，又築馳道，車同軌，以便利全國的交通。他爲防止叛亂，收民間兵器，一起銷毀，並命諸郡豪傑十二萬戶移諸咸陽，以富國都。焚書坑儒，以統制學術於官，並以堵塞腐儒之口。當時匈奴漸強，南窺河套，始皇命蒙恬將重兵壓迫之，把從前燕趙等所設的長城增修，起臨洮至遼東，即今的萬里長城。又征南方百越，在今廣西及安南之地，新置南海、桂林、象三郡，屯兵五十萬於西南邊境。縱觀秦始皇時代的所作所爲，和他勵精圖治的狀況，不禁令我們想到馬其頓的亞力山大王來。

秦建設統一國家，勵行中央集權制，並大興土木，征役頻繁，農民疲於奔命，對秦政府怨恨日深。同時有些豪族，原是六國遺民，不忘復國之念，正在乘機思動，始皇在日，憑他的英明，還能夠控制；等他一死，二世立，旣愚且暗，中國大亂，農民豪族都揭竿而起：陳勝吳廣起於蘄；楚的舊臣項梁和其侄項羽起於吳，並擁立楚懷王孫爲王；沛上亭長劉邦起於沛。於是六國遺民，紛起嚮應。秦政府發大軍先破陳勝吳廣兵，進而斬項梁，然旋爲項羽大破於鉅鹿，秦軍盡降，自關以東，秦政府的勢力蕩然無存。劉邦則西行入關，秦帝迎降；公元前二〇六年，秦亡。

秦亡之後，統一的中國，又告破裂，成功羣雄紛爭的局勢，以項羽劉邦兩軍爲最強。劉邦陸續剪滅羣雄，最後把項羽軍完全殲滅，仍舊統一了中國，定都長安，建立漢朝；他自己做了皇帝，這便是漢高祖。高祖起身微賤，原是一朝際會風雲的幸運兒；大臣諸侯，也多出自匹夫，不嫻典禮。因此他雖能馬上得天下，卻不能馬上治天下。博士叔孫通，乃勸高祖定朝儀，並取法於秦的舊制，訂定官制及法制，廢郡縣，復封建，以官僚政治來統治天下。經過幾代之後，到劉徹（漢武帝）的時候，文治武功，盛極一時。在中國歷史上，漢武帝唐太宗兩代，並稱爲全盛時代。

武帝以後，漢室漸衰，宦官外戚專權於朝；而豪商、地主與官吏狼狽爲奸，民不聊生。在公元八年，乃有王莽篡漢，改國號爲新。王莽是一個抱着極大理想的改革家，他登位後，想拯民困苦，盡廢漢代的制度而採用周禮中所說的辦法。他想把土地收歸國有，平均分配給農民，施行井田制；一面取締巨商的操縱物價，把好幾種東西，實行專賣。王莽的理想固然不錯，他的勇氣也頗可佩，無奈政令過於繁瑣，早更夕改，使民無所適從。州縣不堪其煩，民衆苦於重斂。貴族、地主、巨商，相繼離叛，甚至於農民也發生暴動。稱帝十五年的王莽，終於敗死。劉秀是漢的宗室，在敗王莽後，定都洛陽，次第削平羣雄，仍舊統一中國，這是後漢（東漢）的光武帝。光武登位在公元二五年。

光武仍舊恢復漢代的制度，留心文治，與民休養生息。他看到前漢末年王莽篡位時，士大夫諂諛的風氣，便極力獎勵名節。結果學術甚盛，名節之士輩出。到了後漢末年，雖然外戚宦官交互弄權，然而清節氣概之士，都反對宦官的跋扈，結連大學諸生，排議朝政，月旦人物，於是有黨錮之禍，士雖被拘殺，仍不稍屈。可是政治日趨紊亂，民衆不勝困苦，危機漸迫。鉅鹿張角率領的黃巾賊數十萬以起，又是一次農民暴動。漢政府命皇甫嵩等討平之，但黃巾餘衆散在四方，騷擾州郡。漢政府乃把重權給地方官吏，外權漸重，遂開割據的先路。而漢政府裏面，政變迭起，漢獻帝被西北重鎮的董卓所挾制，奔往長安，其情形已如風中殘燭了。

當時諸將都以兼併爲事，中國成功四分五裂的狀態：曹操據山東，袁紹領山西，袁術取河南，劉表據湖北，孫堅保湖南，公孫瓚占幽燕，公孫度雄視遼東，劉璋據居巴蜀。羣雄相角逐，到第三世紀初，曹操領有河北，孫權踞江東，劉備西據巴蜀，遂三分天下。公元二二〇年，曹操子丕廢漢獻帝，自卽帝位，國號魏，都洛陽。次年，劉備以漢之宗室稱帝巴蜀，國號漢（蜀），都成都。後九年，孫權也卽帝位，國號吳，都建業。於是入三國之世。

魏蜀吳三國鼎立，攻伐不已，魏據中原，最擅形勝，爲三國的首班。蜀相諸葛亮欲維正統，屢謀伐魏，不克；吳則偏安江東，聯絡魏蜀之間。魏政府內的大權，漸次落入司馬氏之手。到司馬昭爲相國，封晉公，屢行廢立。司馬昭先遣將滅蜀，威望益重，加九錫，爲晉王。至二六五年，昭子炎，篡魏自立，國號晉，這是晉武帝。又經十五年，吳也爲晉所滅。於是晉朝又統一中國，時在二八〇年。

（三）域外交通和經略

在漢時代，最值得提起的事，便是耀威域外。如今中國人被普遍的稱爲大漢，也就是這個緣故。秦漢時，匈奴南竄，中國人作浴血的抗戰幾兩百年，始奠定北方的邊陲。匈奴原是游牧民族，秦始皇曾遣蒙恬擊卻之。秦末大亂，匈奴乘隙南下，侵河南，又滅東胡，其勢日盛，鐵騎直薄太原。漢高祖親討，結果被圍於白登，只好議和，接着用和親之謀，結其歡心，以紓北顧之憂。這樣一來，匈奴的問題，苟安而未解決。於此也可見中華民族能屈能伸的態度。

到漢武帝時，中國經過幾代休養生息，實力已經十分充足，極力想向外發展。除了朝鮮征伐和西南經營（俱詳後）外，並以大軍北討匈奴。時匈奴有老上單于出，奪月氏之地，其版圖遂東自朝鮮，西抵西藏，成功一個極大的勢力。漢武帝命衛青霍去病李廣利等出師征討，越狼居胥山，抵瀚海；把河套一帶地方收復，置五原、朔方二郡。不久又出兵隴西，斷絕匈奴和天山南路間的聯絡，定河西，置武威、張掖、酒泉、敦煌四郡，而實以屯田之兵。從此匈奴遠遁，漠南更不見有王庭，而往來西域的道路也由此開闢。

匈奴本想聯絡西域諸國以攻漢，卻被漢占了上風，聯絡烏孫大月氏以迫之，匈奴勢衰，遂起分裂。王莽篡位後，中國大亂，匈奴又復強盛，南下劫掠山西陝西一帶。接着，匈奴領袖間內訌，分裂為南北。南匈奴內附中國，和北匈奴相攻伐。後漢明帝乃命竇固等合南匈奴之衆北征，取伊吾盧；又令班超往西域締結同盟，倣前漢西域夾攻匈奴的辦法。於是丁零、鮮卑、南匈奴及西域諸國，乘北匈奴的衰亂，羣起而攻之。後竇憲率大軍至燕然山（外蒙古的杭愛山），大破匈奴，餘衆奔逐而西。其他遂為鮮卑所據。鮮卑和烏桓同為東胡之後，其根據地在今蒙古東部，也為游牧民族。

和討伐北方匈奴同時並進的，則有西域的經營。西域是中國本部以西諸國的總稱；東起玉門關陽關，西至葱嶺，其間凡有三十六國，後又分為五十餘國，都為匈奴所役屬。西域之北是烏孫，其西有大宛（Fergana）康居（吉爾吉斯草原）奄蔡（Alani）；其南有大月氏、安息、罽賓（Kashmir）諸國。安息曾與大夏（Bactria）共叛條支（Seleukos 朝）而獨立，旋破條支國威頓揚，而大夏則爲月氏所滅。月氏在秦漢之際，奄有河西之地，後來被匈奴逼走到西方去，更爲烏孫所壓迫，住到媯河（Oxus）之畔。但是月氏西走後，力量反而強大，滅大夏而據其地，建大月氏國。當漢武帝征匈奴時，派遣張騫到大月氏去，邀其夾攻匈奴，以復宿仇。大月氏卻無意於此，張騫不得要領而歸，然西域之道以通。相傳張騫帶歸的西方植物，有葡萄、苜蓿兩者云。

是後西域的樓蘭（後改鄯善，Cherchen）車師（Turfan）諸國，屢叛屢降。漢遣鄭吉擊破之，鄭吉始爲西域都護，建幕府於烏壘城（Chador），以鎮撫天山南北三十六國。經過王莽之亂，西域諸國又叛。後漢明帝時，班超使西域，先到鄯善，斬北匈奴的使者，以威服其國王，乃乘勢下于闐（Khotan）疏勒（Kashgar），漢置西域都護使監諸國。接着西域諸國又叛，陷都護府，漢政府想拋棄西域，班超上書自請征伐。班超可稱一個偉大的殖民家。他進略莎車（Yarkand），下龜茲（Kucha），襲焉耆（Karashar），招烏孫，破大月氏，遂爲西域五十餘國都護；旋遣部將甘英，欲與大秦通，甘英到波斯灣頭，不能渡而歸。所謂大秦，是指羅馬東方領地而言。班超在西域凡三十年，揚中國國威於葱嶺東西，在班超之後，中國便沒有經營西域之念了。

西域交通既開，中國遂開始和西方通商，綜漢一代，外國貿易未嘗中絕，留居長安的蕃客也很多。中國的輸出物，以絹爲主，外國的輸入品，大概是寶石、藥劑、香料等東西。歐洲人非常寶愛中國的絹帛，但是中國絹帛到歐洲，必得經過中亞細亞商人之手，價格增貴不少；有一時羅馬的中國絹甚至於等於同一重量的黃金的價格，遂禁止其輸入，並不准人民再著用絹布。到後漢時，羅馬領有敍利亞（Syria）以西，和安息幾次爭西亞細亞地。而在中國，則把羅馬的東方領地稱叫大秦。班超曾遣甘英往通大秦，不成而返。羅馬也想從陸路與漢直接交通，每爲安息所阻；羅馬的馬克思·奧勒留思·安敦尼（Marcus Aulerius Antonius）帝，派兵破安息，取波斯灣頭地，接着有使者經印度洋至安南，把象牙、玳瑁納貢於漢帝，以求絹帛及其他貨物。該使者自稱係奉大秦王安敦（卽安敦尼帝）的命令而來，這事在於一六六年。此後羅馬商船屢至中國，中國商船也到錫蘭島附近，交易日盛。

西域交通頻繁的結果，佛教便傳入中國。印度是佛教的發源地，然而佛教傳入中國的橋樑，卻是大月氏。前面已經說過，大月氏定居於嬀河之畔，國勢反而興盛。其王閻膏珍（Hucmo Kadphises）踞雄中亞，領有印度西北，開始皈依佛教。據說當前漢平帝之世，來到中國的大月氏使者，曾把佛經口授給博士秦景憲，但是絕無流傳接着，佛教在中印度漸衰，大師雲集大月氏，該地遂爲北派佛教的中心（南派在師子國，即錫蘭島。）後漢明帝時，中國聲威遠播西域，並派使蔡愔等西行求佛經。蔡愔到了大月氏，得佛經及佛像，又得迦葉摩騰（Kasyapa Matanga）竺法蘭（Dharma-rakcha）二僧爲伴，乃以白馬馱經像，於公元六十七年返中國。明帝就在國都洛陽建白馬寺，命二僧先翻譯佛說四十二章經爲漢語，這是中國設立佛寺、翻譯佛經的開始。中國人雖然祭天地拜鬼神，然而卻不談宗教，佛教一來，遂託根斯土，發揚光大了。

漢代對外的經營，自然是以北方的匈奴和西方的西域爲最重要，可是朝鮮征伐，南方經略和對羌族的血戰，也不能不撮要一述。據說殷亡之後，箕子奔朝鮮爲王，其後裔爲燕人衞滿所篡。衞氏主政，威震四鄰。衞滿孫右渠不肯服漢，並思擾邊，漢武帝乃遣楊僕於公元前一〇八年討滅之，置眞番、樂浪、玄菟、臨屯四郡。惟半島南部，仍爲三韓所居，未隸中國版圖。前漢末年，朝鮮半島上又出現了高句麗、百濟、新羅三國。高句麗與中國接壤，乘王莽之亂，屢寇遼東。光武帝曾擊退之，後復爲公孫度所敗。後公孫氏爲曹魏所滅，高句麗再擾邊，魏幽州刺史毌丘儉大舉反攻，屠其都丸都城，高句麗王遁走，後歸略樂浪帶方之地，都黃城（平壤之東）。國勢乃再恢復，與百濟新羅鼎峙於半島上。

南方的開闢，也爲秦漢間值得大書的事。秦漢時的中國，已經由黃河長江兩流域，而發展到珠江流域；

到漢武帝時，今兩廣、福建、安南東北部一帶，次第歸入中國版圖。至於中國西南部，長江上流一帶，以前雖和中國略有交通，但自秦亡後，仍舊像化外的樣子。漢武帝欲令唐蒙通夜郎國，以便張騫經夜郎通印度，然而未達目的，只達滇國。漢政府乃以經略珠江流域的軍隊西向降服今西康附近諸蕃。後漢亡，蜀建國西陲，蜀相諸葛亮想在伐魏時絕後顧之患，乃討平南蠻，五月渡瀘，深入不毛，進略今貴州一帶。漢代對羌的血戰地，在今甘肅、青海一帶。羌也是游牧民族之一，對於中國時降時叛，中國的國力受到極大的消耗。直到後漢末年，羌族有的歸降，有的被屠殺，殘餘的勢力無幾，漢政府仍在西涼駐精兵以備之。而後漢的財政，為了應付羌，也弄到不能彌補的地步。

總之，秦漢兩代，從事域外的交通和經營，結果奠定中華民族的基礎，中國的版圖也粗具形廓；從而使域外的人，認識這個東亞的大國，東西文化，開始交流。如今我們緬懷漢代的雄風，也不禁心嚮往之呢。

（三） 秦漢的制度

（1）官制　秦始皇厲行中央集權政策。中央政府置丞相以總諸政，置太尉以掌天下之兵，置御史大夫輔丞相而監察諸政；於是行政、兵馬、監察三權分立，皇帝則總攬這三大權。以始皇的英明，固能勝任，然而難為其後繼者了。其他的官職：如奉常掌祭祀禮儀，郎中令掌宮殿掖門，衛掌門衛屯兵，宗正掌帝王的親族，治粟內史掌穀貨，廷尉掌刑辟，典客掌兵客，太僕掌輿馬，少府掌山海池澤之稅。而漢代的三公九卿之稱，就是根據這十二種官制而來的。

漢初仍承秦的官制，設丞相、太尉、御史大夫。後來次第改太尉爲大司馬，御史大夫爲大司空，丞相爲大司徒，而大司徒、大司馬、大司空，就稱三公。王莽託古改制，到後漢又稍復舊觀，以大司馬爲太尉，大司徒、大司空則去大字，於是太尉、司徒、司空稱三公，也名三司。然後漢諸帝多沖齡踐祚，以太傅錄尚書事，又起了太傅錄尚書事之號。太尉、太傅、司徒、司空，合稱四府。後漢末，一度罷三公之官，到魏又復太尉、司徒、司空之稱。三司（三公）之下，有九卿。所謂九卿，太常（秦的奉常）、光祿勳（秦的郎中令）、衞尉（有時稱中大夫）屬於太尉之下；太僕、廷尉、大鴻臚（秦的典客）屬於司徒之下；宗正（有時稱宗伯）、大司農（秦的治粟內史）少府屬於司空之下。而少府之下有尚書以掌祕書，但後來卻參與政治，尚書令和尚書僕射成功重要之官。又到後來置中書監和中書令以後，其權力移歸於中書；中書本是執掌詔告的官，也據此而參與政治了。

（2）郡縣與封建　秦漢中央政府的官制，既如上述，而地方制度，不外出入於郡縣與封建之間。秦因中央集權，廢棄封建制度，從李斯的建議，將各地方分爲三十六郡，郡更分爲縣。每郡置守、尉、監；守以治民，尉以掌兵監以監察。這樣一來，地方之權集於中央，諸王大臣不能私有土地民衆了。

然而秦末大亂，諸郡無守禦力量而瓦解，秦政府以孤立而亡。漢高祖鑑於這一點，乃兼用封建郡縣兩制度，大封功臣和子弟於各地，又各任諸臣爲郡守。然而漢的封建制度漸漸名不副實：高祖先誅戮異姓諸侯；景帝時用鼂錯之謀，減削同姓諸侯的領地，激成七國之亂，結果同姓諸侯也漸微弱，到後漢和魏，諸侯王所領，不過一縣，封建宗室，徒存其名吧了。封建之外，漢的郡縣制，一仍秦舊。郡的長叫太守，司治民進賢決訟檢姦之事，春則巡迴屬下諸縣，冬則決囚，並考績部吏。縣的長叫令或長，縣令治萬戶以上的大縣，縣長治萬戶以下的小縣。到漢武帝時，郡上置州，成州、郡、縣三級制，分冀州、幽州、并州、涼州、益州、交州、兗州、青州、徐州、豫州、荆州、揚州十二州，每州置刺史，統轄屬下諸郡。後改刺史之名，爲州牧，位於九卿之次。後漢末年，有黃巾之亂，州牧統重兵，地方權重等於諸侯，遂開三國鼎峙之局。

(3)兵制　秦代掌兵者，中央有太尉，郡有尉。漢代兵制甚備，京師有南北兩軍，南軍屬衞尉，守宮城，北軍屬太尉，保衞京師。武帝時，把北軍分爲中壘、屯騎、步兵、越騎、胡騎、長水、射聲、虎賁八校，更置羽林、期門之兵以屬南軍。其在地方，依地勢配置輕車、騎士、材官、樓船之兵；即平地置輕車騎士，山阻置材官，川澤置樓船。調兵之制，人民年自二十三到六十五者爲正卒，以一年赴京師入南北兩軍爲兵，一年在郡國（地方）爲材官、騎士、樓船等兵，其後則歸住鄉里，以待調發。然武帝時，將北軍分八校而爲募集兵，置羽林、期門之兵而爲世襲兵，於是京師軍制稍稍改變了。

（4）法制　秦代法網森嚴，刑罰苛酷。所以漢高祖入關後，首先廢秦苛法，約法三章：殺人者死，傷人及盜者抵罪。然而實際上，漢高祖的誅戮功臣，仍舊是十分慘酷的。漢文帝素稱仁厚，放棄誅三族的辦法，並廢除黥、劓、刖等肉刑，景帝時減笞數。總之，漢朝刑法可以說是比較寬大的。法律書漢初蕭何於李悝法經六篇之外，又增三篇，凡爲九篇。叔孫通又作傍章十八篇。武帝時謂律令有三五九章，大辟四〇九條。魏時更作新律十八篇，比漢律增了劫掠、詐僞、毀亡、告劾、繫訊、斷獄、請賕、驚事、償贓九篇。這時刑事的法律已大備，但民事的法律則不知其詳了。

（5）稅制　秦漢之間，有大地主出現，富者田連阡陌，貧者至無立錐之地，於是貧者只好耕作富者之田，而繳納其收穫十分之五爲田租。由此生出地主與佃戶的關係來，佃戶越趨窮困。漢政府看到農民的困苦，乃減輕田賦，只徵十五分之一，又減到三十分之一。然而當時多租田而耕者，這種輕減的利益，只是便宜了地主。國家稅收除田賦以外，還有像人頭稅一般的稅，起初是從十五歲到六十五歲爲止者使各出百二十五錢，從十歲到十五歲者出二十錢，其後減輕爲三年間出四十錢。漢武帝經營域外，國庫拮据，用商人理財，稅及緡錢、舟車、馬口，人民頗感痛苦，幸而不久就取消了，因為漢的經濟政策，是重農抑商的。

王莽篡位後，厲行改革，禁止土地私有，名為王田，行井田制，並把日用品歸國家公賣，結果人民雖然受利，而地主、豪商十分反對，故享國不久。後漢一切恢復舊制。到曹操秉政，凡田一畝出粟四升，家一戶出絹二匹綿二斤，田租戶調之制，於此開始。

（6）學校與選舉　秦朝大概不曾設立學校，政府負教育之任，所以有「若有欲學法令，以吏為師」的話。漢武帝時，始建太學，置博士。後漢光武帝重儒術，起大學，到桓帝時，大學學生至三萬餘人，可謂盛極一時了。

漢的選舉法，有賢良方正、孝廉、博士弟子三種。賢良方正的選舉，始於文帝時，孝廉及博士弟子的選舉，始於武帝時。由郡國舉士，依人口的比例，而定其人數，限以四科。所舉的人，必當四科之一，乃得與選。四科是：一、德行高妙，志節清白者；二、學通行修，中經博士者；三、法令明習，足以決疑者；四、剛毅多略，遭事不惑者。到魏時，州郡置中正官，以選擇人物，依學行之差，而有上上、上中、上下、中上、中中、中下、下上、下中、下下九等之別，各授以官，這是九品中正。在實行時，先由郡邑的小中正定人材的屬於何品，乃上之大中正，大中正檢其實乃上之司徒，司徒再檢，乃付尚書，然而甄用。九品中正之法，一直通行到南北朝。

（四）兩漢三國的學術文藝

（1）經學與儒家　秦朝雖然焚書坑儒，然而書籍仍保存在中央政府，大儒也有存者。經過秦末的兵燹之餘文獻才蕩然無餘。漢初注意及此，惠帝時解挾書之禁；文景兩代徵老儒爲博士，非常優待儒者。武帝開獻書之路，又置寫書之官，以求散亡的書籍，於是經書陸續出現。六經之中樂已亡失，只餘易、書、詩、禮、春秋五經，五經在漢代各有其傳統。易在漢初田何傳之。尚書遭秦火而亡，漢伏勝口授鼂錯傳二十七篇，是爲今文尚書；其後魯共王破孔子故宅，得蝌蚪文尚書，是爲古文尚書。武帝詔孔安國定其書，作傳義五十八篇，從此尚書有今古文之別。詩在漢代有魯、齊、韓、毛四家之別。禮有儀禮、周禮、禮記，並行於世。春秋有左傳、公羊傳、穀梁傳三傳。

漢代儒學的大家，多考究諸經的意義，爲之作註釋，只限於訓詁之學，不敢創立新說。其中有名的人，如解釋尚書的孔安國，作七略的劉向父子，深通諸經的鄭玄，作說文解字的許慎。總兩漢之世，儒學大家不敢踰越規範，直到魏王肅、何晏、王弼出，創一種簡約華美的學風。何晏註論語，王弼註易，以老莊的意義解釋經書，開兩晉清談的基礎。

（2）天文曆數　漢的天文學雖不過占星術，然而比前代稍有進步。最大的天文學家有張衡，曾製渾天儀、候風地動儀（地震計）同時指示方向的磁石盤也漸見採行。至於曆法，在兩漢三國，雖然經過幾次改變，可是都沒有大差別。

兩漢時還有一種近乎玄學的學說，並與天文地理相揉合，這就是五行讖緯之說。五行原指金、木、水、火、土，後儒敷衍其義，有所謂相生相剋，甚至五聲、五味、五色、五常之類，也都配以五行。大儒如董仲舒，也用五行來說春秋。五行說流行的結果，便產生讖緯學。所謂讖緯，蓋以荒誕的言詞，預言未來的事情和應驗的一種文書。所以叫作緯者，是對「經」（五經的經）而說。始於前漢末年，王莽光武帝都極尊信。直到後漢之末，大師如鄭玄也復不疑。讖緯之書，後被隋煬帝完全燒毀，遂絕於世。

（3）文學　秦代能文之士，首推李斯，其文章已帶華麗的風姿。因此漢代的文章家，就趨向於純屬美文的辭賦。有名的詞賦家，有枚乘、司馬相如、揚雄、班固、蔡邕等。其他尚有精於論說的賈誼、董仲舒、劉向，而史記作者司馬遷，同時也可以說是一個大文學家。司馬遷的史記，班固的漢書，是後來中國正史之祖。五言、七言的詩，也起於漢代，然當時以五言為多；其中無名氏所作的古詩十九首，最稱絕唱。

三國時代，魏文風最盛。曹操和其兩子丕、植，都擅長詩文，而曹植與孔融、陳琳、王粲、徐幹、阮瑀、應瑒、劉楨，並稱建安七子，詩賦馳譽當世。那時的文章，日趨工麗纖巧，是南北朝的先驅，像蜀相諸葛亮那樣謹嚴眞率的文章，在三國時殊不多見的。

（4）藝術　秦漢初年，前代樂舞，存者無幾。但是其時域外交通頻繁，西域音樂，漸次影響中國。漢武帝非常獎勵音樂，任李延年為協律都尉，立樂府。當張騫從西域還來，傳胡樂兩曲，李延年乃依胡曲作新聲二十八解云。游牧民族的樂器，如胡器等，也已為中國人所欣賞。

繪畫則漢代已頗發達，但多屬人物畫。如漢宣帝時畫功臣十一人像於麒麟閣，後漢光武帝也有畫功臣像二十八人於凌煙閣事。元帝時有名的畫師有毛延壽、陳敞、劉白、龔寬等，而毛延壽相傳就是作王昭君圖的畫師。畫事雖已發達，畫法還十分素朴，不脫原始的風味，這在漢代石刻流傳者可以看到的。

書法而成為美術，為中國所獨擅。相傳周宣王時史籀作大篆；但諸侯所用文字，並不一致。秦統一中國，李斯曾省約大篆而為小篆，來統一文字。其次程邈作隸書，以便官獄應用；王次仲作八分，則介於篆書及隸書之間。於是字體日趨省易。到漢代眞、行、草、飛白諸體出，乃漸漸和現在字形相近。作書的工具，到秦漢時也有大進步：相傳秦蒙恬作毛筆，後漢蔡倫造紙，墨則除漆之外，有用松煙者。因為字體統一，工具完備，漢魏間書家蠭出，有杜度、崔瑗、張伯英、羅叔景、趙元嗣、鍾繇等，而蔡邕的八分和飛白尤極有名。

建築術今雖不能詳知，然而秦始皇大興徭役，造阿房宮，作驪山陵，可以想見其壯偉。至於漢魏，宮殿窮極侈靡。如漢武帝作柏梁臺，其上立有仙人銅像，其高凡二十丈，捧着大有七圍的承露銅盤。曹操也曾作華麗壯偉的銅雀臺，就是所謂「銅雀春深鎖二喬」的。又有着畫棟雕樑的建築，則雕刻也似乎有多少進步。雕刻除施於宮殿樓閣者以外，有刻石碑以記功德，刻印璽以爲憑信。

繪畫、建築、雕塑等藝術，漢代不過開其端，到南北朝時佛教流行，才呈飛躍的樣子。這詳於下章。

(5)道教的起源　東漢明帝時，佛教東來，已述於前。當時中國自己也萌芽了一種宗教，叫作道教。原來中國從古以來，便有神仙之說，倡之者叫方士，戰國時陰陽家的人物，就是方士之流。神仙說在戰國時燕齊瀕海之國，最爲盛行。因爲人們看到海中星羅棋布的島嶼，以爲一定是神仙們所住，上有長生不老的藥餌，從而生出種種幻想。到漢代，方士之徒日漸蔓延，並採老莊列子之說以自炫，甚至像一代大儒的董仲舒，也把方士口頭禪的五行說，來解釋春秋。於是到後漢初年，有張陵者，在吳的天目山修練，自謂受老君祕錄，行符水之法，講長生術，始創道教。領導黃巾賊暴動的張角，就是其流亞。但是道教在漢代，還不脫邪教的樣子，張陵所創的，也不過是符籙派道教，時稱「五斗米道。」道教後來成爲宗教的樣子，還在唐代呢。

第四章　兩晉南北朝的文化

（一）從西晉到南北對峙

晉武帝雖然統一中國，但是命定着晉朝的統一是不長久的。最大的原因，便是外患。自從秦漢以來，游牧民族幾次南窺中國，經過多年的血戰，一部份被逐走，一部份則投降而留在邊塞上。他們雖然投降，然尚未同化，並漸深入雜居，於是兆晉室傾覆之基，而給游牧民族蠢動以導火綫的，乃是所謂「八王之亂」。當晉武帝踐祚之後，看到曹魏因孤立而滅亡，遂恢復封建制，大封宗室以爲屏藩；封建制從漢初以來已經名存實亡，到此又迴漾出餘波來。被封的宗室諸王，可以建軍置吏，威望甚重，漸成尾大不掉之勢。但是武帝在日，還能彀控制。等到武帝死，惠帝立，這位晉惠帝是愚闇懦弱兼而有之，於是宗室中有所謂「八王」的，先後紛起而爭大寶。八王是汝南王亮、楚王瑋、趙王倫、齊王冏、長沙王乂、成都王穎、河間王顒、東海王越。內亂大起，前後共計十八年，骨肉相殘，不但司馬氏的屏藩一空，而晉朝的元氣也斲傷殆盡了。

晉朝既岌岌不自保，五胡就乘此亂華。五胡是指匈奴、羯、鮮卑、氐、羌而言。匈奴和羯同屬北方游牧民族。鮮卑是東北的游牧民族，乃東胡之後。氐羌是西方游牧民族，大概是藏族。這五族入，從漢代起，陸續移住中國，這時競起分裂中國，前後建國凡十六。故稱五胡十六國。其中最先發難的是匈奴。那時歸化的匈奴，住在山西一帶。公元三〇四年，劉淵率部衆在左國城叛變，旋遷都平陽，自稱漢帝，至劉淵的子劉聰，遣劉曜石勒攻晉，陷晉的首都洛陽，擄懷帝以去。晉愍帝即位於長安，公元三一六年，劉曜又略取長安，愍帝又被擄，西晉亡。漢帝劉聰死後，國遂分裂，劉曜改國號稱趙；同時石勒併河北山東，也稱趙王，石勒屬於匈奴別部的羯，原據上黨，後勢漸強，和劉曜相頡頏。旋石勒滅劉曜，盡併漢的舊地。後世因此稱劉曜爲前趙，石勒爲後趙。石勒不愧是游牧民族的雄主，他幾乎統一了黃河流域，又南窺江淮，稍稍注意政治。石勒死後，後繼者不賢，漢族的冉閔，遂篡國稱魏帝。

和漢帝劉淵同時並起的，有氐族的李特。晉初，關中大饑，流民入蜀，李特隨營護從，頗得衆心。公元三〇四年，李特發難入成都，併有蜀漢故土，旋稱帝國號成，後改漢，是爲成漢。

匈奴羯發動於北，氐（李特）發動於西，鮮卑也不肯後人。鮮卑住在中國東北，分慕容、拓跋諸氏。慕容廆、慕容儁併合諸部，奄有遼東遼西，建前燕。前燕南侵冉魏，滅之，占據黃河流域，稱帝，一面並侵入朝鮮半島，以壓迫高句麗。當時中國北部的主人，已由匈奴、羯的趙，移於鮮卑族的燕之手了。當趙燕交迭的時候，另一支氐族由苻健領導，在關中建國，號稱秦；羌族由姚弋仲領導，在榆眉起事；而漢族的張軌，也據河西，號涼王，這是前涼。於是整個北方，在雲擾的狀態中。

游牧民族旣然蹂躪北方，中國人大舉南渡，預備在長江流域建國。西晉亡後，公元三一七年，晉宗室司馬睿在建康（南京）卽帝位，這是東晉元帝。用王導王敦分掌政兵。東晉喘息甫定，幾度想恢復黃河流域，然而不果。後桓溫掌軍事，乃西入巴蜀滅成漢，乘勢攻秦主苻堅於長安，不克；再討燕，又失敗，便率軍而歸，無意北進。

當時西北方面，張氏所建的前涼，國勢極盛，其版圖在今甘新一帶。張軌死，弟天錫立，國政大亂。而據長安的苻健，乘勢崛起；至其姪苻堅立，用漢人王猛，國力大振。於是苻堅先滅（前）燕，繼滅前涼，又西而壓迫西域，東而奪鮮卑族拓跋氏所建的代國，幾乎統一中國北方。從五胡亂華以來，游牧民族割據而成的國家，版圖之大，從沒有像苻堅一樣的。苻堅雄心勃發，想南窺東晉，統一中國。在公元三八三年，率步騎八十萬南下。晉謝玄邀擊秦軍於淝水，大破之，苻堅僅以身免。苻堅旣敗，狼狽北遁，爲他脅迫而從征的異族，羣起反叛，土崩瓦解，苻堅以亡，史家稱苻堅爲前秦。

前秦崩潰後，鮮卑族慕容垂據中山號後燕；慕容冲起自平陽建西燕。羌族姚萇據長安號後秦。鮮卑的乞伏乾歸於隴西建西秦；而河湟青海之間，鮮卑的禿髮烏孤建南涼；河西之地，氐族的呂光建後涼；張掖則匈奴族的沮渠蒙遜建北涼；敦煌則漢族李暠起西涼，諸國互相兼併，攻伐不已。時鮮卑的拓跋氏復興，其領袖拓跋珪崛起盛樂（歸綏一帶），南下爭中原。後燕已滅西燕，其勢極強，拓跋珪以全力擊破後燕，遂爲元魏道武帝，建都平陽。後燕既敗，慕容德建南燕於滑臺，馮跋建北燕於龍城，兩燕悉力以拒元魏。同時西北方面，後秦已滅後涼，又臣服南北西三涼，勢力驟張。既而匈奴族的赫連勃勃叛，滅西秦，建夏於朔方。晉將劉裕北伐，滅南燕，又滅後秦。於是在公元四三〇年以後，北方所剩下的只有元魏（拓跋氏）北涼（匈奴）夏（匈奴）北燕（漢）和吐谷渾（鮮卑族，在青海）局勢比較明朗些了。

再說東晉，因武人握軍政大權，政府威望不行，遂開武人篡位的先路。第一個篡位的，是晉將劉裕，東晉亡於四二〇年，劉裕卽位，這是宋的武帝。同時元魏滅北燕，降夏、北涼、吐谷渾，統一北方，和南方的宋對峙，南北朝就開始了。南北朝的第一幕，是北方的元魏和南方的宋。公元四七九年，蕭道成篡宋而建齊朝，公元五〇二年，蕭衍篡齊而建梁朝。這時北方的元魏，分裂爲東魏西魏。齊梁和東西魏對峙，這是南北朝的第二幕。

先是魏統一北方之後，專一與民休息。游牧民族生活本來簡單，看到中國的文化，不禁油然生羡慕之心，於是極力中國化。把國都搬到洛陽，又把拓跋氏改姓元，因此叫作元魏。一邊不再從事逐水草而居的游牧，卻定居務農，建城市，興禮樂，定制度，禁胡語胡服；於是文物大興，而勇武之氣卻消失了。然而盛極必衰，內亂旋起，大將高歡立孝靜帝於鄴，稱東魏；大都督宇文泰擁孝武帝都長安，稱西魏。時在公元五三四年。這樣一來，元魏徒存虛名，實權全在高氏和宇文氏手裏。不久高氏篡東魏，建北齊；宇文氏篡西魏，建北周。而南方則陳霸先篡梁而建陳朝。陳據江南，北齊據江北，北周保湘漢二水以西，天下成三分之勢，這是南北朝的第三幕。

北周於五七七年攻伐北齊，滅之，統一北方。旋北周靜帝年幼，由太后的父楊堅輔政，楊堅於五八一年受帝禪，建隋朝，這就是隋文帝。隋兵下江南，於五八九年滅陳。自劉淵起自左國城開五胡割據之局，其中經過幾二百九十年的紛擾，到那時才由隋合併南北，而統一中國。這一次五胡亂華，中原飽受蹂躪，自然是中國極大的犧牲。然而游牧民族同化於中國，使中華民族的血液裏加入了新的成份，未始不是一件好事。此後隋唐統一中國，以新生的民族發揮其偉大的能力，就是受此之賜。而且黃河流域雖然受鐵騎蹂躪而荒蕪，長江流域為中國人極力開發，繁榮已經十分可觀，南方的文明，也奠基於是呢。

(二) 兩晉南北朝的風尚

後漢以來，盛教育，勵名節，於是乎養成一種淸廉之士；亮節高風，和前漢卑靡的士風大異。然而講求氣節的末流，趨於標榜，只在縱論人物，作月旦評，務虛聲而忘實際。後漢末年，曹操第一個看到這樣客氣標榜，絕無用處，便下令徵求負汚辱之名，見笑之行，不仁不孝，而有治國用兵之術的人。於是重視名節的士風，爲之一變。加以在後漢桓靈兩帝時代，外戚宦官弄權自恣，而黨錮之禍所殺戮放逐的，尤以淸節之士爲多。接着，戰禍連年，中國鼎沸：第一是黃巾賊的暴動，第二是三國鼎峙，第三是晉宗室的八王之亂，第四是五胡的蜂起，在這樣的時代中，殺人如草，不論貴族與平民，被犧牲的不計其數。於是一般士大夫生出厭世的念頭，慨嘆人生有似朝露，並彷徨於長生不死的空想之中。從前拘束着的禮法名節，被看得毫無價值，而曠達超脫的老莊哲學，倒是他們的同調。結果這些士大夫破壞禮法，輕賤名教，鼓吹虛無，崇尚放達，而「淸談」也因此盛行了。

魏晉間所流行的淸談，是蔑棄法度禮節，排斥世事俗務，而專以談論玄虛的空理爲事。淸談的開端，在（曹）魏正始中。何晏王弼，祖述老莊，崇尙虛無，接着阮籍、嵇康，行爲更加放誕；阮籍嘗作大人先生傳，謂世上的禮法君子，好像住在褌中的蝨。王衍樂廣，宅心事外，名重於時，而淸談遂成風俗。至像「竹林七賢」之徒，載酒而遊於竹林之中，狂飲沉醉，說着玄妙的話，自以爲淸高。其醜態竟至於如史所載：「畢卓等皆以任放爲達，醉裸不以爲非，比舍郎釀熟，卓夜至甕間盜飲，爲守者所縛，且視之，畢吏部也。樂廣聞而笑之曰：『名教中自有樂地，何必乃爾！』」因爲士大夫不肯務實，一味放誕淸談，所以有人把西晉之亡，五胡之亂，歸咎於清談。然而晉室南渡後，偏安江南的士大夫，清談仍舊很流行，雖然其弊害不至像西晉一樣。更經宋齊梁諸朝，其盛猶昔，老莊之外，並講佛教。隋統一天下，清談之風，早已消滅，不久完全絕跡。

可是清談放誕的士大夫，也有其不得已的苦衷。當魏晉之際，篡奪迭見，政權移動激急，士大夫無可適從；因言語不慎而喪生的，更數見不鮮。在嚴厲的壓迫下，悲憤既無可宣泄，避禍也乏良法，於是托名於風流清談，免得遭忌。如爛醉的阮籍，就是一例。又像陶淵明，生當晉宋之際，惓懷故國，不願出仕，自託曠達，也是一例。

晉室渡江而南，中原文化，跟着俱來，長江流域，一時現出燦爛的景象，和北方被異族所蹂躪的黃河流域相對照。清談尚玄之風，也到了南方。結果南方的風氣，浮華虛靡，陷於優柔懦弱，重感情，務華飾，善言談，捨武事。甚至於南方的文學，也因為思想解放，習於娛賞，多兒女纏綿之文。如子夜歌：「涼風開窗寢，斜月垂光照。中宵無人語，羅帷有雙笑。」從民歌裏，也可以想見當時南朝的溫馨情味了。

北朝的風尚，和南朝大異。當時羈留黃河流域的漢人，混和着進入的游牧民族，自成一種風氣。游牧民族的素性，是勇武、簡樸、堅忍，大非南方浮華柔懦可比。而且他們一旦和中國文明接觸，總喜其堅實的學術，而拒斥浮誕的老莊。所以清談之風，不能影響北朝。然而游牧民族既醉心於中國的文明，久而自然受了同化。像元魏的孝文帝時，去胡服胡語，改制度，興禮樂，還都洛陽，欲以養成太平之風，結果侵入的游牧民族，漸融合於整個的中華民族之中。然而北方的風氣，還和南方有顯殊的異點。北方秉剛健勇武之風，然而其弊

流於殘忍苛酷重禮儀嚴尊卑貴秩序措言詞簡單樸質就是北方的文學因爲豪武之習未除游牧生活草原情景還縈迴於心所以多英雄慷慨之作。如敕勒歌：「敕勒川，陰山下，天似穹廬籠蓋四野。天蒼蒼，野茫茫，風吹草低見牛羊。」也可見其悲壯之致了。

南北朝風氣之別，既述於上，可是有一件事，爲兩晉南北朝所同的，就是尊重門閥之風。（曹）魏代選舉，有「九品中正」之法，計人以定品，前章已經說過。到兩晉南北朝時，發生流弊，變作計門閥以定品。於是列上品者無寒門，列下品者無世族。甚至於非同品不得相坐語，不得通婚姻，士的一階級，尊嚴異常。辨別門閥之法，則根據於濃厚的家族觀念，用姓氏來分別。結果，政府中的高官顯位，都屬於門閥高的人；出身於寒族者，在社會上幾乎沒有地位。同時，社會上發生重視門第家族的風氣，使得人們對於國家觀念淡薄起來。重視門第的害，一至於此，這樣的風俗，到唐代還在流行着。比較起來，尊尚門閥之風，雖然起於兩晉，然而北朝比南朝更厲害。南朝的君主，有時還引用出身寒微之士，以掌機要，與高門大族的權臣相頡頏，而立自己的威福，然而東晉一代，王謝兩族，迄不稍衰云。

（三）兩晉南北朝的制度

（1）官制 晉代中央政府有尚書、中書、門下三省，及太常、光祿、衞尉、太僕、廷尉、大鴻臚、宗正、大司農、少府等九卿，以分掌諸政。尚書省有令、左右僕射及列曹的尚書（西晉有吏部、殿中、五兵、田曹、度支、左民的五曹尚書；東晉有吏部、祠部、五兵、左民、度支的五曹尚書）掌各項政務；中書省有監、令掌詔敕等事；門下省有侍郎、郎中等掌侍從、儐相諸事。太常等九卿之職，與漢朝差不多。晉世無三公，以太宰、太傅、太保、太尉、司徒、司空、大司馬、大將軍稱八公，位在三省九卿之上，然而都是空銜而沒有實職。至於地方制度，郡有太守，諸王國有內史，大縣有令，小縣有長，以分掌地方政務。

南朝承兩晉而來，官制和晉相似，只在三省以外，增祕書、集賢兩省。北朝在紛爭時代，還談不到官制，到元魏統一，才稍有規模。王肅爲元魏孝文帝定官制，一概倣照南朝。元魏裂爲東西，東魏仍依前制；西魏由蘇綽倣周官之制，設家宰、大司徒、大宗伯、大司馬、大司寇、大司空六官，以分掌諸政；北周承西魏，北齊承東魏，略有損益；地方官仍依魏晉之舊。

（2）兵制 晉初京師有中、後二衞，和左軍、右軍、前軍、後軍、驍騎的五軍；州郡也各有軍備。後州郡大遭裁減，因此八王五胡之亂，晉室卒以南渡。東晉及南朝兵制，已難得其詳，但鎮將專橫，形同割據，所以叛變篡位等事不絕了。

北朝兵制，有一件値得提起的，就是西魏宇文泰大改兵制，國內設百府，以分屬二十四軍，使郞將一人領一府，開府一人領一軍，所以有郞將百人開府二十四人。又有大將軍十二人，各領二軍；柱國六人，各領四軍；加持節都督二人則總領二十四軍。這個制度，爲北周所沿用，而是後來隋唐府兵的基礎。

（3）法制　晉有晉律二十篇，梁有梁律二十篇；陳時依據梁律，也編新律。但是北朝方面，對於後世中國刑律，貢獻極大。當元魏才統一時，雖有新律，然而夷狄之風未除，刑罰十分酷烈。直到元魏孝文帝的時候，以文治爲政，刑罰才稍寬。孝文帝曾下詔：「一人爲惡，殃及合門，朕所不忍，自今非謀反大逆及外奔者，罪止其身。」這可以反映前此誅戮的嚴酷了。此後北齊定十二律：名例、禁衛、戶婚、擅興、違制、詐欺、鬬訟、賊盜、捕斷、毀損、廐牧、雜律；又有十惡：反逆、謀大逆、謀叛、惡逆、不道、大不敬、不孝、不睦、不義、內亂，凡犯此者，無論何人，都罪在不赦，這是十惡不赦的起源。又制五等刑：笞、杖、徒、流、死。——後隋唐律，大概本於北朝的。

（4）田制和稅法　兩晉南北朝的田制，在中國歷史上，是値得一提的，尤其是北朝所行的制度。未說北朝以前，先說西晉的田制。西晉承兩漢之後，看到富者擁廣田，貧者無寸土，於是實行「占田制，」頗有井田餘意。因爲西晉初年，飽經後漢三國的離亂，人口減少，不得不用占田制，來強制人民耕作，以增加國家生產，占田制的大要是：男子占田爲七十畝，女子占田爲三十畝，丁男則課田五十畝，丁女則課田二十畝，次丁的男則課田二十五畝，次丁的女無課。至於租稅，丁男每年出粟一斛五升，絹三匹，綿三斤，丁女和次丁的男減半。——男女自十六歲到六十歲叫正丁；十三歲到十五歲及六十一歲到六十五歲叫次丁；十二以下及六十六以上的別稱老少。這個占田制也許只行於西晉初年，東晉和南朝是否實行，已不可考。

北朝所行的，叫作「均田制」，和西晉的「占田制」一樣，也是倣井田的遺意。所謂均田制，原不過是北朝的一種農業政策。自從五胡亂華，黃河流域大受蹂躪，人口減少到極點，田園荒蕪，缺乏耕作的人，影響於國家的生產。所以元魏的孝文帝，用李安世的建議，行均田制，目的在「人無遺力，地無遺利」，以求增加國富。均田制的大要是：丁男給露田（種五穀的田）四十畝，丁女給露田二十畝；又別給桑田、麻田若干畝。奴婢和平民一樣，也分派到耕地。露田屬於政府，無論男女，都是年十八受田，六十還田，以每年一月爲還受之期；但桑田是可買賣的私田，無還受的例。其後公田每畝徵稅五升，私田每畝徵稅一斗。在北齊則丁男給露田八十畝，丁女減半，又別課永業田二十畝，每年徵粟二石五斗，絹一匹，綿二兩。奴婢的受田納租數額減半。在北周則有室者給田百四十畝，年徵粟五斛，絹一匹，綿八兩；丁者課田百畝，徵例比有室者減半。——這樣的均田制度，自元魏到北周，推行近兩百年，北朝的國富，陡然增加，成效立現，卒併吞南朝，統一中國。隋唐時代有餘力開鬬運河，經營域外，發揮中華民族偉大的能力；也因為北朝的農業政策儲其國力，有以致之呢。

（5）學制和選擧　西晉有大學和國子學，到五胡之亂，絃誦遂絕。此後南朝雖再有設置，而學校總似乎不振。北方當元魏時，崇尚經史，教育漸興。元魏孝文帝修國子大學、四門小學，造明堂、辟雍，以奬勵經學，因此大儒輩出，北朝的儒家和南朝的儒家成功對立之勢。北方樸實眞切，南方發舒浮華，在經學上，也是可以看出來的。

選擧方面，晉仍魏制，以九品中正取士，在州郡設中正官。然而州郡的中正官，無標準以評定品第，只好計門閥來取決。於是「上品無寒門，下品無世族，高門華閥，有世及之榮；庶姓寒人，無寸進之路。選擧之弊，至此而極。」往後南北朝雖然明知此弊，然而一律遵行，只略有損益，而不能罷除。直到隋統一後，才廢掉中正官之制，而有科擧制度，此是後話。

（四）　宗教學術文藝及生活概述

（1）佛教　佛教從後漢初東來，託根斯土，到兩晉南北朝時遂大盛。印度和西域的高僧，多有不憚跋涉，踰葱嶺經天山南路而到中國的，偶有經南海諸國，航海而來。而中國的佛教徒，也有赴印度及西域以求經典的。——中國人爲僧，初尙禁止，從魏文帝時才開禁，到晉漸盛。

五胡亂華時中國雲擾，文化飽受摧殘。但是佛教卻在是時突呈蓬勃。最大的原因，由於游牧民族的向化，比開化的民族爲易。佛教遂乘隙而入；於是諸族又做了印度思想傳入中國的媒介。當時來華的大師高僧，不但湛於佛學，而且極有知識，爲諸族領袖所尊信。如印度僧佛圖澄（Budhochinga）來後趙，爲石勒及其子虎所信賴，常營佛事，並且以軍國大事相咨詢。還有龜茲僧鳩摩羅什（Kumaradiva）被前秦符堅所迎致，未至而前秦亡，遂留居後涼；繼又受後秦姚興的尊信，乃居長安與徒弟共譯經論三百餘卷，爲三論宗之祖。後秦姚興並派高僧法顯，發長安，循陸路入印度，繼赴師子國（錫蘭），遊蹤共經三十餘邦，多得經律，十二年之後，由師子國搭商船經耶婆提（爪哇）自南海歸中國，著佛國記，載其所見聞。法顯不愧是中國佛教徒中的大旅行家，和唐的玄奘可以媲美的。

佛教在北方既極興盛，在南方也不遜色。南方的士大夫，專究老莊之說，務清談，自然造成一種出世的空氣，佛教正投時好。況且那時候的高僧大祇學問淵博，更和士大夫談得上。梁朝是南朝佛教的全盛時代。開國之君梁武帝，甚至三幸同泰寺，捨身皈依，以求福利；南京城內，寺院無數，鐘鼓之聲不絕，可以想見其盛況了。當時又有南印度僧達摩航海來廣州，謁梁武帝，暢談禪理，旋去入元魏，留嵩山孝林寺，面壁九年而是爲中國「禪宗」的第一祖，不立言語，而以衣鉢相傳授的。陳武帝也篤信佛教，幸大莊嚴寺捨身。羣臣奏請乃還宮。上有好者，下必甚也，可見當時中國，地無南北，族無華胡，都傾向於佛教之前了。

佛教在中國，如朝日方升，可是難免遭到迫害。元魏太武帝篤信道教，與其大臣崔浩，嫉佛教的旺盛，乃焚毀寺塔經像，又坑殺諸僧徒。後世佛教徒所稱「三武之禍，」第一次就是指元魏太武帝。但是太武帝死後，佛教又漸盛；孝文帝七發佛法興隆的詔書，又建築了許多寺院。宣武帝時，來到中國的胡僧，有三千之衆。孝明帝時，宋雲、惠生等赴北印度，得經論百七十部而還，以之流布國內。史稱元魏經典之數，達四百十五部，寺院三萬餘，僧尼二百萬人，其盛況是空前的。到北周武帝時，又禁佛教，這就是「三武之禍」的第二次（第三次在唐武宗時，詳下章。）隋文帝時卽解禁。佛教雖二次遭迫害，但影響並不大，所以到有唐一代，中國的佛教，遂登峯造顚。

（2）道教　東漢初，張陵創道教，還不脫方士的氣派，等到兩晉南北朝時代，老莊之說，和易經的學說盛行，於是如魏伯陽、葛洪、陶宏景等，就用玄妙的修鍊談，來改革道教，講求長生，和張陵以符咒治疾病的道教，面目迥異。這一派叫丹鼎派，流行於南方。到元魏時，有寇謙之，修張陵之術，稱符籙派，流行於北方。道教雖然有丹鼎、符籙兩派，然而也沒有嚴格的區別。如寇謙之託言碰到太上老君，授以天師之位，又遇老君玄孫李譜文授以籙圖眞經和餌鍊金丹之術，可見寇謙之雖然是符籙派，也是講鍊丹的。又如陶宏景是丹鼎派，然嘗從東陽孫游岳受符籙經法，這也是兼治符籙的。

在兩晉南北朝的時候，佛教道教同時在中國流行，主客異勢，自然開始起了爭端。晉代和信道教的，往往附會穿鑿以爲老子入胡，爲浮屠以教化胡人。如高僧傳：「法祖與祭酒王浮，每爭邪正，浮屢屈，旣瞋不自忍，乃作老子化胡經，以誣謗佛法。」這是一種極卑鄙的伎倆。奉佛教的，力辨其非。同時又有儒家，也常本其學說，和外來的佛教相駁難。儒家固不成爲宗教，然而要維持正統地位，不得不堅拒外來的思潮。起初，儒、釋（佛）、道三者，不過是理論上的爭辨，繼而治者階級加入，更以實力爭。如誅戮沙門的元魏太武帝，則抑佛而揚道；北齊則抑道而揚佛；北周首崇儒術；並令沙門、道士還民。後世把儒、釋、道稱三教，就起於這時期中。而道教和佛教的鬭爭，一直延至唐代。

（3）學術　魏晉時代，崇尚淸談，淸談的根源，除了老莊和易經以外，更受佛教的影響。因此這一時代，玄學非常發達；但是有價值的著作，流傳下來的並不多。

南北朝的儒學，承漢餘緒，已無足觀。尤其是浮華的南朝，更形遜色。北朝的經學大儒，尚能謹守家法；像北齊北周的託古改制，也是受他們的影響。大概說來，儒學到南北朝，其學風分爲兩派：北派的學者重訓詁，違古義，而祖鄭玄；南方的學者則祖述王肅之說，一般風氣，華而不實。學風既異，則其採用的經解，也自各別。北朝重鄭玄周易、服虔左傳；南朝則遵奉王弼周易、孔安國古文尚書、杜預左傳。但鄭玄的毛詩、三禮，則不論南北，通俱尊崇。

在兩晉南北朝時代，歷史的著述，尚稱豐富。如晉陳壽的三國志（南朝宋裴松之註）宋范曄的後漢書（唐章懷太子註）梁沈約的宋書，蕭子顯的南齊書，北齊魏收的後魏書（元魏）列在二十四史之中。而陳壽三國志，范曄後漢書，和漢代的司馬遷史記，班固前漢書，並稱四史。其他著名的史書，還有司馬彪的續漢書，華嶠的後漢書，袁宏的後漢紀，孫盛的魏春秋，王隱的蜀記，張勃的吳錄，習鑿齒的漢晉春秋等。但大半都已亡失不傳，只能在羣籍的徵引中，窺見其一鱗半爪。

聲韻學，開端於這一時期，這顯然是受繙譯佛教經典的影響。漢以前的人，不知反切，雖然「不律爲筆，於菟爲虎」，明明是切音而成，却行而不知。後漢以來，梵文傳入，才看到切音。魏孫炎始創反切。又從東晉到南北朝，文章競尚聲律，音韻之學，也隨着興起。文字始有平上去入四聲之別，以調整詩文的音調。一般以爲四聲創自梁沈約。然在沈約以前，晉的張諒已著有四聲韻林，和沈約同時代的，有周顒的四聲切韻，劉善經的四聲指歸等，可是那時四聲之說，已經非常流行，如「何謂四聲？天子聖哲」等佚話。沈約不過綜其大要著四聲譜，更作紐字的圖，後此唐僧守溫，根據這個而創三十六字母。

（4）文藝　漢魏以來，詞賦流行，於是兩晉南北朝的文章注重駢儷，其詞藻的華美絢爛，其聲調的優雅頓挫，可以說到了極峯。然拘於形式而乏精神，重描寫而無內容，結果淪於卑弱之境。關於漢魏六朝的美文和古詩，文選總集其大成。文選爲梁昭明太子蕭統所編，網羅諸家，選擇謹嚴，體例分明。當時的大作家，晉初有阮籍、嵇康、陸機、潘岳、張華、左思等，俱擅詩文，而作詠懷詩八十餘首的阮籍，深得漢魏的遺風。晉末宋初，陶淵明孤芳自賞，其詩沖雅淡遠，是中國最傑出的田園詩人；而他的文章如桃花源記、歸去來辭，也可說古今傑作。其餘兼擅詩文的作家，有謝靈運、鮑照、徐陵、庾信等。徐陵庾信的文章務以音韵相附麗，句用四六，隔句爲對，奠定了後來駢文的基礎。除了上述諸家外，南北朝的樂府，或者竟不妨說是民歌，也不少寫情記事傑作，雖然作者大多是無名氏。如兩大敍事詩孔雀東南飛和木蘭辭，大概就成於是時的。

文藝方面，當時實在大受佛教的影響。蓋建立伽藍，則促進建築術的發達；製作畫像，則促進繪畫雕刻的進步；而佛教所及於文學的影響，因爲思想的變化，同時遂造成辭藻的發達和聲韻的發明。請言繪畫與雕刻：晉時顧愷之，遂以善畫稱；宋陸探微，工畫人物、山水、草木，稱古今獨步；梁張僧繇，工畫雲龍、人物、山水，山水畫中的沒骨繪法，就由張僧繇所創；張僧繇之後的名手，有嵇寶鈞、顧愷之、陸探微、張僧繇和後來唐代的吳道子，號稱中國畫家四祖。縱觀兩晉南北朝的人物畫，受佛教的影響，是十分顯著的。還有佛像的雕刻和塑造，也是極偉大的藝術，其成績有流傳到現在的。

漢代通行的書法，就是現在的隸書，後漸漸變成楷書，到曹魏時，現在通用的楷書才漸盛行。魏晉時代的名書家，有鍾繇、衛覬、王羲之等。就中尤以王羲之極盡篆、隸、眞、行、草、飛白等體的精妙，允稱聖手。從此時起，書法也有南北兩派，南派宗鍾繇王羲之，多圓筆而姿媚；北派宗衛覬崔潛，多方筆而瘦硬。北朝所留下的碑帖，到現在還有學者臨摹。

音樂則經五胡之亂，古樂掃地而盡，游牧民族的樂器，如琵琶、箜篌、胡鼓、胡笳、銅鈸等，始爲中國人所習用。

(5)生活一斑　兩晉南北朝的衣食住行，比秦漢略有進步。在秦漢以前作衣料的織物，不外絲與麻，毛織品雖有發明，不過堆毛成片以爲氈。自從漢代開邊以來，域外的毛織品輸入，毛織物也因而進步。在五胡亂華以後，游牧民族的毛織物，大概也傳入西北一帶。飲食方面，這時和前代差不多，但開始了茶的飲用。食具古只有瓦器、銅器、竹木漆器，晉以來才有陶器出現，其用不廣。住的方面，坐具漸通用，古人本席地而坐，所以坐與跪近，趙武靈王曾作胡牀，漢武帝效北蕃作交椅，然全未流行，不廢席地之習。東漢末仿上述兩者作坐具，仍舊叫牀，魏晉以來，牀遂盛行，從此中國人都高坐而不席地了。行的方面，自秦漢以來，天子宰相出入，多用馬車；到南北朝的時候，則或乘牛馬，或乘肩輿，惟北朝則不廢胡風，仍多乘馬。

當時的婚喪也有可得而言的。北朝是新歸化的游牧民族，他們的婚姻年齡極早，需索財帛極苛，後來才慢慢的中國化。南北朝婚姻最大的弊害，是士庶不得通婚，婚姻的門當戶對，十分嚴格的規定着。喪葬則南北無大分別，惟南朝極重風水之說，或久而不葬，或葬而後遷，是極普遍的。晉代的詩人郭璞，可以說是風水術的祖師，郭璞之後，南朝的相墓家也有不少。

農工商業也略有進步。工業是手工業，漸有作坊產生。農業則漸用牛耕；又有火耕水耨之法。所謂火耕水耨，乃燒草於田畝之中，再放水入田中以代耕耘。至於商業，有和國外通商，陸路則循西域故道。海上的交通，在吳及晉代，雖有大秦的商船往來印度洋和中國海，但到東晉末和南朝，因佛教大盛的結果，便和印度以東的諸國也開了交通，和印度支那、馬來半島、爪哇、錫蘭諸地通商，中國的商船，也出沒其間。可是海外貿易的全盛時代，却在唐朝呢。

第五章　隋唐的文化

（一）隋唐的興亡

隋文帝楊堅統一中國，可以說是順自然的趨勢。從五胡亂華起，游牧民族紛擾中國，殆三百年，結果終於同化，混合於中華民族裏。對峙的南北局勢，必然的到了統一之期，而隋文帝竟此全功。從此新生的中華民族，將發揮其偉大的能力。可是隋朝享祚太短，只略有表顯，直到唐朝，中國才如日中天，射出燦爛的光華。正像建設第一個統一國家的是秦，而發揚光大的却是漢朝。隋和秦一樣是前驅，而漢唐兩朝，是中國歷史上的黃金時代。

隋文帝極力整頓內政，與民休息。他更定刑律制度，減輕賦稅，崇尙節儉，於是戶口滋殖，天下太平。文帝死，子楊廣立，這是隋煬帝。隋煬帝襲父的餘蔭，看到國富民康，便起了豪華的念頭，以全力從事國家工程，好像秦始皇一樣。煬帝最偉大的一件事，便是開鑿運河，連絡南北的水道交通。原來從五胡亂華以後，北方田園荒蕪，生產不足，長江流域却城市勃興，農商極盛。然而隋承北周之後，國都又不能遷到南方去，因爲隋唐的國都長安，實握西北的樞紐，而當時侵略中國的游牧民族，都在西北，中國的重心在此，決不能放棄。於是以南方的物資，來調劑北方，這是時勢的需求。隋煬帝便以極大的魄力，鑿邘溝、永濟渠、江南河，而成運河，使江南的船舶，可以達洛陽城下，一面並北通涿郡。（運河之成一直綫如今形者，則自後來的元世祖始。）運河一通，南北交通大便，煬帝便以長安爲西都，洛陽爲東京，自己常往來於洛陽江都間，以欣賞長江流域的繁華。除運河之外，煬帝還築馳道，修長城，勤遠略，並且耽於游行酒色。民衆困敝已極，小康了十多年的天下，又起擾亂。

時西北又有新的遊牧民族突厥漸强，連連寇邊。隋唐時的突厥，正和秦漢時的匈奴一樣。煬帝曾命李淵爲太原留守，以防突厥。淵的次子李世民，看到中國大亂，羣雄並起，也想逐鹿其間，便勸父借助突厥，起兵晉陽。這時候對隋朝舉叛旗而割據一方的，有林士弘、竇建德、李密、劉武周、梁師都、王世充等，隋政府正苦應付不暇，李淵乃進至長安，初尙尊隋帝爲傀儡，旋即篡位，國號唐。李淵就是唐高祖。隋煬帝在江都，周旋於醇酒婦人間，並不曾顧到亂事，遂被臣下所弑。這在公元六一八年，隋歷三十八年而亡。

唐高祖的起兵和踐位，完全受李世民的慫恿。李世民一面發兵和割據的羣雄鬬爭；先擊破劉武周，次降王世充，擒竇建德，統一了黃河流域；接着又南定長江流域，北平朔方，到公元六二四年，中國又歸一統。李世民因功勞極大，才智英明，三年後乃受父禪而即位，這是唐太宗。

唐太宗和漢武帝並稱中國歷史上的兩雄主。然而唐太宗的功業，所謂貞觀之治，實在超過漢武時代。他雖然用武力削平羣雄，但是在得天下之後，却注意文治，用賢臣杜如晦、房玄齡、魏徵等，總攬政務，改官制，定選舉法，革田稅和兵刑的法規，盛起學校，獎勵學術，嚴武備，置府兵，輕減刑辟賦稅，以撫卹士民。結果海內承平，眞有道不拾遺夜不閉戶的樣子。同時唐太宗及其子高宗，以偉大的國力，對外發展，造成空前的盛業，東中南三方的亞細亞大陸，都在中國的版圖裏。如今外國人把中華民族稱作唐人，就是這個原因。

唐高宗初年，承其父太宗餘蔭，內治外征，成績斐然。然而當其晚年多病，皇后武氏乘機干與政治，頗得高宗信任，遂握大權。武后明敏有胆識，不愧是中國歷史上的一個女傑。高宗死，中宗立，武后就以太后的地位執政，旋把中宗廢為廬陵王。唐大臣徐敬業宗室越王貞不服，先後起兵聲討武后，失敗而死。武后立刻大殺唐的宗室貴戚，正式卽帝位，改國號為周，自號則天皇帝。武后性格雖然刻薄寡恩，然而知人善用，踐祚之初，將相皆得人。她聽了狄仁傑的勸告，仍把中宗召回當作太子，並用張柬之等賢臣。晚年她自己不能親政，寵臣張易之、張昌宗恣威福，柬之以羽林軍誅兩張，迫后復中宗帝位，才反周為唐，時公元七〇五年，武后可以說中國歷史上唯一的女帝。初，中宗被廢外居，后韋氏嘗共甘苦，等中宗卽位後，復寵倖韋后。韋后淫亂不下武后，而才識不及，她私通武后姪武三思，並誅戮大臣。太子重俊以羽林軍誅三思，遂攻帝宮，兵敗死；韋氏弑中宗，謀移唐祚。相王旦之子隆基平亂，於公元七一二年即位，這是唐玄宗。於是宮闈間的紛爭，告一段落。

玄宗初年，政治清明，所以開元（玄宗初年年號）之治可以媲美貞觀。但這時唐朝的政治上，有一點在潛移暗改的，便是從中央集權到內輕外重。唐初兵馬大權，統於中央；到武韋之禍後，玄宗乃在邊陲上置十節度使，委以兵馬大權，甚至人民、甲兵、財賦，盡入其手，於是漸成尾大不掉之局。同時，玄宗在位日久，海內太平無事，生出驕慢的念頭，從事奢侈宴樂，朝政却被荒疏了。旋玄宗納楊氏爲貴妃，十分寵幸，楊氏一族，驟登貴顯，楊貴妃兄國忠爲相，政以賄成，乃有安史之亂。

安史之亂，指安祿山和史思明。安祿山本營州雜胡，初爲瓜州刺史張守珪義子，嘗敗軍當斬，械送京師。玄宗釋而用之。祿山狡黠有勇略，巧結楊氏一黨，極得玄宗寵信，遂兼平盧、范陽、河東三節度使，陰蓄異志。楊國忠與爭寵，安祿山乃舉叛旗，率部下十五萬衆南下，陷洛陽，自稱大燕皇帝，敗哥舒翰於潼關，向長安進發。玄宗倉皇奔蜀，長安不守。太子在靈武即位，尊玄宗爲太上皇，是爲肅宗。用郭子儀、李光弼，借兵回紇，以圖恢復。安祿山南下江淮，不得。旋因寵愛少子，被其長子安慶緒所殺，叛軍內亂，唐肅宗乘勢收復兩京。安慶緒被其將史思明所殺；史思明降，唐封以爲范陽節度使。未幾，史思明又反，陷洛陽，稱帝，又爲其子朝義所殺。肅宗子代宗立，得回紇援兵討叛軍，擊破史朝義，恢復洛陽；其將李懷仙斬朝義來降，而亘九年的安史之亂，才告平定。

安史之亂雖平，而藩鎮却日益跋扈。所謂藩鎮，就是指節度使所統轄的地方。當時節度使握土地、甲兵、財賦之權，和王侯一樣，中央號令不行。節度使有的由子孫世襲，有的由士卒擁戴，對唐政府成功割據的局面。尤其河北一帶是安史叛軍的根據地，叛軍降將李懷仙、田承嗣等，受封爲盧龍、魏博等節度使，日益跋扈，不奉朝命。結果河北諸鎮，與唐有似敵國；河南的淄青淮西兩鎮，也步其後塵。唐德宗時，盧龍淮西叛，德宗發兵往討，不料涇原的兵奉朱泚爲領袖，就在長安作亂。德宗出奔，幸得內有陸贄，外有李晟、馬燧等戮力王室，收復長安。藩鎮驕橫已達極點，然而中央雖然無力節制藩鎮，藩鎮自身却一起一仆，更迭極多。因爲藩鎮靠兵力以反抗中央，而自身又爲兵士所箝制，被逐被殺，全在兵士之手。到唐憲宗立，藩鎮的跋扈已成強弩之末，可是宦官之禍又起，憲宗且被宦官所弒。

宦官的得勢，在唐玄宗時開端，中葉以後，始干預政務。因宦官在皇帝的左右，得消息較早，弄權也比較容易；同時皇帝也把貼身的宦官，當作親信，宦官的權便強大了。唐德宗時，以宦官統率禁軍，於是宦官有了武力，甚至朝中大臣，側目以視，任其肆行人主的廢立。唐文宗看到宦官的專橫，和鄭注李訓等謀誅宦官，謀洩不成，更增高了宦官的威暴。其後諸帝，大半出於宦官的擁立。一面宦官更和大臣結合，有朋黨之爭：李宗閔牛僧孺李德裕想握朝政，互相排擠，一味意氣用事，不顧到國家大事，直到二李和牛僧孺先後貶死，黨爭始息。這時候唐朝已到日薄崦嵫的地步了。

看到上面所述的話，可知唐朝從中葉以後，藩鎮橫暴於外，宦官弄權於內，民生已經十分困苦。同時，乘唐之衰，外患迭起，勞師傷財，政府便採取苛捐雜稅，以爲彌補。民衆旣不勝負擔，而水利不修，連年荒旱，斗米至錢三十千（唐太宗時斗米三錢）有陳訴者，每爲州縣所壅蔽，甚且杖殺。百姓流殍，無所逃生，鋌而走險，於是中國歷史上起伏不已的農民暴動，又告出現。裘甫起於浙東，龐勛起於桂林，幸尚偏於一隅，不久就被討平。唐僖宗初即位，王仙芝起於濮州，其勢極盛，寃句黃巢也暴動響應。王仙芝爲官兵所破，敗死，黃巢却率領了餘衆，轉戰河、淮、江南北，浙東西，閩、廣、湘、荆，所過焚燒無遺；更從贛、皖北渡江淮，陷洛陽，破潼關，攻入長安，自稱大齊皇帝。唐僖宗奔蜀，沙陀人李克用奉詔將兵來勤王，和鳳翔節度使鄭畋大破黃巢，黃巢逃走，亂事平。巢將朱溫降唐，賜名全忠，旋唐政府封其爲宣武節度使，使鎮汴。黃巢的暴動，前後計十年，騷擾徧中國；洛陽遺民只百餘戶，荆南只十餘戶，可見破壞的鉅大。黃巢死後，秦宗權復稱帝，焚殺更慘酷，中原數千里無人煙，眞是空前的浩刼。後秦宗權爲朱全忠所平。唐的元氣，斲傷殆盡。

當時宦官握着朝廷重權，而藩鎮也實行干政，皇帝不過成了傀儡，僖宗死，昭宗立，宰相崔胤，召朱全忠率兵入長安，誅宦官。朱全忠乃倣後漢董卓故事，挾昭宗奔洛陽。李克用和朱全忠有隙，互相敵視，同時四方豪傑崛起，都以恢復唐室爲名，朱全忠索性在公元九〇七年，簒唐帝位，國號後梁，這是後梁太祖。唐朝共歷二百九十年而亡，中國又陷入分裂之局。

（二）隋唐的對外發展

隋唐以充實的國力，向外發展，造成中華民族空前的偉業。其成績可分東南西北四方面而言。其中尤以北方的突厥，與中國作生死的鬬爭，幾及百年，正可和漢朝的匈奴對照。茲分述於下。

（1）北方　當北方的匈奴遠走，鮮卑南下後，據其地者，爲匈奴的別種柔然，常爲元魏邊患。突厥爲柔然的部屬，居阿爾泰山南。後突厥漸強，滅柔然，破嚈噠（Fphthal），降吐谷渾，東擊契丹，北滅結骨（Kirghiz），而威令遂自遼東以達西海（Caspi 海）。突厥因爲領土過大，遂分東西。西突厥與東羅馬訂約，屢夾攻中亞大國波斯（Persia）；東突厥攻擾中國的西北境，北朝諸帝常受其窘。隋初，突厥領袖沙鉢略（Dizabul）可汗入寇隴西，爲文帝擊破；突厥起內亂，隋以兵力援助啓民可汗平定故土，始來朝。隋末羣雄並起，唐太宗建國時，嘗向突厥借兵，突厥愈益輕中國。唐太宗先用外交手段，離間突厥諸領袖，使互相紛爭，於是東突厥驟然不振，而鐵勒諸部首舉叛旗。唐太宗趁此機會，派兵北伐，攻擊鐵勒的薛延陀部和東突厥，擒頡利可汗，東突厥亡，其地遂入鐵勒諸部的手裏。

鐵勒散居漠北，其部衆極多，就中薛延陀和回紇兩部最強。唐聯合回紇滅薛延陀，盡併鐵勒諸部，歸服於中國，後回紇領袖受唐玄宗册封，號懷仁可汗，占據東突厥故地，勢極盛。在安史亂後，曾以兵力作唐政府的後援。旋回紇爲吐蕃侵略，國力漸衰，繼爲黠戛斯（結骨 Kirghiz）所破滅。黠戛斯後來也曾受唐册封爲誠明可汗，但對中國的關係已微了。

（2）西方　東突厥崩潰後，中國更謀攻伐西突厥，乃先擊天山北路的高昌，滅之，又滅天山北路的龜茲。唐高宗時，遣蘇定方等擒西突厥領袖沙鉢羅可汗，西突厥從此歸服於唐。

西域諸國，在隋時原服屬於西突厥。隋使裴矩掌西域互市，而招致西域。時吐谷渾猖獗於青海一帶。隋煬帝破吐谷渾而西巡，西域諸國請降，因置西海、河源、鄯善、且末等郡，以控制吐谷渾，且開通西域的道路。唐初，藏族的吐蕃驟強。吐蕃原服屬於吐谷渾，其領袖棄宗弄贊，篤信佛教，求經典於印度，南征阿撒母(Asam)泥婆羅(Nepal)，東侵吐谷渾、黨項。這時唐太宗派兵西入青海，併吐谷渾及黨項，戰勝吐蕃。吐蕃請降，唐太宗以文成公主下嫁，從此吐蕃模擬唐的文物制度，中國文化流入西藏。唐因吐蕃而得通於印度，又因西域而得通於波斯、大食，域外交通大闢。唐使王玄策，並曾以吐蕃泥婆羅軍隊，聲討印度的抗命；一方面，唐的安西都護裴行儉經營西域，和漢代的班超一樣。於後吐蕃雖常寇邊，其部下沙陀及南詔，却俱與唐通，勢遂不振。

第七世紀初，摩罕默德（Muhammed）崛起阿拉伯，自稱先知，創立回教；於是左手執經典，右手握利劍，以武力布教於四方，建立回教大帝國，其領袖號加利發。在加利發奧麥（Omar）時，東伐波斯。時波斯為薩桑（Sasan）朝，和唐修好，求救於唐；然波斯終不敵阿拉伯回教徒，其王伊嗣侯（Yesdigerd）防戰敗退。公元六六一年，伊嗣侯之子卑魯斯（Peruz）亡命出國降唐，薩桑朝遂亡。唐乃設波斯都護府，任卑魯斯為都督，然這不過空名。波斯故土已全為大食（即阿拉伯人建立回教國）占領，唐鞭長莫及，只好聽其自然吧了。

（3）東方　朝鮮半島上，建有高句麗、百濟、新羅三國；高句麗和中國接壤，常寇邊。隋煬帝曾出兵百萬，前往討伐，二次都不能取勝，而國家元氣大傷。唐初，高句麗和百濟聯合，兩國併力攻擊半島南部的新羅。新羅不能敵，派使到中國進貢，求援兵。高句麗既然不聽唐諭和的命令，又阻攔新羅使毋朝貢於唐。唐太宗於公元六四四年，親率海陸大軍出遼東，耀武而歸。然而高句麗和百濟同盟，侵略新羅愈急，唐高宗派蘇定方率軍，和新羅會攻百濟，陷其都城，百濟敗軍一面聯絡高句麗，一面向日本乞援。公元六六三年，日軍來救百濟，為唐師擊敗於錦江口，百濟遂亡。時高句麗國起內訌，唐命李世勣乘勢往討，以公元六六八年陷平壤，其王迎降，唐遂滅高句麗，置安東都護府。唐的德威，從此籠罩朝鮮半島，但唐中葉以後，無暇注意東方，安東都護府從平壤遷遼東。新羅幾奄有朝鮮半島全部，對於唐仍朝貢不絕。

(4)南方　唐初向外發展，都是向東北西三方面，南方尚未經營。然而跟着唐威力的增加，南方諸小國也先後入朝稱臣，如占婆(Champa,安南的南部)、扶南(柬埔寨和泰國的南部)、闍婆(Java,即爪哇)，室利佛逝(Sri Boja,蘇門答臘的東北部)諸國，都曾在唐太宗高宗時入貢。於是唐的版圖，東起朝鮮滿洲，北併內外蒙古，西自天山南北路包有中央亞細亞，南則印度支那半島，俱爲唐的屏藩，範圍比漢朝更擴大了。

(三)　隋唐的制度

(1)中央官制　唐的官制，承隋而來，更加以補充。中央政府有中書、尚書、門下三省，以總理政治。另外有三師(太師、太傅、太保)三公(太尉、司徒、司空)，位雖尊而不過空銜，以備天子顧問，不涉實際的政務。是以中央政府的實權，還在中書、尚書、門下三省。三省長官都握宰相實權，中葉後以同中書門下平章事爲宰相之職，集三銜於一身。中書省掌宣奉天子的詔令，長官是中書令；門下省掌審查和確定詔令，長官是侍中。尚書省施行確定的事，長官是尚書令。但唐太宗自己曾兼尚書令，以後臣下皆不敢擔任此職，遂以尚書令的副官左右僕射，代行尙書令事。尙書省下有吏、戶、禮、兵、刑、工六部，左僕射管吏戶禮三部，右僕射管兵刑工三部。吏部掌官吏的進退，分吏部、主爵、司勳、考功四司；戶部掌賦稅，分戶部、度支、金部、倉部四司；禮部掌禮儀，分禮部、祠部、主客、儀制四司；兵部掌軍事，分兵部、職方、駕部、庫部四司；刑部掌刑罰，分刑部、都官、比部、司門四司；工部掌土木，分工部、屯田、虞部、水部四司。——六部各有四司，計二十四司。六部的長官稱尙書，次官稱侍郎。

中書、尙書、門下三省之外，尙有祕書省、殿中省、內侍省，三省合稱六省。祕書省掌經籍圖書之事，殿中省掌衣食車乘之事，內侍省掌宮內供奉宣傳制令之事，此外還有一臺、九寺、五官、十六衞府諸官。一臺爲御史臺，長官稱御史大夫，掌糾察彈劾。九寺：一，太常寺，掌禮樂郊廟社稷祭祀；二，光祿寺，掌酒醴膳羞；三，衞府寺，掌武器軍馬；四，宗正寺，掌皇族及外戚的屬籍；五，太僕寺，掌廐牧輿馬；六，大理寺，掌折獄詳刑；七，鴻臚寺，掌賓客凶儀；八，司農寺，掌倉儲委積；九，太府寺，掌財貨藏市。九寺的長官都稱卿。五監：一，國子監，長官稱祭酒，掌學校教育；二，少府監，掌百工巧伎；三，將作監，長官稱大匠，掌土木工匠；四，軍器監，掌弓箭甲胄，其長官和少府監的長官都稱監；五，都水監，長官稱使者，掌山澤津梁等事。

以上諸官都是文官。至於武官，則有諸衞的將軍，以掌兵衞之事。有十六衞府者，乃指左右衞府，左右驍騎府，左右武衛，左右領威衛，左右領軍衛，左右侯衛，左右監門府，左右府等。又關於東宮（太子）的官屬則有詹事府，左右春坊，家令寺，率更令，僕寺，諸率府等，掌關於東宮的諸事。

（2）地方制度　唐太宗時，依山川的形勢，把中國本部分爲十道：一、關內道，二、河南道，三、河東道，四、河北道，五、山南道，六、隴右道，七、淮南道，八、江南道，九、劍南道，十、嶺南道。到唐玄宗時，更把中國本部分爲十五道，視前略有改易：一、京畿道，二、都畿道，三、關內道，四、河南道，五、河東道，六、河北道，七、山南東道，八、山南西道，九、隴右道，十、淮南道，十一、江南東道，十二、江南西道，十三、黔中道，十四、劍南道，十五、嶺南道。道之下有州，州之下有府有縣。縣有令，府有尹，州有刺史，各掌地方的民政，而在每道設巡察使（一度改稱採訪處置使，觀察處置使）以監察之。又設都督府以掌諸州軍政。

本部以外，在新入版圖的地方，設都護府以撫蕃禦寇。當時都護府有六：一、安東都護府，初在平壤，後移遼東，轄滿洲及朝鮮半島。二、安北都護府，在陰山麓中受降城，轄外蒙古。三、單于都護府，在雲中城，轄內蒙古。四、北庭都護府，在庭州（今迪化），轄天山北路及今蘇領一部份。五、安西都護府，在焉耆，轄天山南路及中亞細亞。六、安南都護府，在交州（今河內），轄印度支那諸國。都護府之下，設都督府和州。都護府有都護，都督府有都督，州有刺史，分掌軍事和政治。都護由唐政府派來，都督和刺史，就由其地原有的部長族長加委，受都護的指揮統御。

玄宗時，外夷常侵擾邊塞，乃在四陲要地，置十節度使，掌兵馬大權。十節度使是：一、平盧節度使，管河北道東部，以鎮撫遼黑諸部落。二、范陽節度使，管河北道，以鎮撫奚、契丹。三、河東節度使，管河東道；四、朔方節度使，管關內道北部，均為防禦回紇。五、河西節度使，管河西道，禦吐蕃回紇。六、隴右節度使，管隴右道，以備吐蕃。七、安西節度使，管天山南路，鎮撫西域諸國。八、北庭節度使，管天山北路，以當西突厥餘衆。九、劍南節度使，管劍南道，以禦吐蕃，鎮苗蠻。十、嶺南節度使，管嶺南道，鎮壓南海諸國——這十節度使原意是防外的。但是到安史亂後，內地大抵以節度使代替每道的採訪處置使，因此節度使統轄數州，開藩鎮割據的局勢。

(3)兵制　說到節度使不得不提起隋唐的府兵制。府兵制是內重外輕，正和藩鎮相反的。當唐太宗時，依照隋制，在本部十道置折衝府六百三十四，其中幾乎三分之一屬於關內道的，以集兵力於中央。折衝府分三等，上府有兵千三百名，中府有兵千名，下府有兵八百名。府兵不單是鎮壓地方，並且每年輪值宿衛京師。人民年二十服兵役，六十而免。每歲冬季，每府的折衝都尉召集府兵演習戰陣，平日則使之耕作，值番時則使之宿衛，有事變則待命而出兵。但往後府兵制度日漸頹廢，徒存其名。到安史亂後，藩鎮勢強，而府兵制度卻絕跡了。

(4)法制　唐的刑律，承隋朝而來；隋的刑律，却根據北朝，尤其是北齊的制度。隋文帝定刑律十二篇，煬帝時增爲十八篇，唐又還爲十二篇，即名例、衛禁、職制、戶婚、廐庫、擅興、賊盜、鬭訟、詐僞、雜例、捕亡、斷獄。刑名有笞、杖、徒、流、死五種；笞、杖、徒分五等，流刑分三等，死刑分絞斬二等。並規定十惡（見北齊律）不赦。犯罪者，以在其罪發的州縣推斷爲例；其在京師，輕罪由當局推斷，重罪則送大理寺；至若糾紛大獄，則由刑部尙書、御史中丞、大理寺會同審訊。

(5)田制和稅法　唐初根據北朝，仍舊實行均田制。凡是年在十八歲以上的男子，給「永業田」二十畝，可傳給子孫；又有「口分田」八十畝，止限於一代，共得田百畝。口分田以有勞動力的壯年男子爲主，若老男、篤疾、殘廢的人，則給四十畝，婦女以不給爲原則，但寡妻妾、女道士等則給三十畝，蓋以維持必需的生活。田的授受，以每年十月到十二月爲常。受田後不准將其買賣典質；但因移住他鄉或貧困不能舉葬的，可賣去其永業田。

唐的稅法，以租、調、庸爲基本。受田者每百畝必由其每年收穫中輸粟二石，這叫作租。又從其鄉土的所產，納絹綾各二丈，麻布二丈四尺，這叫作調。人民每年必爲國家服勞役二十日（逢閏年加二日）；若國家有事加役，加十五日則免其調，加到三十日則租調全免。而欲獲免役的，則以一日三尺的比例出絹，這叫作庸。所以租是田租，調是家稅，庸是口稅。這樣的田制和稅法，完全是根據戶口的，所以唐代的戶口調查，十分嚴格，而村里組織也極整齊。

安史亂後社會爲之動搖，政府的版籍散失極多；一方面賦稅無定，人民不勝榨取，相率逃徙。於是原來的田制和稅法，有不能實行之勢，土地歸併之風盛，大地主田連千頃，小民幾無容足之地。於是在唐德宗時，楊炎建議，設兩稅法。先是計算本地政府所用和上供的數，當作量出爲入的稅額。對於每戶不問主客，凡現在者都載在簿上，依照各戶的貧富（田地多少）而在夏秋兩季（六月十一月）完納一定的賦稅。這樣一來，租調庸雜徭完全省去，均田制度從此絕跡於中國歷史上。而兩稅制因爲合於時勢需要，一直沿用到宋明，爲現在上下忙的起源。

（6）學校和選舉　隋唐兩代，留心文治，學校極盛。唐的中央政府有國子監，專司學校教育的事宜。國子監在京師設有國子學、大學、四門學、律學、書學、算學諸校；門下省在京師也設有弘文、崇文兩館，以收容宗室和功臣的子孫。至於地方，也有府學、州學、縣學等設置。當時在國子監所屬學校求學的，不僅是中國的學者，就是高句麗、新羅、百濟、日本、高昌也派遣俊彥來長安，吸收中國的文化，眞極一時之盛。就中如日本的大化維新，就是受中國隋唐文化影響的緣故。當時學校的教課，則以經書爲主。

兩晉南北朝時，所謂九品中正的選舉法，流弊已達極點。隋煬帝時，始設進士科，以詩賦取士，這是中國科舉制度的開端。唐的取士方法，有生徒、貢舉、制舉三種。由國學、弘文、崇文等京師學館，從畢業的學生於尚書省受試的，稱生徒；先在州縣受試，及第後赴京師應尚書省試的，稱貢舉；天子數年詔行一次，而以舉非常之士的，稱制舉。生徒和貢舉，有秀才、進士、明經等名目。進士和明經之科，唐朝最爲盛行，其他雖然還有明法、明字、明算、孝廉諸科，不過偶爾一見吧了。

考試的方法，有試策、帖經、口試、墨義等。試策就是漢時的對策；帖經者，取士子所習經，掩其兩端，中留一行，復裁紙爲帖，帖去數字，叫受試者讀出之；口試和墨義對稱，所謂墨義，是以經義試士，令其筆答。結果，唐朝的學者，務志於科舉，用心於帖括，棄學術而不講。同時科舉所用的經說，都以五經正義作標準，從此士宗一義，經無異說，思想也大受拘束。中國歷史上以五經束縛人心，實在是從唐開端的。

（四）　宗教的全貌

唐代因爲向外發展，域外交通頻繁，各種宗教，隨之東來。唐政府對宗教大多取寬容態度，兼收並蓄，絕無主奴之見。同時主要的佛教承南北朝的隆盛，愈益發揚。於是唐政府的中國，諸教並流，蔚爲空前的奇觀。茲分述於下：

（1）佛教　佛教在中國，到南北朝的時候，已經十分隆盛。那時佛教已非純粹的印度產物，經過中國高僧大師的發揚光大，成爲中印思想交流的結晶。佛教在唐初，有三論、律、華嚴、淨土、禪、天台的六宗；到唐太宗時，玄奘開法相宗（又名唯識宗）；玄宗時，有善無畏者傳眞言宗。這是佛教八宗，在唐代都是極盛行的。

開法相宗的玄奘，不但是佛教的大師，也是中國古代卓越的旅行家。他在公元六二九年從長安出發，取道天山北路，越葱嶺之脊而入印度；一路經過荒寒的大漠，猜疑的異邦，備歷艱苦，於公元六四五年，載經典六百五十部，而歸長安。接着，他以全力從事翻譯經典，前後凡成新譯（玄奘以前的翻譯叫舊譯）七十四部千三百三十八卷，眞是空前的成績。玄奘的旅行記也是極有價值的。玄奘以後，還有一位以高僧兼旅行家的義淨，在公元六七一年由海道赴印度，費時二十五載，歷遊三十餘國，得經典四百餘部而歸，也著有遊記。

唐的歷代君主，從氣宇宏大的唐太宗以下，高宗、武后、玄宗等，對於佛教，都是極有好感的。而値承平之世，民衆爲了報德求福，崇拜佛像的更多。於是寺院堂塔的建築，幾乎不絕；僧尼的數目，也孳增不已，政府每三年作僧尼之籍，由祠部官給以度牒。到唐文宗時，寺院有四萬，僧尼有七十餘萬，可以想見其盛。最後，唐武宗因深信道教，於公元八四五年下制毀佛寺，令僧尼還俗，只留少數。這是「三武之禍」的第三次，如日中天的佛教，爲之一衰。次及宣宗時，教禁始解，又漸告恢復。

（2）道教　道教把老子（李耳）當作教祖，已是附會；唐初，以帝室姓李，和老子同姓，道士遂附會之把老子稱作國祖。因爲同姓關係，唐高祖首建老子廟；唐太宗對於諸教都取尊崇的態度，把老子列在釋氏之上。以後諸君主，愈越尊道，以太上玄皇帝之號上老子，以道德經爲羣經之首，道觀林立，道士敍高位顯官者也常見，甚至以金枝玉葉的公主，出家爲女冠，而宰相也有捨宅爲觀的。但這時佛教勢力也不可侮，道佛兩教之爭極劇烈。唐武宗深信道教，受道士趙歸眞的煽動，揚道排佛，道教勢燄萬丈。到唐朝衰微的時候，道教也慢慢的凌夷了。

（3）回教　回教爲摩罕默德所創，通名伊斯蘭教（Islam），因其爲後世回紇人所崇奉，所以在中國稱作回教。隋唐之際，回教徒撒哈八等循海道來中國南方，得唐政府允許，在廣州杭州建立淸眞寺，這是回教入中國之始。至於北方，當大食國即沙拉先（Saracem）帝國勢盛的時候，伊斯蘭教隨其兵力經中央亞細亞，而入天山南路，爲回紇人所信奉，後漸流入中國西北一帶。

（4）景教　景教是東羅馬的教士納司托留（Nestorius）所創，其實是基督教的一派，因爲東羅馬教會把他視爲異端，只好在西亞和中亞一帶發展。唐太宗時，中國和中亞交通既開，波斯人阿羅本，齎景教經典至長安，時為公元六三五年。旋建波斯寺，景教漸見流行。後來知道景教的本源，非出於波斯，而出於大秦（羅馬）乃把波斯寺改稱大秦寺。公元七八一年，大秦寺僧景淨（Adam）曾豎「大秦景教流行中國碑」以紀盛況，可見當時相信景教的，大有其人。此碑在明末復出土，上除漢文外又有敍利亞文，是唐朝景教的重要文獻。又法國的漢學家伯希和（Paul Pelliot）於二十世紀初在中國甘肅省所發見的敦煌石室遺書中，見有景教三威蒙度讚及尊經，由此更知道景教經典經漢譯的，為數不少。到唐武宗時，揚道抑佛，景寺乃隨佛寺共廢，命其僧侶還俗，外國的宣教師也被逐走，景教於是衰頹。唐末宗教的禁例雖解，而景教和下述的祆教、摩尼教，却一蹶不振，歸於滅絕了。

（5）祆教　祆教是波斯人查羅司德（Zoroaster）所創，拜火，所以普通叫拜火教，又拜太陽，在中國故名祆教。祆教的信徒在波斯和中亞一帶。在唐初，中國和波斯開始交通，祆教跟着波斯人流入中國。在唐高祖時，來華的波斯人已有在長安建設祆神祠的。公元六三一年，唐太宗允許波斯祆教徒在長安布教，並建祆寺，設祆正、祆祝等教職。在唐玄宗時，曾經一度排斥，然未幾又告恢復。武宗崇道教，祆教也遭壓迫，從此就消亡了。

（6）摩尼教　摩尼教乃第三世紀中葉波斯人摩尼（Mani）所創的宗教，乃雜揉祆教、基督教、佛教諸義而成。摩尼自身，被波斯教徒視為異端而焚殺，可是他手創的宗教，却流布於波斯及小亞細亞，更入東羅馬而傳及非洲北部，一面東行而入中國。大概當唐朝武后時，由波斯人傳來，流行於西北邊境；然其教不盛，不過自生自滅吧了。

上述唐的宗教雖有六，而不與唐朝共消亡的，僅有佛、道、回三教。佛教在唐時可稱黃金時代，各宗蔚起，並流入日本；佛教之在東亞根深蒂固，實奠基於此時。道教以其淺薄附會的教義，能彀蒸蒸日上，也因為唐室諸帝尊崇的緣故；此後到宋朝，道教又曾一度旺盛。回教則在西北邊境，徐徐發展，直到元朝始有地位。基督教之來中國，以唐朝的景教作曇花一現，迨元明兩朝，正統派始來中國，尤以明末的耶穌會教士，更盛極一時呢。

（五）學術衰落和文藝特盛

隋唐時代，學術思想衰落已極。隋文帝統一中國，雖然詔求遺書，獎勵學問，但當時舊儒則已老成凋落；唯一可稱學者的就是號為文中子的王通。唐朝推崇經學，因經義異說紛紜，唐太宗欲加以統一，乃命孔穎達等作五經之疏（解釋註的）名叫正義。五經正義出，學者墨守宗論，不敢出新說，思想大受閉塞。士人專務科舉，更談不到學術思想。到唐代中葉，韓愈李翺，號稱大儒，然也淺率不及前代遠甚。只有劉知幾作史通以明史法，杜佑作通典以開通史之例，大有貢獻於後世的史學，其他學術著作，可說等諸自鄶了。

唐朝的學術思想既然這樣衰落，屈於彼則必伸於此，乃在文藝上大顯其活動。而且承南北朝時代，治者階級提倡文藝，和域外文化東來的影響；到安史亂後，民生憔悴，社會組織日見動搖，更促進了文藝的發達。於是唐朝的文藝，成了空前的盛況，茲分詩、小說、散文、藝術諸項述之：

（1）詩　中國詩的黃金時代在唐。當時體例具備，作者輩出，據全唐詩著錄，共有二千二百餘人，足見其時詩的盛況。唐詩通常分爲初唐、盛唐、中唐、晚唐四期。初唐指唐初到中宗間，盛唐指玄宗時，中唐指代宗到憲宗間，晚唐指文宗到唐末。

初唐作家首推王勃、揚炯、盧照鄰、駱賓王四人，這叫作「初唐四傑。」他們的作品，上承南北朝餘風，競尙華縟，不脫雕琢的習氣；但是聲韻之學創自南北朝，到隋唐已大半完成，且應用到詩上去，詩越講究格調。於是初唐四傑，漸趨向律詩的途徑。但當初唐競尙華縟的風氣中，有陳子昂出，盡掃時習，要追縱漢魏，他的作品，氣概淸高，戛戛獨造，最稱難得。除此以外，還有武后時的沈佺期宋之問兩作家，他們更注意詩應「回忌聲病，約句準篇，」始定律詩的基礎。

盛唐時代，詩壇百花怒放，萬景畢呈，現出極燦爛的奇觀。李白、杜甫、王維三人，是當時的巨擘。李白是一個浪漫派的詩人，其詩高妙絕倫，令人作出世之想，他那頹廢的思想，豪放的精神，全在詩篇中充分發揮着。杜甫可以說是一個寫實派的詩人，他感傷時世的離亂，民生的憔悴，乃抒寫現實的悲哀，其詩充滿悲壯沉鬱的氣分，而流露着偉大的同情心。說李白是出世的詩「仙」，杜甫是入世的詩「聖」，確是的評。王維是以畫家而兼詩人的，他的作品，所謂「詩中有畫，畫中有詩。」他又是一個篤信的佛教徒，並且極愛田園生活，因此他的詩寫景寫靜，有獨到處。盛唐作家，除李、杜、王三位外，還有田園詩人的孟浩然，邊塞詩人高適、岑參，擅長七絕的王昌齡，其作品也可永垂不朽的。

中唐作家，韋應物與劉長卿，善寫田園山水，寓情於景。韓愈的詩，號稱奇險，其實是綴韻的文，其成就實不及和他齊名的柳宗元。其他像李賀的詩，帶有陰森的鬼氣，和孟郊賈島同稱韓愈門下的大家。但是中唐最偉大的詩人，不能不推白居易。白居易詩尚平淺，幾乎令老嫗都解，這是他的一點特色。他最擅長敘事詩，尤其是寫時事的敘事詩，其作品如長恨歌、琵琶行、賣炭翁、新豐折臂翁等，都已膾炙人口。尚有元稹者，與白居易唱和，時號稱元白，也有敘事長詩連昌宮詞。

晚唐以杜牧、李商隱、溫庭筠稱大家。杜牧詩豪健，在兒女情味中也含有英雄氣概，其七絕尤擅長。李商隱擅寫無題的情詩，詞意晦澀；溫庭筠則近華縟，而造就不及李商隱。這時詩漸趨豔情，最後韓偓乃以香匳豔見稱。詩到晚唐已經山窮水盡窮則變變則通於是所謂「詩餘」的詞，就代與於晚唐之世。溫庭筠同時是傑出的詞家，他那溫香綺麗的作品，開五代花間集的一派。

（2）小說　自漢以來，短篇小說雖然代有作者，但還不離神話與傳說，至唐乃大發達。唐的短篇小說，又稱傳奇文，其作品的豐富，遠邁前代，而描寫的範圍也極廣大，自宮庭而至社會，神怪、兒女、掌故、時事，各類都有。據唐代叢書所收的小說，有一百六七十種，還多未收者，可以想見其盛況了。其作品依其性質，可分爲神怪、豔情、劍俠三方面。神怪小說，以李朝威的柳毅傳，李公佐的南柯太守傳爲代表；劍俠小說，以杜光庭的虬髯客傳、薛調的無雙傳爲代表。唐人的豔情作品最多，也寫得極好，如許堯佐的柳氏傳、白行簡的李娃傳、蔣防的霍小玉傳、陳鴻的長恨歌傳、元稹的會眞記等。唐人的小說，後世大都演爲傳奇（戲曲），如西廂記（出會眞記）紫釵記（出霍小玉傳）南柯夢（出南柯太守傳）等。

（3）散文　由於南北朝駢體文的隆盛，純粹的散文幾乎匿跡，當隋朝和唐初，還是這樣。初唐的四傑，也工文章，但不脫六朝豔靡之風。如王勃的滕王閣序，駱賓王的代徐敬業檄天下文，可稱代表。盛唐時代，漸趨散文之途，可是還帶駢儷的習氣。等韓愈柳宗元出，便以極大的毅力作文學革命，提倡古文運動，排斥駢儷。韓愈的文章善說理論事，文筆精嚴而雄渾，所謂起八代之衰，復周漢之醇。柳宗元的古文似韓愈，不過他還作寫景紀地的小品，以幽冷勝。韓柳以下，尚有李翺皇甫湜孫樵一輩人，也以古文鳴。並開宋代歐陽王曾和三蘇一派的古文。

（4）藝術　唐朝的藝術也特盛，可以分書、畫、音樂三方面來說。先述書法，隋唐兩代開始以科舉取士，着重書法，所以善書的人很多。唐太宗雅好王羲之書，於是帖學大盛。並以歐陽詢虞世南自隋來歸，一時書法視他藝術爲獨尊。歐陽詢善作小楷，太宗時，爲太子的率更令，所以其書叫率更體。虞世南的書極秀逸，太宗嘗稱其德行、忠直、博學、文詞、書翰爲五絕。太宗嘗嘆虞世南死後，無與論書者，魏徵乃荐褚遂良；褚工楷隸，有蕭散之風。以後書家輩出，若顏眞卿、柳公權的楷書，李北海的行書，張旭、懷素的草書，都是稱絕一時，而爲後世所宗的。

圖畫方面，在唐之前，題材大都限於人物。就是初唐的名畫家閻立本吳道子，也是以繪人物佛像著名的。但是到唐玄宗時，山水畫也大盛。如宗室李思訓，好作金碧山水，其子李昭道傳其衣鉢，開中國畫北派之宗。又如詩人王維，以詩意入畫，作破墨山水，開中國畫南派之宗。從此，中國圖畫，有南北派的分別。

音樂在秦漢之際，古樂已漸失傳，乃一變而爲樂府。魏晉以後，樂府的音節，又漸次湮沒；其中可付之樂律的，只有清商曲詞的一體吧了。然而從漢張騫使西域，帶回西域的摩訶兜勒歌以後，直到南北朝，域外音樂漸次輸入的，不在少數。唐太宗頗有制禮作樂的思想，無如古樂失傳已久，於是不分界限，把僅存的淸商曲和輸入的外樂制定一大樂部稱作「燕樂」，而把古樂稱作「雅樂」。唐玄宗最嗜音樂，設左右教坊，以教授燕樂，當時教坊生員，至二千人，太常樂工有萬餘戶。其後因戰亂而衰。但西樂東來，源源不絕。玄宗時有名的霓裳羽衣曲，其譜就是從西域的龜茲傳來。而且從魏晉以來，古樂淪亡，得古樂器而不能用，而外國樂器如琵琶、羯鼓、胡笳、羌笛、胡琴等，也先後輸入，取古樂器而代之。所以現在所稱的「國樂」，大半非中國固有的樂器呢。

（六）隋唐的交通和商業

隋唐兩朝，既然統一南北，中央政府乃擬控制全國。而欲政令行於四方，全賴發展交通。同時向外發展，對域外的交通也十分發達。茲分述於下：

（1）國內交通　國內交通，有水陸兩方面。水路則隋煬帝時鑿運河，唐朝更加修濬，於是長江流域的粮舶，可以直達長安城下。隋於陸路，則注重北部的交通：於秦代故馳道外，更鑿太行山以通馳道於東，開榆林御道二千里，以通塞外。唐中宗時，因爲廣東是國外交通的重心，乃修通大庾嶺道路，使與中原交通便利。

國內交通既頻繁，唐政府更規定「驛制」：三十里爲一驛，域內共有一千六百三十九所。凡陸行的程，馬每日行七十里，驢五十里，車三十里。水行的程，逆流黃河每日三十里，長江四十里；順流，黃河百五十里，長江百里，另外的水流七十里。平地驢每馱百斤，行百里價一百文；山阪處百二十文；車載千斤九百文。江河，上水十六文，下水六文；另外的水流，上十五文，下七文。——遲速有定程，運費有定數，可見那時交通的繁盛，所以才有這樣精密的規定。

（2）東西陸路交通及貿易　東西陸路交通及貿易，漢代以後，因國內雲擾，頗爲不振；但在北朝，元魏統一，漸和西域諸國往還，商人教士，絡繹於途。到隋煬帝時代，河西的武威張掖諸郡，已經成功東西陸路交通的中心點，據說集在那裏的西方商賈共達四十餘國。唐朝兵威，遠逾域外，由陝甘而達中亞細亞和天山南路的道路遂通。除了西行求佛法的高僧外，中國人赴中亞細亞、波斯、印度等地通商的也不在少數；而波斯、猶太、阿拉伯（大食）的商賈，往來不絕。唐乃置互市監，以徵收關稅。造紙術的傳到回教帝國，養蠶術的傳到希臘，大概也是在這個時候。陸路輸出品爲絹帛、茶，輸入品爲駝馬等。

（3）東西海路交通及貿易　在吳晉兩代，海路交通漸闢；那時印度支那半島上的日南、交趾，都爲東西貿易的地方，東羅馬的商船，往來其間。在南北朝時，南朝諸帝信佛，便和印度以東的諸佛教國，開出交通，於是中國海運漸興，經闍婆、室利佛逝而到師子國的航路，遂落入中國人的手裏。隋唐盛時，閩廣商船，冒風波之險，把航路擴充開來；或從師子國沿印度西海岸而入波斯灣，或沿阿拉伯海岸而抵紅海灣頭亞丁。厥後，回教帝國勃興，猶太人、波斯人、阿拉伯人，向東擴張其海運，入中國南海諸港通商。廣州、杭州、泉州最稱繁盛，而以廣州為第一。輸入的貨品大概為象牙、寶石、香料、藥物、織物等；輸出的貨品則有金、銀、絹帛、茶、陶磁器及其他雜貨。唐政府在諸港設市舶司，長官稱市舶使，以徵收關稅。當時廣州的國外貿易，盛極一時，公元八七九年，黃巢入廣州，殺回耶教徒及波斯猶太人達十二萬，雖未免誇大，也可知廣州外僑之多了。當時除南海交通外，北方和朝鮮日本，海上也有往來，大抵從山東半島放洋。

(4)國內商業一斑　據唐令，京師有市令之官，以掌百族交易的事：建標於市，分陳貨物，價日劃一。弓矢長刀，須依官定標準製造，且得把製造人姓名題在上面，然後許其販賣；政府對於偽濫的貨物交易者，加以取締。當時的交易，普通以制錢為通貨，這是承南北朝五銖錢之舊。唐初始鑄造開元通寶，以後歷代都有鑄造。唐朝的國內外貿易，在黃巢亂後，十分衰頹，到唐末則一蹶不振了。

第六章　五代兩宋的文化

（一）五代、兩宋、遼、金的興亡

朱全忠篡唐祚，建後梁朝，中國經過三百年的統一，又全然陷於分崩的局勢中。當時襲唐末藩鎮割據的餘風，看到中央政府覆亡，乃紛紛獨立，而草莽英雄，也乘時勢際風雲之會。所以後梁朝保有者實在不過黃河一帶地方，其國都卽在大梁（開封）；梁的版圖西抵河渭，南及江淮，北距河東，至海，並不彀承繼唐的正統。和後梁並興的國家，尚有吳、楚、吳越、閩、南漢、荊南、前蜀、岐、燕、唐等十國。各國攻伐不已，而東北方面新興的契丹族，正虎視眈眈，謀伸足於黃河流域。

晉王李克用和後梁太祖夙有舊怨，屢次來攻擊梁朝。後梁太祖原是梟雄一流人物，篡人孤兒寡婦得國，等他死後，國勢遂不振。李克用之子李存勗，秉其父的雄風，先滅燕，旋挾其銳氣方盛的軍隊南下，於公元九二三年陷大梁，後梁亡。李存勗乃卽帝位於洛陽，國號後唐，這是後唐莊宗。莊宗的武功，邁勝後梁，版圖也較廣。他降岐，併蜀，統一江北，並受吳、楚、吳越的朝貢。莊宗顧盼滿志，沉湎於宴樂，不料變生肘腋，內亂突起，為伶人所弑，其族李嗣源立，是為明宗。乘後唐之衰，孟知祥入成都，建後蜀，石敬瑭雄踞晉陽，政府威令不及，後唐已如風中殘燭了。

在（李）唐之末，契丹族崛起東蒙古，乘唐室衰落而獨立。公元九〇七年，正當朱全忠篡唐之歲，契丹領袖耶律阿保機也統一諸部用燕遺臣韓延徽築城郭，立市里，墾荒田，自己於九一六年稱皇帝，是爲契丹的太祖。太祖雄才大略，率領其善征的軍隊，北侵室韋、女眞諸部，西併回紇、吐谷渾、黨項餘衆，東滅渤海國，其勢遂強。太祖子太宗立，乃擬南下而問鼎中原。

時後唐忌石敬瑭的威名，以重兵圍晉陽，石敬瑭借契丹的兵，破後唐軍，於九三六年陷洛陽，卽位於大梁，是爲後晉。石敬瑭旣得中原，感謝契丹的援助，乃割東北的燕雲十六州以酬契丹，每年又納金帛三十萬而稱臣。以中國的君主，而引狼入室，石敬瑭誠難辭其咎；後晉的版圖，也比後唐更小。但石敬瑭對於契丹，猶抱敬鬼神而遠之的態度。到其子出帝立，對於契丹不肯盡禮，致兩方起衅。契丹在援助石敬瑭建國的次年，已改國號稱遼，於是遼太宗大擧南下，陷大梁，擒出帝，駐軍於黃河南北，簡直想一擧而做中國的主人翁。

但是遼的駐軍，剽掠人民，中國民衆屢加襲擊，太宗見中國的不易治，乃留軍北歸。晉的舊將劉知遠率軍逐契丹守軍，恢復黃河流域，旋卽帝位，稱後漢，時在九四七年。後漢建國才四年，鄴都鎭將郭威叛，入大梁卽帝位，這是後周的太祖，時在九五一年。其時中國割據局勢仍舊，惟情形已有改變。最初的十國，存在者只有錢氏的吳越（在浙江）和劉氏的南漢（在廣州）同時在長江流域，有李氏的南唐，楚已改國武平，荊南已改國南平，四川有孟氏的後蜀，而劉知遠族劉崇守河東，建北漢。其中北漢，南唐、後蜀三國最強，與遼共環伺後周。

後周的世宗，有統一中國之志，先逆擊北漢的軍隊而破之，又打敗遼軍，於是南伐南唐，西略後蜀，版圖擴大不少，在五代中，可以說是傑出的。不幸世宗病死，子恭帝幼弱，趙匡胤被將士所擁立，受後周之禪，這就是宋太祖。時在九六〇年，宋朝從此開始。羣雄割據擾攘五十餘年的五代之世，於是告終。

宋的國都，仍舊在汴（開封）。西北的長安，原為漢唐舊都，五代以來，已經放棄。表面上的原因，是唐末大亂，長安幾遭焚掠，已成邱墟，不堪作為帝都，故五代中除後唐都洛陽外，餘均都汴梁。其實從唐中葉以後，西北的突厥、回紇西徙，吐蕃衰弱，邊患已輕，為西北樞紐的長安，已經失其重要。而安史之亂，起於河北，即以燕京作根據地，同時東北民族漸強，初有渤海國勃興；契丹併諸部，建遼國，南窺黃河流域，而河南的開封，遂成要津，國都不得不由西而東移。到元明清，東北關係更重，中國國都就定於燕京（今北平）了。

自唐中葉以後，藩鎮之權漸重，太阿倒持，造成武人篡位的情形。如朱全忠、李存勗、石敬塘、劉知遠、郭威，都是前朝的大將，重兵在握，而篡帝位的。趙匡胤原是周將，他的即位，也由兵士所擁立，然而他建立宋朝以後，洞察此弊，決意廓清，石守信等杯酒釋兵權一事，傳爲佳話。從此將不得私有其兵。一面太祖還用趙普的計劃，能節度使，以文臣出掌州郡，免得民政落入武人手裏；於各地設轉運史以掌地方的財政。兵馬、民政、財政三權乃統於中央，藩鎮跋扈之勢遂絕。

宋建國後，對於割據稱雄的各國，加以征服，以謀統一。南平、武平、後蜀、南漢、南唐諸國，先後被剪滅。吳越也奉地歸降，南方全定。只有北方的北漢，和遼連和，倔強不服。宋太祖死，弟太宗立，先滅北漢，與遼對峙。宋遼乃開始衝突；河北一帶，爲南北戰區者垂二十五年。遼軍甚銳，宋苦於防戰。後遼聖宗大舉侵宋，親率雄師南下，宋甚至想遷都以避其鋒。丞相寇準反對退讓，奉宋眞宗親征，至澶州，遼師氣衰，兩國遂媾和。宋遼君主互稱兄弟，宋約歲輸絹二十萬疋，銀十萬於遼，以爲歲幣。從此兵戎既熄，宋據中國本部，遼據中國東北，成功對峙之局。

宋除東北對付遼國外，西北旋有西夏之患。西夏大概屬於藏族，係黨項之後。黃巢亂時，黨項部曾爲唐室勤王，唐朝乃把其領袖賜姓李，並封夏國公，以酬其勞。該部落蕃殖於寧夏一帶。遼崛起北方，西夏臣服於遼，其領袖被封爲夏王。迨元昊爲西夏之主，用中原叛人整理國事，勢驟強，伐回紇，取河西，建都興慶（今寧夏）號大夏皇帝。元昊見宋疲於與遼戰爭，乃轉鋒東窺，焚掠邊塞，於是陝西一帶無寧歲，宋朝不得不駐紮重兵以防範，宋以全國的精銳，也只足以守，而不足以克。一〇四三年，西夏請和，次年，和議成，宋封元昊為西夏國王，歲賜銀絹茶綵二十五萬。當時西夏定官制，造文字，設立蕃學和漢學，區劃郡縣，分配屯兵，也成功蔚然大國呢。

宋仁宗在位，恭儉愛民，賢臣輩出，號稱郅治。然而失之文弱，武備不振，北則受扼於遼，西則困疲於夏，其版圖不及漢唐盛時遠甚。同時國家的財政十分窘迫，民衆的生活卻非常困苦。於是有王安石出而變法。王安石本個性剛愎，以經濟自負，恰巧宋神宗少年即位，銳氣方盛，便重用王安石來講求富國強兵之策。王安石看到當時急需整理的，是財政和軍政，就對症發藥，制定青苗、募役、市易、均輸、保甲、保馬等新法來實行，目的在培養民的富力，並改募兵為民兵。王安石的新法雖然不是澈底的辦法，但未始不是很好的改良政策，怎奈朝廷上的元老大臣，因其違祖制而反對；剛愎的王安石，陷於孤立，乃引用呂惠卿等小人，結果新法反而擾民招怨。宋政府中黨爭迭起：神宗死，哲宗立，太皇太后高氏親征，罷新法，用元老。這是新舊黨爭的初變。旋舊黨分裂內訌，新黨呂惠卿、蔡京乘勢入朝，重掌政權，這是第二變。等徽宗即位後，折衷新舊兩法，是為第三變。不久，新黨的蔡京，重掌政權，假借新法以箝制天子，追尊王安石配享孔子，稱司馬光以下的舊臣為姦黨，這是政局的第四變。蔡京本無濟世之才，只知道假新法以遂其貪污，宋室便危殆得很了。

宋朝政治日非，北方的遼也在衰弱，女眞族的金代興。據說金的先世，就是古代的肅愼氏，其根據地在長白山麓鴨綠江源一帶。隋唐時代，部落名靺鞨，隸屬於渤海國。等到遼滅渤海以後，一部分入遼籍的，叫熟女眞；不入遼籍僅受羈縻的，叫生女眞。當時生女眞完全是樸實勇敢的游牧民族，而遼則沐中國文化已久，受其同化，貴族沉湎於荒淫生活，其勢不振。生女眞的領袖完顏阿骨打遂叛，先統一混同江附近諸部，於公元一一一五年卽帝位，國號金，這是金的太祖。金太祖南下，與遼大戰於混同江，破之，熟女眞降，金遂進陷遼的東京，進逼上京。

宋朝見遼驟衰，想恢復北方的失地，宦官童貫乃建議和新興的金南北夾擊遼國。於是宋金聯盟，相約以長城爲界，宋自南取遼的南京，金自北取遼的中京，而把向來宋贈遼的歲幣，移贈於金。盟約旣訂，金太祖進兵取遼的上京、中京，遂逐遼的天祚帝，並陷其西京（大同）。宋的童貫率軍攻遼的南京（卽燕京，今北平，）不能下，只好向金乞援。金軍從居庸關入陷燕京，把燕京及其附近六州讓給宋，求增前約所規定的歲幣，宋也只好答允。遼的天祚帝見五京全失，展轉山後，終爲金所捕獲，公元一一二五年，遼亡；其帝國原由諸部族所組成，立刻瓦解，次第兼併於金。

遼本國雖然滅亡，其旁支却在中亞細亞建西遼國。原來當遼亡的時候，其宗室耶律大石西走，併天山南路的回紇諸部，侵入中亞，降撒馬爾罕(Samarkand)，乃自稱闊兒汗(Gura Khan)奠都於吹河(Chui)畔，就是所謂西遼的德宗時在一一二四年。其後大破來攻的塞爾柱(Seljuk)族，又降花剌子模(Khorasm)，西遼遂爲中亞的一個強國，至一二〇三年始亡。

再說遼既亡後，新興的金和日薄崦嵫的宋接壤。金人對於宋朝的無能，十分看輕，很想借故生事。恰巧宋收納了金的叛將和遼的遺臣，金國便以此爲藉口率軍南下，宋軍潰散，徽宗知事不濟，只得禪位於子欽宗，與金和議賠款。欽宗即位後，想要振足，無奈國勢更非，旋金師又南下，陷汴京，擄徽欽二宗后妃宗室北去，以汴梁爲國都的北宋告終。但金雖然佔據汴京，却不敢統治中原，便立宋臣張邦昌爲楚帝，一方面金師南下，追逼宋的殘部。

宋宗室趙構被臣民擁立於商邱，這是南宋的高宗。可是金兵進逼不已，高宗和部下，只好渡長江而南，奠都臨安。金兵繼續渡江，高宗航海走溫州，幸宋將岳飛韓世忠破金兵於長江邊。金兵也以太宗病篤引還。宋令韓世忠屯楚州，岳飛駐襄陽，以禦金。高宗乃還都臨安，時在一一三四年。於是宋與金開南北對峙之局。

金兵繼續南侵，壓迫宋朝，但爲宋將岳飛等所敗。岳飛本擬恢復中原，直搗黃龍，誰知宋臣秦檜堅決主和，殺逐諸將，和金訂和約，以淮水和大散關以北諸地畀金，而且奉表、納幣、稱臣、受封，才把徽宗帝后的遺柩迴回。這在一一四一年，是宋金的第一次和議。旋金宗室海陵王篡位，把國都從上京遷到燕京，想統一中國，「移兵百萬西湖上，立馬吳山第一峯。」誰知和淝水之戰一樣，在長江的采石磯，宋師大破金師，海陵王被弒，金兵乃退。時宋孝宗初卽位，擬乘勝北爭中原，却爲金軍所敗。在一一六五年，宋金又訂和約，宋孝宗稱金世宗爲叔，歲幣銀絹各減五萬，地界同前。時金世宗爲一代英主，力戒部衆流於漢族的奢侈文弱，建立廣大的帝國，東則威服高麗，西則懷柔西夏，南自漢淮兩水，北抵臚朐河（Kerulen），版圖也是空前的。

金世宗和宋孝宗在同一年死。宋光宗卽位，都城謠言紛起，遂禪位於寧宗，由韓侂胄所擁立。韓侂胄開金章宗立，國勢衰弱，乃謀北伐以邀功。不料宋軍敗績，淮西之地盡失，金乘勝南下，宋室大懼，乃斬韓侂胄之頭送於金，於一二〇八年作第三度媾和。

金入中國既久，勇武之氣消滅，又落入爲中國同化的命運。蒙古崛起漠北，攻擊金的後方，進逼燕京，金向蒙古納公主與金帛求和。然而金的國都迫近蒙古，早不保夕，乃遷都汴京。燕京旋淪於蒙古手，金僅保黃河中部地方。時蒙古鐵騎，正縱橫中亞，中國的宋、金、西夏三國，相顧失色，約和自保。蒙古已轉轡東向，於一二二七年，滅立國二百年的西夏；旋下河南，陷汴京，金哀宗奔蔡州。蒙古與宋接壤，便遣使於宋，與宋將孟珙合兵陷蔡州，金亡，時在一二三四年。脣亡齒寒，宋的北境從此多事。蒙古兵直逼江淮，深入四川，宋境日蹙。時忽必烈建元朝，謀中國益急。宋臣賈似道，弄弄威福，不顧國難。元兵將逼臨安，文天祥、張世傑等起勤王之兵，也不能挽回頹勢。宋恭宗在圍城中草表降元；元兵入臨安，執恭宗及宗室北還。宋的諸王羣臣，浮海南走，想以海隅的根據地徐圖恢復。端宗立於福州，元兵來逼，奔廣州。後陸秀夫張世傑奉帝昺於厓山，在海島上聊存宋室一脈。元兵南下，文天祥被擒，陸秀夫負帝昺沉於海，張世傑也溺死，宋亡，時爲一二七九年。中國全爲蒙古族所統治了。

（二） 宋的制度

（1）官制　五代承唐而來，那時候的官制，和唐差不多。但五代與宋，有樞密使一職。樞密使始於唐代宗時，初由在內廷出納詔旨的宦官擔任。昭宗末年，朱全忠專政，大誅宦官，以心腹蔣元暉爲樞密使，此職乃移於朝士。直到朱全忠篡國，樞密使權才重，結果掌握兵權，隱然和宰相對抗。宋初，以同中書門下平章事爲首相，以參政知事爲次相，共掌政務。樞密使握兵權。這三者都有宰相的實權。而三師（太師、太傅、太保）三公（太尉、司徒、司空）仍舊是空銜，以加封宰相的。

宋朝中央政府的省、臺、寺、監等官，大概和唐差不多。但尚書、中書、門下三省的長官，並沒有宰相的權；祕書、殿中二省，僅存名目，其他各官也多有其官名而不掌其職務的，實際任事，要看差遣而定。神宗時，要使得中央各官名實相副，乃加更改：以中書省取旨，門下省覆奏，尚書省施行。然三省不設中書令、尚書令、侍中等長官，以尚書左僕射兼門下侍郎行侍中之職，尚書右僕射兼中書侍郎行中書令之職，兩者俱爲宰相；又置中書侍郎、門下侍郎、尚書左右丞，以代參政知事爲次相，與樞密使共掌政務。到徽欽兩宗時，又略有更改。等到宋室南渡，大削冗職，加同平章事於兩僕射，這是首相；改中書、門下兩省侍郎爲參政知事，這是次相；廢尚書左右丞。同時因爲財政緊縮，把九寺五監大加整理，以汰冗官。結果九寺之中，只留下太常、大理二寺，五監之中，只留下軍器、都水兩監，其餘的七寺三監，都分別歸併於六部，於是駢枝機關一淸。後來南宋朝的情形穩定，才恢復了宗正、太府、司農三寺和國子、少府二監。

宋初懲於前代的藩鎮跋扈，把諸鎮都留在京師，而派朝臣出去做地方官，並且派出去的，都是文臣。守州郡的叫權知軍州事，其本官高的，稱作判，以後遂爲定制。守一縣的，叫知縣事，以代從前的縣令。宋代使官最多，都是從中央派到地方去的：掌兵的則有制置、宣撫、經略、安撫、招討等使；總一路財賦的，則有轉運使司刑獄的，則有提點刑獄。此外，尚有專管漕運糴買的發運使，常平、鹽茶、茶馬、坑冶、市舶等司，則設提舉。南渡後，在地方上治財賦的，稱總領。

(2)兵制　宋兵制分四種：即禁兵、廂兵、鄉兵、蕃兵是。禁兵乃天子的親兵，守衛京師，有事則對外征伐；

廂兵是諸州募集的兵；鄉兵近乎鄉勇；蕃兵是內附的蕃人。在這四種兵中，能彀稱作軍隊的，只有禁兵一種；而全國的禁軍，又都隸屬於中央的三司；這三司的長官，是殿前都指揮使、侍衛親軍都指揮使、馬步軍都指揮使。因爲宋採中央集權制度，精兵統於政府，免得成功尾大不掉之勢；然而州郡的廂兵太沒用了，所以金人南下，如風掃殘葉的樣子。宋初的軍隊雖少，尚稱精銳；等到西夏寇西北，乃大行募兵，以充禁旅；於是中外禁兵和廂兵，達百餘萬，却不堪一戰，唯知坐食。王安石時，大加裁汰，興保甲法，欲變募兵爲民兵，但因新法廢置不定，民兵制度也沒有什麼成績。

宋室南渡之後，立御前五軍的名目；以楊沂中所帶的爲中軍，張俊所帶的爲前軍，韓世忠所帶的爲後軍，岳飛所帶的爲左軍，劉光世所帶的爲右軍。那時張俊、韓、岳的兵，分駐於外，號稱三宣撫司。其後三人兵柄既解，改其名爲某前駐紮御州諸軍，直隸朝廷，帥臣不加節制。於是事實上，御前軍又變成前此的禁兵了。

（3）田制和稅法　自唐安史亂後，中國均田制的遺意，消滅無餘，而兼併之風熾。從唐末到宋，有莊園制的成立。莊園的主人，就是大地主，耕作者是佃戶。莊園往往屬於貴族公卿，不輸田賦，是常事，政府也無可如何。南宋時代的莊園領主，「邸第戚苑，御前寺觀，田連阡陌，無慮千萬計，皆巧立名色，盡蠲二稅」；然而耕作者却不得不鬻妻賣子，可見當時大地主的聲勢了。

宋時賦稅的種類，有公田之賦、民田之賦、城郭之賦、丁口之賦、雜變之賦五種。公田之賦、民田之賦是田稅；城郭之賦是宅稅、地稅等類；丁口之賦，爲計入民的身丁而收其錢米之稅；雜變之賦，是唐以來於田賦外增取他物，後來又折作賦稅，所以又叫作沿納。所賦的物品，有穀、帛、金鐵、物產四類；穀以石爲單，物帛以匹爲單位，絲線、綿以兩爲單位，金銀以兩爲單位，錢以緡爲單位，物產、藁薪以圍爲單位，其他各物的單位，沿用慣例。收稅的時期，原於唐的兩稅制，夏稅以五月起徵收，到七八月而止；秋稅則九月或十月起徵收，至十二月或正月而止。徵收的方法，有「支移」和「折變」兩種，後來都變作厲民之政。所謂支移：人民輸納租稅，本有一定的地方，却因爲這地方的官家未必要此物，而另一個地方却需要此物，於是叫人民移此輸彼，稱支移。所謂折變：人民納稅的物品，原有規定，却因所輸納的物品，官家未必需用，所不輸納的却反要用，於是臨時改變他所輸納的東西，稱折變。

(4)學校和選舉　宋朝頗留意文治，初置國子學和大學，屬於國子監。學中生徒，國子生則爲七品以上的子弟，大學生爲八品以下子弟和平民中的俊彥。王安石執政，見科舉取士之弊，主張用學校養士，便竭力整頓學校，大學設三舍之法。初入學的爲外舍生，漸次升入內舍，上舍。外舍生徒二千人，內舍三百人，上舍百人；上舍生得免禮部試，特授以官。神宗時專用三舍之法，而罷去科舉，高宗時仍恢復科舉而廢三舍。大學以外，京師又有律學、算學、書學、畫學、醫學等，則屬於專科。至於地方，則州縣各有學校。

宋初的選舉法大概模仿唐朝，有進士、明經等科，其中以進士爲最盛，其試有詩賦、雜文、策論、帖經之類，神宗時，對於科舉大加改革，罷諸科而獨存進士；對於進士科，不復試以詩賦，而代以經義策論，其經義又改墨義爲大義。元祐以後，把進士分作詩賦、經義兩科，南渡後一仍其舊。尙有所謂制舉者，乃天子甄拔人才的特科，試期無定，旋改弘詞科，又改詞學兼茂科。

(5)法制　宋的法律，大概沿唐朝的舊規。惟宋朝對於用刑，非常注意，限大事四十日，中事二十日，小事十日而決，免得稽遲。又定大辟詳覆法，令諸州奏大辟案件，而委刑部使之詳覆，免得地方官枉殺。五刑仍爲笞、杖、徒、流、死，惟徒刑除配役外，並加脊杖；流刑則加杖配役，以一人而受流、徒、杖三刑。五刑之外有刺死之刑，一人而受杖脊、黥面、配役三刑；又有淩遲之法，用以對極惡的人執行死刑者。

(三)　宋的學術宗教文藝

要說到宋朝的文化，有一件事值得大書特書的，便是印刷術的廣用。中國古代書籍只有手抄本，沒有印刷的。厥後佛教輸入，把佛教的圖像經典彫刻在石上，用墨加以拓印，好像現在的碑帖一樣。這事大概盛於隋唐間，爲中國印刷術的濫觴。唐初，佛典雕印之風漸盛，遂旁及其他書籍，然而當時還利用石刻。如政府所制定的五經，也是石刻的。唐中葉後，四川始有木版，以之印刷。五代時，馮道雕刻九經的木版，印成書籍，這是中國印刷史上的大事；所以或把中國印刷術發明的功績，歸諸五代的馮道。由五代而兩宋，監本始盛。監本者，指國子監所印行的官版書籍，所刻的都是稀罕的善本而且非常考究。除宋刊行監本外，遼有祕書監，金有宏文院，也刊行官版。同時顯達者私人刻書，也出現於宋初。於是宋朝的書籍印刷，盛極一時，其遺本流傳至今者，視爲珍品。南宋時代，書籍的刻印販賣，以國都臨安爲中心，其他則蜀本也有名。

木版以外，宋仁宗時，又有活字發明。當時有布衣畢昇者，始作活版。其法：用膠泥刻字，薄如錢唇，每字爲一印，火燒令堅。先設一鐵板，上敷以松脂蠟和紙灰等，欲印，則以鐵範置鐵板上，乃密布字印，以滿鐵範爲一版，持就火煬之，藥稍鎔，以一平板按其面，卽字平如砥云。但畢昇雖創活字，用之者並不廣，藥泥的法也不傳，後世只有木活字及銅活字。清朝使用銅活字尤甚，清高宗時武英殿的聚珍版，卽以棗木的活字而印刷的。歐洲的印刷術，傳爲哥頓堡（Gutenberg）於十五世紀中所發明，後於中國殆數百年。印刷術既盛，書籍流布日廣，於是宋朝的學術，呈出空前的燦爛景象。宋的儒學，所謂義理之學，簡稱理學，茲述於下；另外宗教、文藝等，也附於本節。

（1）理學　所謂義理之學，其實就是儒學的一派，從前的儒士，傳承成說，排斥新論，只孜孜於訓詁註疏，把義理落入後面；宋儒却以研究的精神，發揮經學的眞理，遂開理學。宋朝理學的勃興，由於時代的趨勢：一因書籍的廣布，二因懷疑古學而思想解放，三因佛道兩教的影響，四則政府崇尚氣節而士風丕變，所以宋朝的理學先生，總是力崇實踐專事修養的人物。

開宋朝理學的先驅者，爲安定先生胡瑗，他見到當時詩賦流行之盛，乃先唱導實學，門人無慮數千。同時又有濂溪周敦頤，研究易理，著太極圖說；康節先生邵雍，也精易理，安貧樂道，從此以後，理學勃興。然北宋的理學大師，當推二程，二程俱出周敦頤，長爲明道先生程顥，嘗欲求道，出入諸家老、釋殆十年，終歸根於孔孟，著有定性書，以闡理學的眞祕。伊川先生程頤，爲顥之弟，生平以誠爲本，以窮理爲主，二程門徒極多，其學遍天下。又有橫渠先生張載，著有正蒙、東銘、西銘各篇，足和二程相頡頏。南宋大儒，有朱熹、陸九淵。朱熹承二程一派，重致知，以歸納的方法治學。象山先生陸九淵，重德性的修養，以演繹的方法治學。朱熹和陸九淵，曾會於鵝湖（江西鉛山）而論辨，求一致不成，理學遂分朱陸兩派。——以上諸家除陸九淵外，通常總稱濂、洛、關、閩四支，濂指周敦頤，二程洛陽人，張載關中人，朱熹曾寓於閩。其他宋的理學家，還有張栻、呂祖謙、眞德秀等，也爲一代大儒。

（2）宗教　經過五代的喪亂，佛教驟衰。宋初承平，佛教復盛；眞宗時僧尼之數，達四十六萬人。當時最有勢力的一派，是禪宗，歷代名僧輩出。但佛教在唐朝，發揚光大，已達絕頂，難爲其爲後繼者，故宋代不能創出新格局來。不過其時士大夫好與高僧往還談禪，佛教思想，頗影響於儒學，以致開理學一派。逮於南宋，佛教在中國的全盛期已過，基礎確立，更沒有什麼事蹟可言了。

北宋時道教也曾一度興盛，宋太祖對於華山道士陳摶，非常尊寵；眞宗於京師築玉淸應照宮，加老子以尊號，又以眞靜先生號賜給張陵後裔，從此諸帝對於道士賜號的事遂多。宋徽宗最尊信道教，改寺院爲宮觀，作玉淸和陽宮以安置道像，又設先生、處士等道階，置侍宸、校籍等道官，建道士學，立道學博士，修道史，給道俸，其教盛極一時。道士等邀寵承幸，乃尊徽宗爲教主道君皇帝。徽宗被虜，道教一落千丈，終宋之世，不再復盛。但北宋雖佛道並興，而兩者的鬬爭却極少。蓋佛教浸而成爲中國的宗教，勢力確定，其他諸教也無庸再事排擠，此後則趨向於中庸之道，儒、釋、道只務調和而共流了。宋的理學，也可以說是儒、釋、道共流的結晶。

（3）文學　五代兩宋，在文學史上，是詞的黃金時代；宋詞與唐詩，可先後媲美。廣義的說，詞也是詩的一體，不過形式略異，音節淸新。詞爲詩餘，因爲詩窮，作家乃趨於詞，當時看作詩的新體。詞大約起於中唐以後，到了晚唐，作詞的人漸多，温庭筠最有名。五代的詞，更進一步。南唐二主，以帝王的尊貴，不失爲大詞家；尤其是後主李煜，所作小令，哀感頑豔，允稱空前。五代其他的作家作品尚多，俱載花間集，大致精豔綺麗，是五代詞人的特色。名家除李後主推第一外，尚有淸麗的韋莊，和蘊藉的馮延已，都是値得注意的。

宋詞春秋鼎盛，燦爛奪目，作家也不勝敍述。普通把宋的作家，分爲婉約、豪放兩派，以婉約的南派爲正宗，豪放的北派爲變體，這却非定論。這裏不論派別，只選幾個大作家，略加敍述。北宋初，有晏氏父子，晏殊有珠玉詞，晏幾道有小山詞，仍不脫五代的風味，而幾道的工夫較深。二晏之後，政治家兼文學家歐陽修，有六一居士詞，其作品一往情深，簡直像小兒女的情歌。又有浪漫文學家柳永，其詞香豔而通俗，風行一時，他自己也曾說過「忍把浮名，換了淺斟低唱。」可見他忠於文藝的態度了。上述各家，俱屬於婉約派，而集婉約派之大成者，是作片玉詞的周邦彥。周邦彥流於韻律，徽宗時曾主大晟樂府，他的詞豔麗細膩，只覺其自然，而不覺得他的刻畫的。

豪放派的大家，首推蘇軾，蘇軾眞是大文學家，詩、文、詞無一不精。他的詞，所謂「須關西大漢，執鐵綽板，唱大江東去，」和婉約派的柳永「十七八女郎，按紅牙拍，歌楊柳岸曉風殘月」相對。蘇軾以外，辛棄疾也擅豪放的詞，撫時感事，稱南宋第一，故蘇辛齊名。但蘇辛也偶有婉約的詞，如蘇的「水是眼波橫」（卜算子，）辛的「寶釵分，桃葉渡」（祝英台近，）是豔麗的小令。蘇門詞人極多，最著者爲秦觀，秦觀雖出於豪放派的蘇軾之門，而作品却近於婉約派的柳永，娟秀的風致，是其特色。辛派的詞人，有劉過劉克莊等。在辛棄疾略前和他同鄉（山東）有女詞人李清照，她的作品，修詞清新，意境深切，也是一個有特色的作家；她的眼界也極高，對於北宋的前輩詞人，都不大滿意呢。

南宋作家，除辛棄疾一派豪放外，大概屬婉約派，然而雕琢漸深，刻畫傷氣，終於流爲詞匠。其中傑出者，首推姜夔，他以音樂家兼詩人，其作品格詞極高，使人不覺其雕琢。同時有吳文英者，和姜夔齊名，他的作品，「如七寶樓台，眩人眼目，拆碎下來，不成片段。」正可作南宋詞人的寫照，不獨吳文英爲然。此外南宋的詞家，還有史達祖、張炎、王沂孫，則已近末流，不務境界，只在字面上做工夫。總之詞到南宋全盛期已過，將要讓曲來代替其位置了。

關於五代兩宋的詩，因繼唐朝之後，實在很難說的。當時的三位大政治家，歐陽修、王安石、蘇軾，同時也是大散文家和詩人。歐公的詩，雄深雅健，原是北宋文宗。蘇軾的詩，出入於唐的李杜韓，才思橫溢，觸處生春，影響後世極大。王安石的詩極有筆力，能代表他拗直的性格，而晚年的小詩，渾然天成。除上述三家外，尚有江西派之祖黃庭堅，其詩清新而峭硬，富有創造性。又有南宋的愛國詩人陸游，於清新刻露之外，能使之圓潤敷腴，自成一格，後世學陸游者極多；但他的愛國作品，針對南宋的偏安局勢，抒寫其報國不遇的情懷，實在是傑作呢。

就文而言，宋是散文統治時代，古文中所謂唐宋八大家，韓柳以下，都是屬於北宋的。宋初歐陽修矯正晚唐五代豔靡之風，做他平淡紆徐豐韻獨絕的古文，可以說韓愈第二。歐陽修以下，有三蘇父子。蘇洵擅議論文，古勁鍛鍊，有縱橫家風味。他的二子，長蘇軾，其文以馳騁變化見長；次蘇轍，以明暢見長。同時剛愎的政治家王安石，他的文章，峭拔鍊潔，自成一格。上述的韓柳三蘇、歐王、連曾鞏共稱唐宋八大家。曾鞏的文，頗受後世桐城派推重，但才氣卻不及上述諸家了。

小說和戲曲，雖然盛於元明，而宋朝卻是承前啓後的大關鍵。就小說而言，由文言到白話，由筆記（短篇）到章回，其過渡時代在宋。宋人的白話小說，叫做諢詞小說，又稱平話。大都起於宋仁宗時，天下太平，人民以聽說書當作娛樂之一，其說書所用的藍本，就是平話，故作者不詳。今存的平話本，有大宋宣和遺事、新編五代史平話、京本通俗小說等幾種，文字極通俗，和唐朝的傳奇文大異。至於宋朝模仿唐傳奇文的筆記小說，作家也不少，但均無特色，可一提者有洪邁的夷堅志，周密齊東野語等。

就戲曲而言，中國正式有演劇，大概起於唐朝，但也僅為歌舞劇，無所謂戲劇文學。到宋代，戲劇大見發達。宋的戲劇有三種，（一）滑稽戲、（二）雜劇小說、（三）樂曲，都和音樂很有關係，又有所謂鼓子詞，趙德麟有商調蝶戀花十首，詠張生和鶯鶯的事，為西廂記最早的形式。同時，北方的金國有所謂院本者，就是雜劇，存於今者有金董解元的絃索西廂，為元王實甫西廂記的藍本。

（4）史學　宋朝文人，編著歷史書籍頗盛，對於後世也有不少影響。在五代時，有後唐劉昫等撰唐書，脫誤頗多，歐陽修宋祁乃改删而成新唐書，把劉昫等所撰的稱舊唐書。又薛居正等奉敕撰五代史，歐陽修也私撰五代史，與薛著並行，前者冠以舊字，後者冠以新字區別之。其後司馬光等作資治通鑑，起自先秦的周，迄於五代的後周，以政治的沿革為主，這是中國編年體歷史首出的書。又有袁樞本司馬光的書，作通鑑紀事本末，這是紀事本末體歷史的創始。除此以外，宋朝還有記載制度文物的沿革史，蓋在唐杜佑既述通典，宋末馬端臨乃補其不足而編述文獻通考；鄭樵撰通志，王應麟撰玉海，也都是關於這一類的作品。

（5）藝術　宋朝的書法，無進步之跡，傑出者只有蔡襄、蘇軾、米芾等；然而宋朝的繪畫，却十分發達。諸帝中如徽宗極工繪事，一時畫師，雲集朝廷，受其蔭庇。其他繪畫名手，前有李成、范寬、董源、釋巨然，俱精於山水，筆力雄健，中國的山水畫，到此境界大拓。後有李公麟及米氏父子。李公麟的山水似李思訓，佛像似吳道子。米芾擅草書，又以書法入畫，寫山水自成一家；其子米友仁也擅書畫，世稱大小米。宋朝的音樂，也極發達，諸帝中如太宗徽宗，都曉音律，徽宗時並設大晟樂府，以專其事。音樂的發達，對於詞的影響極大，所以宋詞最初大概是可按譜而歌的，如「自製新詞韻最嬌，小紅低唱我吹簫」（姜夔詩）即是同時戲曲的起源，也和音樂很有關係，宋詞不能按譜而歌，和音律脫離，乃變化而為元曲了。

（四）宋人的風氣和農商概述

（1）宋人風氣　唐末藩鎮跋扈，形成與中央對抗局勢，等朱全忠擁重兵入宮廷，唐朝卒以此亡其國。到五代時，所謂正統的梁唐晉漢周，不脫篡奪之局，而每一朝代享國祚之短，更遠不及南北朝。在黃河中部之外，則羣雄並起割據自雄，契丹牧馬於北邊，於是兵戈相尋，民衆陷入極大的痛苦中，對於戰爭，發生厭倦的感覺。宋朝建立於這樣的空氣中，以「文」立國，是當然的事了。有宋三百年，可以說是儒臣寵榮的時代，也可以說是文人吐氣揚眉的時代。開國之君宋太祖，嘗說宰相須用讀書人，這實不啻發表了他百年施政的大方針；其弟太宗則謂「開卷有益」，以後諸帝也是循此治國的。再看宋朝的首相大臣，初年趙普以半部論語治天下；到末年陸秀夫於流離顛沛之際，還擁着帝昺在船中說大學章句。諸如大政治家歐陽修、王安石、司馬光、文天祥等，其實都是文人。同時天下的士大夫，也都以文章為立業進身的階梯。結果宋的文風之盛，遂絕後空前了。

宋朝的文人，大抵得顯達於廊廟，因為和政治發生關係，遂好為議論。如果和唐朝比較一下，不妨說唐朝是屬於情的時代，宋朝屬於智的時代；或者也可以說宋朝是散文統治時代。宋人既然好作議論，所以朝廷上黨爭迭起，且置國事於不顧，結果，「宋人議論未定，兵已渡河」，卒以議論亡其國，貽譏於後世。而且以文立國，國勢一定弊弱的。試觀前朝，如漢唐兩代，也和異民族的匈奴突厥鬬爭相終始，却光大漢業，逐走異族。可是宋朝一直是蜷伏着，初則見迫於遼，中則見劫於金，終則見滅於元，其遭遇可說十分不幸，但實際上是自貽伊戚。當遼軍寇邊時，寇準嘗進百年無事之策，謂不積極做去，數十年後，必復令彼生心；眞宗却說：「數十歲後當有能禦之者，吾不忍生靈重困，姑聽其和。」這樣的姑息之議，北宋尚且採取，怪不得南宋偏安一隅，甘於小康了。

宋朝尚文而國弱，然而也因爲尚文的緣故，養成士大夫的氣節。宋初，看到五代時的大臣，歷事數朝，不以爲恥，乃像東漢一樣，提倡忠貞不拔的風氣；獎韓通的忠節，尊种放的高隱，首開其端，士風丕變。厥後理學諸大師，力崇實踐和修養，雖不免近於迂，而忠孝節義之道，也從此深附於士大夫層中。自然理學家有些地方，矯枉過正，如「失節事大，餓死事小」，就是程頤唱出來的。但像宋朝末年，有文天祥、陸秀夫、謝枋得等人，爲國犧牲，視死如歸，忠義彪炳青史，不愧是中國歷史上的好男兒，這不能說不是受理學影響的。

(2)農業和工業　自從秦漢以來，中國歷代都是以農立國，而國家的治亂，也繫於農民。農民因飢荒而發生暴動，往往是國祚覆亡的原因。宋朝的政治家，像王安石一流，未嘗不注意及此，極力想使農民飽食煖衣。不過官僚和士大夫，因其地位關係，對於農民的救助，總是捨本逐末，不減輕其搾取，只知道使其多生產、盡地力，可加緊其搾取。宋代對於盡地力多生產一點，極用心思，所以水利方面，頗注重察水利，起堤堰，設斗門，使農田的灌溉便利；江南又盛行圩田，築隄圍田，以防外水，因此沒有水旱之患，收穫甚豐云。

工業方面，兩宋的手工業已經十分興盛，在小都市中，並有許多作坊興起。原因是當時海外貿易，日趨發達，中國的輸出品，爲異邦所珍，故刺激了手工業的勃興。像南宋的國都臨安，也是一個工商業的都市，該地的造紙作、鐵器鋪、琢玉鋪、印書鋪、織絹場等，是盛極一時的。

(3)商業　宋朝內地的商業，大體像前代一樣，沒有什麽顯著的變化；然而對外貿易，却有足述的。對外貿易，分陸路和水路兩方面。陸路通商的範圍，比唐朝小了許多，只不過對遼金西夏等設有互市，以資交易吧了。至於水路貿易，在北宋初，廣州已經失却其爲海外貿易中心的地位，海外貿易的一部份，遂移到浙江的杭州和寧波。南渡以後，杭州的海外貿易更盛，因爲當時的錢塘江口未被沙泥所淤塞，海舶可抵杭州城下。這時中國的通商重心，仍爲南海，商港除杭州寧波外，尚有泉州、廣州等。來中國通商的，以阿拉伯商船居多。當時東亞海上貿易的要地，是三佛齊(Sanbaza)，三佛齊與泉州之間，一年有兩次的定期航海，中國商船載磁器、絹帛樟腦、大黃、鐵器及雜貨等赴三佛齊，以與香料寶石、象牙、印花布、織物和敍利亞、阿拉伯、印度的貨物交換。除三佛齊外，其他南洋諸港，也爲中國和阿拉伯商船所輻湊。南宋政府，對於各港的進口船貨，海關稅抽取十分之一；其香藥及寶貨兩種，則由官收買，更由官賣出。因此南宋在海外貿易上收益極多，並且是政府的主要經濟命脈之一。

中國始用紙幣，也在於宋時。宋初的通貨，沿五代之舊，仍爲鐵錢和銅錢。但承平日久，貿易發達，商人有嫌錢重攜帶不便的，乃私自作券，稱作交子，用以流通。這事起於四川，於是益州有交子務，專管這一件事。南宋時，政府也發行叫作交鈔的紙幣，一面爲流通的方便，一面也以救濟政府財政的窮乏。同時北方的金國，也發行交鈔，並有大鈔、小鈔等名目，可見當時紙幣流行，南北同然。不過因爲信用制度尙未確立，政府又毫無準備的濫發，紙幣價格大落，終於在自生自滅的狀態中，不能和硬幣並轡齊流。

（五）遼金西夏的文化

在兩宋時代，中國人站在正統的地位，把遼、金、西夏當作異族。其實這是錯誤的。組織遼的契丹，組織金的女眞，組織西夏的羌（藏族）原是中華民族的一分子，他們其實就是中國人；而且自他們入居中國北部以來，漸次與當地的土著同化，其血液也與中國人相混合。他們的建國，也完全受漢族的影響，所以遼、金、西夏的文化，就是中國的文化，其導源是由於中國，其歸宿也合於中國，這裏撮述這三國的文化，以和佔據中國本部的宋朝相映照。

（1）遼　遼在中央政府，設北宰相府和南宰相府，各置左右宰相，以掌國政。其後倣唐制，置中書、尚書、門下三省，官制漸似中國。遼的兵制共有六種：（一）御帳親軍、（二）宮衞軍、（三）大首領部族軍、（四）部族軍、（五）京鄉丁軍、（六）屬國軍；其中前面四種，是作爲主力的正規軍隊。大概游牧民族恃武力立足，軍隊在最早時候，就編制得極精嚴的。但是游牧民族的素性，勇悍殘酷，所以在遼的開國時，談不到法制，只有種種酷刑，如車裂、生瘞、砲擲、支解、投崖、梟磔等。其後倣中國法，制死、流、杖、徒四刑，復有凌遲、籍沒、黥刺等，其酷烈之風略減。

遼在起初幾無學術可言。卽所謂契丹文字，字體也以漢字爲基礎，而損益其筆畫，用來刻石記事，但絕未通行。契丹字湮沒已久，今不可考。後韓延徽入遼，中國的文物制度，始影響於遼，遼乃用中國文字等。太宗陷汴，盡取經籍圖書而去，遼的學術，始露曙光。於是上京有國子監，並設大學。旋置選舉科目，分鄉、府、省三試，鄉中稱鄉薦，府中稱府解，省中稱及第，設詩賦、經義兩科而試進士，後增設賢良科。這樣一來，遼成爲中國文化的一支流了。不過遼嚴禁書籍流入中國，因此傳於後世者極少。

（2）金　建立金國的女眞部，雖然是起於白山黑水間的游牧民族，然而金自崛起之後，奄有遼的故土，承繼遼的中國化，所以文化較遼特盛。當女眞部初起時，其制度猶不脫野蠻習氣，如刑罰極殘酷，對於處死刑者，除籍沒家產外，並以其家人爲奴婢。又如其軍隊，整個部落中的少壯男子，有事則于役戰場，全充兵士。金太祖定燕京，一切粗具規模，官制完全模仿宋朝，中央有尚書令，尚書令下有左右丞相，俱掌政務；又有平章政事二員，左右丞各一員，參知政事二員，爲宰相的佐貳。這些要職，大多由內族外戚和有大功的本部人擔任的，而且往往加元帥銜，出則統軍，入則從政，其權極重。至於地方官職，也沿宋遼舊制。至若刑法，在金熙宗時，參酌舊制和隋唐宋遼之法而定皇統制；後又改定律令，作泰和律義十二篇，爲名例、衞禁、職制、戶婚、廐庫、擅興、賊盜、鬭訟、詐僞、雜律、捕亡、斷獄，這也是大半根據唐律的。

金的稅法和選舉也和宋大同小異，大概爲期愈晚，愈近於中國。如金的田賦，有夏稅秋稅兩次。田賦以外，尚有稱物力錢的稅，這是計算人民田園邸舍車乘牧畜種植之資藏鏹之數，依多寡而徵稅，叫作物力錢，上自公卿大夫，下逮民庶，無苟免者。這是被當時視爲苛捐的。又如金的學校選舉制度，也顯然受宋的影響。中央有國子監，旋設大學，一切都遵照宋國子學生制；又有女眞國子學，則用女眞文字教授。其選舉制度，前後設詞賦、經義、策試、律科、經童諸科，並有專試策論的女眞進士科。其以詞賦、經義、策論中選者號進士，以律科、經童中選者號舉人。進士舉人，由鄉而府而省而殿廷，凡四選；另設制舉弘詞科，以待非常之士。至於甄拔勇士，則有武舉。

金在游牧時代，大概無文字，後倣契丹文字而製女眞字，金太宗時，乃頒行女眞字書。不久把女眞文字譯尚書，分發各地方。然而女眞文字流通仍不廣，終於完全給漢字奪得位置。浸潤旣久，於是文藝蔚盛。就在詩人方面，金之作者有名的，有韓昉、吳激、馬定國、宇文虛中、元好問等人，其中元好問在中國的文學史上，也有其地位的。同時俗文學在金頗發達，所謂院本，是開元曲先河的。

（3）西夏　西夏爲黨項羌後裔，自唐以後，已和中國有接觸，逐漸進步，其後陸續舉用漢人，到元昊建國時文化已達高度。如元昊自己：「少時好衣長袖緋衣，冠黑冠，佩弓矢，從衛步卒張青蓋，出乘馬，以二騎引百餘騎自從。曉浮圖學，通蕃、漢文字，案上置法律，常攜野戰歌太乙金鑑訣。」元昊時並作西夏文字，形體方正類八分，而筆畫甚多，則又如篆書，大概也是仿漢文契丹文而造成的。另外的文事政制採自中國，兵制則雜有部落遺俗。如官制多與宋同，朝賀之儀，雜用唐宋，樂器與典，則爲唐制。其民一家號一帳，男年十五爲一丁，二丁中必有一個服兵的。並有學制，建國子學以養士，尊孔子爲帝，設科選舉，唯詳情已不可考了。

第七章　元的文化

(一)　蒙古大帝國

蒙古族是游牧於斡難(Onon)河源的部落，世世隸屬於遼金。當時純爲原始性的部落社會，生活專靠游牧和狩獵，善戰好殺，社會組織很簡單，一切文化尙未發達。但其人慓悍矯健，耐苦耐勞，擅長騎射，每一個壯丁差不多就是兵士，因此成功後日以武力雄飛東亞的基礎。蒙古部從部長合不勒(Kabuluk)時，始爲蒙古全部之汗；其弟奄巴孩繼立，被塔塔兒(Ta tar，韃靼)執獻於金所殺。蒙古立合不勒子忽都剌，起兵攻金報仇，金征之不克，乃册封忽都剌爲蒙輔國王，忽都剌不受。當時蒙古部的興盛，不過曇花一現，忽都剌死，各部復分裂。等其孫也速該立，勢復振，屢伐金，後爲塔塔兒人毒殺。也速該之子卽成吉思汗(Chingis Khan)立，年方十三，族人欺其年幼，咸叛附同族的泰亦赤兀部(Taijuts)。

成吉思汗原名鐵木眞(Temutchin)，是也速該的長子，少時備嘗險難，爲泰亦赤兀部所擒幾死。等他長成後，雄才大略，身高力壯，顯然是一個沙漠豪傑。他先助金伐塔塔兒，以報宿怨，金招以札兀忽里(招討使)酬其功。繼和克烈(Kerait)部長王罕(Wangkhan)同盟，破蔑里乞(Merkit)部，旋滅貝加爾湖畔的泰亦赤兀部和興安嶺下的塔塔兒部，蒙古之勢漸強。公元一二〇三年，諸族遂推鐵木眞爲蒙古部長。克烈部王罕之子，與鐵木眞不和，舉兵來襲，反而被他擊破，鐵木眞又併克烈部。於是又有乃蠻（Naiman）部長塔陽汗（Tayan Khan）聯合諸部餘衆，大舉伐蒙古，鐵木眞迎戰於杭愛山，大破之，塔陽汗被擒，其子奔西遼，乃蠻遂跟諸部而亡。到這時候，大漠南北諸部族完全服屬於蒙古部，鐵木眞乃於一二〇六年，大會諸部領袖於斡難河源，開庫利泰（Kuriltai）大會，受擁戴爲大汗，號成吉思汗，這便是蒙古大帝國的太祖。

成吉思汗即位的次年，親征西夏，夏主乞降，乃以全力對金，金兵屢戰屢敗，蒙古兵入關，攻陷燕京，焚掠河東遼西，勢如風掃落葉，金國只好請和；等蒙古軍滿足而退，金以強鄰迫境，遷都於汴，藉保殘喘。於是黃河以北地方，全歸入蒙古版圖。成吉思汗既得志於南方，復轉鋒西向。時乃蠻餘部奔西遼，和花剌子模聯合，勢甚強，想乘蒙古攻金之虛而襲其後。成吉思汗遣將哲別討滅乃蠻餘部，盡併西遼故土，就與中央亞細亞大國花剌子模接壤。接着有蒙古隊商在花剌子模被殺，成吉思汗在一二一八年，分遣其四子朮赤、察合台、窩闊台、拖雷西征，攻陷花剌子模國都撒馬兒罕。花剌子模國王摩罕默德遠走，爲蒙古軍所窮追，卒竄死在裏海一孤島上。摩罕默德的長子札蘭丁（Djelalud-din）圖恢復，成吉思汗大兵圍攻，札蘭丁逃越印度河，走往德里，於是中亞的花剌子模又完全被蒙古所覆滅。當時蒙古軍窮追摩罕默德到裏海西岸，和北面的欽察（Kipchak）部接觸，乃越高加索山伐欽察。阿羅思（Oros，俄羅斯）的諸侯，基輔（Kiev）的大公來救欽察部，在阿速（Azov）海附近爲蒙古軍大破。這時候蒙古鐵騎，已經縱橫中亞了。

成吉思汗既定中亞，復東歸，於一二二七年滅西夏，欲再侵金，不料病發，卒於軍中，年六十六歲。但其手創的蒙古大帝國，正如朝日初升，不因雄主之喪而告終。繼任成吉思汗的大汗，應由諸王族的庫利泰大會所擁戴。開會結果，成吉思汗三子窩闊台被選，這是蒙古大帝國的太宗，定都於和林。太宗繼父的遺志，復伐金，次年陷河中；使拖雷率一軍，闖入宋境大散關，自漢中經襄陽而北。接着，蒙古軍進圍汴京，金元帥以汴京降，金帝前已出走。蒙古更和宋會兵伐金，圍金主於蔡州，城破，金主自殺，國亡，時在一二三四年。自金亡後，蒙古暫時無意南下，宋遂得苟安長江流域，並收拾金的殘破以自慰。當金衰亡時，諸部漸叛，遼的遺族在遼東建大遼國。蒙古遣將東下，討滅大遼，兵威脅服朝鮮半島上的高麗國。其後蒙古使者從高麗回，爲盜所殺，蒙古伐高麗，陷其都城。直到一二四一年，高麗王向蒙古上表稱臣，和議始成。從此高麗也成了蒙古的屬國。

蒙古軍既在征略南方和東方，西方又起蠢動，遁走印度的札蘭丁，復歸花剌子模故土，集兵謀復國，太宗遣將征之，札蘭丁敗死。一二三六年，蒙古大軍五十萬，由諸貴族的長子率領，以拔都（Batu）爲元帥，速不台（Subtai）爲先鋒，大擧西征，無猒的向平原上擴張領土，踰烏拉山而入歐洲。速不台渡伏爾加河（Volga），衝保加利亞（Bulgar）；拖雷之子蒙哥率軍攻欽察部拔都所率的主力北向屠列也贊（Riazan），陷莫斯科（Moscow）及諾夫果羅（Navgorod），更轉鋒南向燒基輔，蹂躪俄羅斯各地。更擊破馬札兒（Magyar，匈牙利）軍於沙約（Sayo）河上，其都城佩斯（Pest）也告陷落，馬札兒王遁走。拔都遂渡多惱（Danube）河，其支隊出入於奥地利（Austria），合軍威脅意大利的威尼司（Venice）。另外還有一支衝入歐洲的蒙古軍攻進波蘭（Poland），取克拉科（Krakau），入西利細亞（Silesia），破北歐諸王公的聯軍於華爾斯達（Wahlstadt），乃從中歐會合拔都軍。當時全歐震動，詫爲「黃禍」。德意志諸邦人民，荷擔遁逃，狼狽不堪。會太宗訃音至，拔都乃在一二四二年凱旋，令諸將返國，自留於南俄。領有之地，東起吉爾吉斯（Kirgis）草原，西抵喀爾巴阡（Carpathia）山，以及多惱河下流，高加索以北，即欽察汗國，（爲蒙古大帝國的四汗國之一）建都於伏爾加河畔的今喀山（Kazan）城，而對於歐洲占領的地方，大半放棄，歐人驚魂始定。

蒙古的大汗，依習慣由庫利泰大會公推，強有力的貴族王子，多想逐鹿，易起紛爭。太宗死，有定宗、憲宗，即位時其弟兄等均懷怨望，蒙古大帝國在極盛中已露衰敗的端倪，幸不久即平。於是重整雄師，再事征略。

時中國西南，有大理吐蕃交趾三國。蒙古憲宗乃命弟忽必烈(Khubilai)，統率漢南軍事。忽必烈從甘肅南下，越草原荒山以革囊渡金沙江，破大理軍。一二五三年，大理王段興知降。忽必烈復分兵進攻吐蕃，時吐蕃喇嘛教主極有勢力，蒙古軍至，自知不敵出降。另一軍由烏蘭哈達率領入交趾，交趾王也請降。於是西南底定。

西域既定，蒙古又謀南下，時在一二五七年。在這以前，蒙古和南宋接壤，常有事變。宋見金滅亡，想恢復河南舊地，遣將攻汴，金降將叛蒙古降宋，宋師且入洛陽。然而宋所得不能守，襄陽成都也曾為蒙古攻破，後為宋將孟珙收復。幸蒙古無意南下，所以未有大戰。這一次蒙古憲宗親率大軍南下，破東川，圍合州；另一軍由忽必烈統率渡江圍鄂州，烏蘭哈達軍由雲南交趾還軍北上攻廣西湖南。宋遣賈似道防禦，賈似道不敢抗戰。幸得憲宗卒於軍中，忽必烈將回和林參加庫利泰大會，乃與宋和。在庫利泰席上，忽必烈得到了大汗之位，這便是有名的世祖。世祖遣使於宋，命履以前所訂的和約，其使被賈似道所囚，世祖大怒，派伯顏(Bayan)率軍南下，陷鄂州建康，直趨臨安，擄宋恭帝北去。其後宋二王亡命於閩廣海隅，圖恢復，終於敗滅。宋亡，中國也入蒙古之手，時在一二七九年。在宋亡之前，忽必烈以蒙古帝國大汗的資格，定都燕京，國號元，這便是統治中國的元朝的開端。而實際上，自忽必烈立，他雖然是帝國的大汗，帝國已有分裂現象，所以他經營中國，一意以元爲中心了。

當時西部亞細亞是回教徒的根據地，有木剌夷（Mulahida）國，時常作亂。在蒙古憲宗南征時，命弟旭烈兀（Hulagu）西征，旭烈兀於一二五三年自天山北麓出中亞，平木剌夷，乃進攻大食。一二五八年陷其國都報達（Bagdhad），擒殺加利發，於是回教國的亞巴斯（Abbas）朝亡。旭烈兀更向西行，襲敍利亞，陷亞勒坡（Aleppo），取大馬色，於是略定小亞細亞，奠都於大布里慈（Tabriz，在今伊朗），建伊兒汗（Ilkan）國。這時蒙古的四大汗國已經成立，除前述的欽察汗國、伊兒汗國外，又有窩闊台汗國，在阿爾泰山附近，爲乃蠻故地，是太宗（窩闊台）的子孫所建；有察合台汗國，在天山附近，爲西遼故地，成吉思汗次子察合台（Chagatai），始受封於此。這是蒙古的四大汗國。

元世祖既定中國，臣服高麗，聽高麗人的話，擬招致日本降服。日本自唐末斷絕使聘以來，和中國交往，完全中止。元的國書至日本，以其無禮，斬其使者。元世祖於一二七五年派兵征之，無功而返；旋在一二八一年，發十萬兵以戰艦渡海，暴風破舟，諸將不慣航海，盡逃亡，日本軍乘勢來擊，元師被殲滅殆盡。世祖伐日本不克，更轉鋒南侵，一二八三年，派將陷緬國（今緬甸）的都城蒲甘（Pagan），其主降；元的兵威，並脅服暹（暹羅一部份）及金齒以下諸國，不久南海諸邦，也相繼來朝。在世祖時，地跨歐亞兩洲的蒙古大帝國，國勢達到了頂點。四大汗國分據西域，包有中亞、西亞、和俄羅斯的大部份；元朝則以中國爲中心，而統領中國本部、滿洲、內外蒙古、青海、西藏、高麗、東南亞細亞，蒙古大帝國版圖之大，在世界史上也可以說是空前的。

雖然如此，蒙古的王族間，爲了爭立大汗，却起分裂。窩闊台、欽察、察合台三汗國聯合，仰太宗的孫海都(Kaidu)爲大汗，與名義上的大汗元世祖爭雄，惟伊兒汗仍舊維持對燕京（中央）的關係。旋海都率三汗國兵東向侵元，世祖在喀喇和林擊退之。此後屢戰屢和，蒙古帝國的元氣大受斲傷；同時元室本身帝位繼承也沒有定法，篡奪迭起，國勢漸衰。元世祖死，大臣伯顏奉遺命立成宗。成宗死，無嗣，皇后欲立成宗從弟阿難答（Ananda），而廷臣則欲立成宗親弟海山。海山之弟愛育黎拔力八達殺皇后和阿難答，迎立海山於喀喇和林，是爲武宗。武宗死，愛育黎拔力八達立，是爲仁宗。時丞相鐵木迭兒（Timudar）挾權驕橫，仁宗把他罷免，一時稱治。仁宗死，子英宗立，朝廷上政變迭起。歷數年，權臣燕帖木兒（Yak Timur）迎立武宗次子圖帖睦爾（Tum Timur），是爲文宗；燕帖木兒以迎立之功，勢傾中外。是時的元朝，諸王大臣鬩牆於內，各汗國則形同獨立，和燕京政府脫離關係，形勢便日非了。

蒙古起初原是游牧民族，從來不知道文物典章，所以征服一個地方，在大肆蹂躪之後，就吸收該地原有的文化，而把自己勇武素樸之氣消失了。如就元朝征服中國而言，一旦繼承宋金的故土，看到中國數千年燦爛的文化，優裕的生活，不覺心醉神忘，驟然軟化，素樸剛強之風，消於一朝，武威忽弛，基礎遂呈動搖；這正和遼的文物將興而見滅於金，金的典章將盛而見滅於元，恰是一個樣子。同時，元政府聚斂過甚，民不堪命。到元順帝時，信喇嘛，耽淫樂，不問國事。於是多年屈服於蒙古勢力的中國人，乘大帝國土崩瓦解之頃，也鼓其敵愾之氣，四方競起，以謀還我河山。

當時中國的獨立軍，蜂起於長江流域，其中強者有方國珍、張士誠、郭子興、徐壽輝等。郭子興部將朱元璋深得民心，子興死，代領其餘衆，據金陵，破徐壽輝之後陳友諒，奄有長江中部；又東滅張士誠，收江淮之地；南下平方國珍，浙江底定；其次又以風捲殘雲之勢，收拾閩廣，南方統一。朱元璋乃遣將徐達常遇春北伐，元軍屢潰，順帝見燕京不可守，率宗室奔塞外，元亡，時在一三六八年。中國既由朱元璋恢復，同時橫跨歐亞的蒙古大帝國，也由分裂而在陸續破滅了。

（三）元的制度

蒙古以游牧民族崛起沙漠，秉性素樸，制度也非常簡單。等到後來征服中國，建立元朝，才任用中國人，釐訂制度，規模漸備。茲分述於下：

（1）官制　在成吉思汗時代，只有軍隊的編制，無所謂官制；其時以萬戶統軍旅，以斷事官治政刑，也不過一二親貴重臣担任。及取中原，始設十路宣課司，金人來歸者，授以原官。元世祖定都燕京後，乃命劉秉忠、許衡參酌中國故事，訂定內外官制，略仿宋金。中央政府設中書省以總攬政務，中書令爲首相，左右丞相爲副，後左右丞相握首相之權。其下有平章政事、左右丞、參知政事等官。中書省以外，有樞密院掌握兵權，長官稱樞密使；有御史臺掌黜陟，長官稱御史大夫。如是行政（中書省）兵馬（樞密院）監察（御史臺）三方面鼎立。元的地方制度，和宋一樣，有路、府、州、縣；但另設行省行臺宣慰司廉訪司等外官，以把中央治權達於地方。其行省一職，是中國地方制度「省」的起源。又元朝甚重工藝，關於工藝而設的官頗多，如燕京與各路，則有諸色人匠總管府；此外到處有局，如織造、繡染、氈皮、貨窯、油漆等製造，都各有專官，這在中國歷代中，是比較特殊的。

（2）兵制　蒙古當初起時，其軍隊只有蒙古軍和探馬赤軍，雖不多而極精銳，而且舉國皆兵，不愁缺乏。蒙古軍是出於本部族的，探馬赤軍是出於諸部族的。其成兵之法：家有男子，年在十五歲以上七十歲以下，無衆寡都簽爲兵。十人爲一牌，設牌頭。凡兵上馬則從事戰爭，下馬則屯聚牧養。孩幼稍長，又籍以爲兵，稱「漸丁軍」。後來平定中原，發民爲兵叫做漢軍，限年在二十以上者繼充。平宋之後，所得的兵，叫新附軍。別有礮軍、弩軍、水手軍等。所有帶兵的官，是看兵數的多少，定爵秩的高下；帶萬夫的叫萬戶，帶千夫的叫千戶，帶百夫的叫百戶。元既定天下以後，便把曾經當過兵的人另定兵籍。凡是在籍的人，服役的義務，都有明確的規定；但兵籍祕而不宣，只有樞密院的長官明白。

蒙古軍隊所以稱雄一時，有幾點原因：耐苦耐勞，勇敢善戰，是其素質；編制整齊，訓練有素，指揮統一，是由於領袖得人；游牧民族，擅長騎射，蒙古的兵器，且有火礮和發石機以攻城摧堅，故迭陷名城。根據這樣的情形，蒙古兵遂所向無敵了。

（3）法制　蒙古初無法律，刑罰非常嚴酷，這是游牧民族的通例。到元世祖時，頒行至元新格二十篇，這是元律。其刑名仍同前代，分笞、杖、徒、流、死五種。法制雖然如此規定，但對於蒙古人和漢人，喇嘛和平民，極不平等。

（4）稅法　元朝的賦稅，大概模仿唐宋。行於內地一帶的，仿照唐的租庸調法，分丁稅、地稅兩種，但並不全納；丁稅少而地稅多者納地稅，地稅少而丁稅多者納丁稅，工匠僧道驗地，官吏商賈驗丁。行於江南一帶的，仿照唐的兩稅法，分夏稅、秋稅兩種。至於元代的役制，稱科差，有絲料和包銀兩種。絲料又分二戶絲與五戶絲；二戶絲輸於官，五戶絲輸於本位（即諸王、后妃、公主、功臣的稅收）。包銀之法，漢人每戶納銀四兩，二兩輸銀，二兩折納絲絹等物。

元朝的商稅，照規定是抽三十分之一，然而中經變亂，國用漸告窘乏，乃用波斯人阿合馬（Ahmad）使理財政。阿合馬增鹽鐵榷酤的稅，大事聚斂，一方面濫發交鈔，民怨騰沸。以後諸代，榨取愈烈，賦課愈重，於是激起漢人的叛變，元也因此亡其國。

（5）學制和選舉　蒙古初無文化，和遼金初起時一樣。成吉思汗征乃蠻時，得乃蠻人所用的畏兀兒（Uigar，回回）文字，並假借漢字以濟用。到元世祖入主中國，一面命喇嘛八思巴（Phagspa）製蒙古新字頒行，一面採用漢文。所以在元朝的統治下，中國仍舊廣行漢文。而元朝的文物，也不脫中國的典型。其學制在世祖時，也略具備。中央建國子學，學生百二十人，半為蒙古，半為中國人。以後，復在諸路設學官，各置教授一人，學正一人，學錄一人；府及大州有教授，小州有學正，各縣設小學，有教諭主之。而各行省所在地有教育行政機關名儒學提舉司，以管理諸路、府、州、縣的學校。同時，政府獎勵私人設立書院，以便民間清寒子弟的攻讀。其他，中央又設蒙古國子學和回回國子學，命蒙古人、色目人及漢人的官吏子弟入學；諸路也設有蒙古字學、回回字學，以教民間子弟——元朝的學校制度，後為明清的根據。

元朝初年，雖然想照中國的辦法，以科舉取士，但未果行。到仁宗時，始定條例，每三年則行考試，又有鄉會試。但當時規定的科舉制度，對於蒙古色目人和金宋遺民，極不平等；而出身授官，金宋遺民總較低一級。

如進士分爲兩榜，蒙古色目人爲右榜，金宋遺民爲左榜，蒙古習慣是尚右的；蒙古色目人只要試兩場，金宋要試三場。在這樣不平等的選舉制下，自然弊端百出，眞才不見了。

（三）元朝的東西關係

蒙古族雄飛歐亞，統治中國，建立元朝，對待中國原有的金宋遺民，未免有主奴之見；然而就另一方面來說，蒙古大帝國疆域極廣，包括許多異民族，爲籠絡起見，對於各民族只有抱寬大政策，兼收並蓄，方才免於叛離。所以元朝的人民大概分作四種：一是蒙古人；二是色目人，色目人蓋指西域諸國人而言；三是漢人，這是指金的遺民；四是南人，這是指南宋的遺民。同時，政府登用人材，不問國的內外，族的異同；西方人士來仕者不少，東西文化，頓呈融合的現象。一方面版圖既跨歐亞，交通極便，東西往還頻繁，關係遂臻密切。這裏把元朝的東西關係，分項臚述於下：

（1）交通　蒙古大帝國的建立，在東西交通史上，開闢一新紀元。因爲這個橫跨大陸的帝國興起，許多割據式的小國都歸滅亡，行旅得以自由；同時政府爲了軍事上政治上的目的，新開官道，設宿驛，置守備，沿途的困難和危險也大形減少。從亞西和歐洲遵陸道到中國的，計有兩路，一則經中亞天山南路，一則通過西伯利亞南部、天山北路，以達喀喇和林及燕京。這兩路都是隊商常走的，中亞的駝馬，絡繹於道。除陸道外，尚有海道，則發於波斯、印度的海岸，經印度洋、中國海而抵泉州杭州諸港；其中泉州是盛極一時的商港，居留的阿拉伯人、波斯人及其他外國人，在萬數以上。元世祖時，在泉州、上海、澉浦、溫州、廣東、杭州、慶元七港俱設市舶使，查驗出入貨物，並取關稅。

（2）官吏　元政府任用官吏，不分東西，所以外國人登仕版者極多。其中如波斯人，大都掌理財政，均歷仕甚高。此外，如畏兀兒、阿拉伯、中央亞細亞諸國的學者，軍人，意大利、法蘭西的美術家，工藝家，在元政府服務的也不少，元也不把他們當客卿看待。在元政府中的外國官吏著名的，當首推馬可．波羅（Marco Polo）。馬可在東西交通史上有不可磨滅的光輝，這裏當附述之。馬可是意大利的威尼司人，在一二七五年跟隨其父尼可羅．波羅（Nicolo Polo）及叔麥福．波羅（Maffeo Polo）同來中國，正在元世祖時。馬可年事尚輕，秉性聰明，乃先學習蒙古的言語風俗，極得元世祖歡心。於是奉使至喀喇和林、大理、緬國、占城、南印度等地，旋被任為揚州都督，在職三年，更得世祖的信任，累進至樞密副使，逗留中國凡十七年。馬可等仕元，富貴尊榮既極，乃欲返鄉，世祖卻堅留不放；恰巧世祖公主將與伊兒汗的貴族締婚，（伊兒汗在今伊朗，）因陸路有變亂，預備從海路把公主送去。世祖以波羅等老於行旅，命擔任護送，於是在一二九二年初，從中國航海到波斯。任務既畢，波羅等無意仕進，兼程西歸，一二九五年末歸威尼司。後馬可．波羅把東方的情形告人，成書一部，即馬可波羅游記。於是東方燦爛的文明，始震驚歐人心目，為此後向東方發展的動機。

（3）宗教　回教當興起後，囊括中亞，並流入天山南北路，代替了佛教的地位。然而因為交通阻隔，回教只在中國西北流傳，並不進入中國。到蒙古併吞中亞後，回教徒的畏兀兒、波斯、阿拉伯人來仕者甚衆，其教乃大見傳入。尤其是中國的西北，因為和中亞回教徒接觸最多，遂成功中國回教的中心。

當時歐洲的基督教，努力向東開拓，雖無成績，其事實也有足述的。在第十一十二世紀頃，歐洲基督教徒，謀奪回聖地耶路撒冷，對西部亞細亞的回教徒塞爾柱。土耳其，頻起十字軍，進行苦戰，遂終於無功。恰好十三世紀初，蒙古的西征軍，攻滅中亞的回教國，如風掃殘葉，於是歐洲的基督教國家，想引蒙古為同盟，以夾攻回教徒，並想勸蒙古歸教。羅馬教皇英諾森四世（Innocent IV）派遣賈比尼（Carpini）於一二四五年到一二四七年，訪拔都於欽察汗國，更訪蒙古定宗於喀喇和林，以窺探蒙古的勢力。一二五三年，法蘭西王路易九世（Louis IX），派法蘭西斯派（Franciscan）教士魯布路克（Rubruquis）東來，也到達喀喇和林，以謀傳教。其後，法蘭西斯派教士柯威諾（Corvino）又奉教皇命，於一二九三年由海道至中國，達燕京，得元世祖的許可，從事布教，建立教堂。據說當時元世祖曾請求羅馬教皇，加派教士百人來中國傳道，藉以教化中國人；教皇得到這請求，雖然深受感動，然而只派了兩個教士遵陸路東來。這兩個教士十分不濟，在途中一聞兵警，就丟了使命脫逃，並未達到中國，頓失此基督教東流的良機。其後雖有教士陸續來中國，在燕京、杭州、泉州建教堂，然事業不盛。十四世紀初，元朝威令不行，國內變亂迭起，東西交通也斷絕，於是基督教之在中國，也跟隨元朝以俱亡。

（4）其他　因為東西交通頻繁的關係，文化也互相流傳。西方的天文、數學、砲術等，在元朝時始輸入中土；如元朝曾採西法以改正日曆。而中國的羅盤針、活版術，也經回教徒的介紹而傳入西方。而且交通頻繁，商業勃興，至一三四〇年，意大利的斐冷翠（Florence）人巴果洛第（Pegolotti），乃著通商指南（Pratica della Mercantura）一書，詳記中國印度等各市場的貿易商路、沿途各國的貨物、通貨，於是激動歐洲人東方貿易之心，導後日海外發展的先路。

（四）　元的學術文藝

蒙古初無文字，假借畏兀兒文和漢文以濟用，到世祖時喇嘛八思巴始製蒙古文字，這在上面已經說過。大概蒙古文字的頒行在一二七〇年左右，其字僅千餘，其母凡四十一，大要以諧聲為宗；其書法縱書，自左向右，蓋原以畏兀兒文為基礎，和今回文（畏兀兒文）藏文屬於同一系。蒙古文字仍流傳於今，但在元朝統治時代，也不能與漢字比肩。所以元的文學，仍舊是漢文的文學；不過俗文學發達，是其特色。

（1）儒學　元朝尙武好戰，對於儒生不加重視，所以雖承兩宋之後，而儒學不振。初年得金的姚樞趙復北歸，宋儒學說始得流播於北方。其次有郝經、許衡、劉因諸儒；許衡學德俱高，門流甚盛，爲元儒大宗，劉因祖述朱熹學說，也是一代名家。同時，南方有吳澄，其學以朱熹爲主而雜以象山之說，繼北方的許衡見稱名儒。

（2）科學　元朝不重空泛的儒學，而對於實用的工藝和科學，却極尊尚，所以西方的天文、數學、醫術、砲術、建築術和各種機械，陸續傳來，科學遂呈飛黃騰達的現象，在中國學術上開一新時期。如果元朝享國祚較久，以蒙古大帝國版圖的廣闊，域外貿易的發達，政府對於工商業的提倡，也許中國的社會早有進步，科學發達遠邁歐洲。可惜這個大帝國的生命，不及百年，其文化，於將開未開之際，即遭風霜而凋殘，徒令後世惋惜！當時的科學家，如郭守敬，曾改正曆法，創作諸種測儀，著關於天文曆數的各種書籍。又如醫術，在元朝因受阿拉伯和歐洲的影響，也脫離停滯狀態而露進步，李杲（東垣）朱震亨（丹溪）所著的醫書，直到今日，仍爲漢醫所宗。又如工藝方面，元代也極發達，不過工匠均不擅著作，故其技術今已不可考。

（3）詩文　元的詩文，未見發達，蓋俗文學（戲曲和小說）燦爛於文壇，作家瘁力於彼，詩文頓呈遜色。元初，有宋的宗室趙孟頫，仕於元，詩文清絕，書畫秀逸，實可稱一代的文藝巨子。其次有虞集、楊載、范梈、揭傒斯等詩家號稱四傑，但也不脫唐宋蹊徑。尚有薩都剌，以蒙古人而擅長詩詞文章，有雁門集。其他作家，如張翥、楊維楨等，也有詩詞行世。

（4）戲曲　戲曲有北曲南曲之分，都起源於元朝，但當時北曲較發達。大抵北曲遵北方之音，沒有入聲，南曲遵南方之音；北曲每劇四齣，南曲沒有限制；北曲爲彈而唱的，南曲爲吹而唱的。這是南北曲的大別。元朝俗文學的戲曲和小說，所以發達的原因，由於這是人人可懂的新文學，元人既不能領略古典文學，只好在這一方面提倡，於是元曲遂爲中國文學史上的奇葩，與唐詩、宋詞先後媲美。元曲的作家，以大都和眞定人才爲最盛；名手如關漢卿、馬致遠、王實甫，俱籍貫大都。元曲四大家關（漢卿）白（仁甫）馬（致遠）鄭（光祖）其作品都有流傳至今者；大概關以自然勝，白以高華勝，馬以雄渾勝，鄭以秀麗勝。然而元曲的白眉，不能不推王實甫和高明。王實甫根據會眞記小說，而作西廂記，凡四套十六折，敍述張生和鶯鶯的悲歡離合，是千古言情絕唱，而文采婉麗，讀之齒頰生香。西廂記可稱北曲的代表作。高明作琵琶記，敍蔡中郎與趙五娘的故事，寫社會情形，惟妙惟肖，結構複雜多端，文字以清雅勝，琵琶記是南曲的祖宗。除此以外，元曲佳者極多，明臧晉叔乃編選之而有元曲選行世。

（5）小說　唐的小說雖然發達，還是文言的傳奇文，和一般民衆關係極淺。到了元代，蒙古人注重俗文學，白話小說乃形發達。而白話小說的成功，自然是導源於宋的平話，這在前章已有敍述了。元朝小說，至今負有盛名者，爲水滸傳與三國志演義，配以明朝的西遊記金瓶梅，稱爲四大奇書。後兩書述於次章，茲不論。水滸傳的作者，傳說不一，要以施耐菴所作比較可信，其內容則據宋史徽宗時有宋江等三十六人橫行河朔間爲盜的事實而構成，並以南宋以來民間流行的梁山泊故事爲材料，而成一大傑作。其描寫的手腕，能使各人物栩栩如生，而文筆壯快，直教讀者拍案叫絕。三國志演義的作者，據說是施耐菴的弟子羅貫中，所敍故事多半根據於陳壽三國志及其補註，間有取之於民間的傳說，但不很多。因此，演義的脚色文辭，比水滸較遜，然而在中國社會上所據的勢力，實在不減於水滸呢。

（6）藝術　元朝的書家，有趙孟頫鮮于樞二人並以書稱。趙孟頫的書畫詩文，並皆佳妙，而畫，山水木石花竹人馬，都極工緻。其他的畫家，有高克恭，擅山水；陳仲仁，能山水人物花鳥；顏暉，長於道釋人物；張嗣成，工畫龍，兼善山水草書。其後有黃公望、王蒙、倪瓚、吳鎮，俱善山水，稱元末四大家。

（五）　風氣宗教生活一斑

（1）風氣　元朝以蒙古族入據中國，其剛強好戰之風未除，以武建國，和宋朝的空疎尚議論之習，迥不一致。所以元朝風氣有幾點可以一述的。蒙古人起初極輕視文化，兵鋒所及，城市爲墟，以寺壞作馬廐，以經籍充薪柴，而且殺戮頗重，異民族死者甚衆。當其攻汴梁日，本擬城下後盡加屠戮，幸得耶律楚材說：「奇巧之工，厚藏之家，皆萃於此，若盡殺之，將無所獲」，乃止。又沿用部落時代的舊例，凡所征服的民族，不殺者則多以爲奴。元朝對於漢人南人備極嚴酷，中國人的地位，反不及色目人。刑法上並至規定：「諸蒙古人因爭及乘醉毆死漢人者，斷罰出征，並全徵燒埋銀。」一面禁民間藏兵器，私造者處死，民間所有兵器不輸官者，與私造同。甚至於有分人民爲十等之說：一官，二吏，三僧，四道，五醫，六工，七匠，八娼，九儒，十丐；崇尚官吏、僧道和技術人員，姑不必論，以儒列在娼和丐之間，若眞有其事，直勃逆之極了。然元朝只重戰士和技術人員，不尙文儒，則到處可以看出來的。

(2)宗教　元朝回教和基督教東來，已述於前；尙有道教和佛教，在元朝也另有發展，尤其是佛教變態爲喇嘛教，迄今爲蒙藏人民所尊信。請先述道教：道教自北宋之衰，道教已不復再振，只抱殘守闕吧了；然而元朝諸帝對於道士，總算比較優待的。成吉思汗曾招道士邱處機，求長生不老之術；並使總領道教，准其到處建立道觀。元世祖加張氏以眞人之號，使其總領江南諸路的道教。元朝雖然崇尙喇嘛教，但是對於道教，並不加迫害。大概元朝所行的道教，共有四派，即正一教、眞大道教、太乙教、全眞教是，而以張氏所傳行於江南的正一教爲最盛。

喇嘛教是一種變相的佛教，起於吐蕃，其教專以祈禱禁咒爲事；喇嘛者，乃上者之義，用以稱長老，旋成爲吐蕃佛教的通稱。喇嘛教在吐蕃的勢力，漸次強盛而凌駕國王，並至左右國政，開政教合一的先路。元世祖在未登位前，經略吐蕃，吐蕃迎降，得喇嘛八思巴而歸。這是喇嘛教傳入蒙古的開端。元世祖即位後，八思巴大見信任，被尊爲帝師，使領吐蕃之地，其命令與詔勅並行；於是喇嘛的威權，炙手可熱。世祖以後，歷代天子，都崇信喇嘛教，喇嘛相傳爲帝師；同時，天子即位之時，也受其戒，而后妃公主，都在喇嘛前膜拜頂禮。喇嘛既受帝室崇信，便橫行無忌：其往來於吐蕃者，佩金字圓符，濫用驛傳，使地方官苦於支應；在民間更無惡不作，驅迫男子，奸淫婦女，有時強奪民田，包庇惡徒，地方官不能逮捕喇嘛，只有坐視不問。結果民怨騰沸，對於元朝的惡感更深。然而從此以後，蒙古和西藏一樣，也深溺於這一種變態的佛教裏面了。

（3）農工商業　元朝的農業大概和前朝一樣，無特殊點足說的。當時在中國耕種的，仍舊是金宋遺民，蒙古雖以游牧民族進占中國，却不像遼金一樣，連生活也受同化；因此蒙古人定居而務農業，眞是極難見的。蒙古人的興趣，顯然在於工商業方面。在元朝之前，政府所採行的政策，總是重農輕商，工商業頗不見發達。但是蒙古大帝國的版圖，橫跨歐亞，交通頻繁，通商途盛；政府更進而獎勵之。元朝政府，如自營貿易外，並設國立工場，以製造供給官用物品。元史所載關於官營之業，如設梵像提舉司（掌雕刻繪畫）出臘提舉司（掌出臘鑄造之事）等署場，設局以製造繡繪紗羅瑪瑙金銀木石油漆窯冶等；又在各地置染織提舉司凡十六所，以掌染絲綿織布帛等事，由此可見當時產業之盛。惜乎蒙古享國不永，否則循此發展，「工業革命」或將先見於東亞呢。

工商業既然發達，宋時在中國曇花一現的紙幣，又在市場上露面，而且流通極廣，制度漸備。元朝的紙幣，仍舊叫作交鈔，正式由政府發行。起初準備極充分，政府在各路立平準行用庫，以交換現金和紙幣，又立回易庫，俾故鈔與新鈔交換；丁錢、田賦等國課，都可用交鈔完納。這樣一來，人民對於紙幣便確信了。元朝紙幣的種類，在世祖時，造中統交鈔九種，自十文、二十文到一貫、二貫不等；旋又造至元交鈔，分自五文到二貫十一等。數枚制錢之數，也有紙幣，可見流行之廣。其與金銀的比率，大概如下式：至元鈔 1 貫＝銀 1/2 兩＝金 1/20 兩。交鈔制度行到元的末世，信用崩潰，引起物價飛漲現象，元順帝乃廢止鈔法，仍用制錢，但不旋踵而元亡了。

元朝的國外貿易也極發達，已述於第二節東西交通中，茲不贅。

第八章　明的文化

（一）明朝的興亡

明太祖起自民間，率領諸豪傑，先統一長江流域，定都金陵；次派將北伐，把蒙古逐到塞外去，於是中國本部，又回到漢族的統治權下。但當時四川、雲南、遼東一帶，尚有割據的英雄和元的殘部負隅。於是明太祖派兵入四川，僭位於該地的夏帝明昇迎降；又討雲南，破蒙古的留守軍，進而平服大理、金齒諸蠻，西南全定。其時，元順帝死，部族渙散，明軍乃定漠南和滿洲，而開出比較宋朝廣大的版圖。

明太祖逐胡元，定中國，自然不愧是一代的英主。可惜他氣量太小，眼光不遠，只圖子孫萬年之基，而不能像漢唐兩代，建立一個極強的國家。他看到前朝行郡縣制，帝室孤立，有事不能互相依仗，乃大分諸子凡二十四王於要地，當作屏藩。諸王既得在形勝之地立脚，並擅有征伐之權，又成外重內輕形勢，正可和漢初大封宗室作爲比較。更進一步，明太祖也照抄漢高的老文章，大誅功臣，開國元老，鮮得保全。胡惟庸、藍玉兩大獄，誅戮逾萬，李善長、傅友德、馮勝、宋濂等重要將相，也難免或死或竄。結果，南京的朝廷，在太祖死後，便陷於空虛的狀態了。

太祖孫建文帝即位，用黃子澄、齊泰策，擬削諸藩。這正和漢景與鼂錯謀削七國一樣，於是叛變遂起。太祖子朱棣，原是建文帝的叔，英武蓋世，太祖生前曾封其爲燕王，命坐鎮燕京，以防蒙古捲土重來。燕王早有異志，削藩令下，便招納元的降卒南下，號稱靖難兵，直薄南京。建文帝自知不敵，而宦官復與燕王通，開城內應。燕王入南京，建文帝於混亂中失踪，生死不明；燕王即位，這是明成祖，時在一四〇二年。

自從遼金以來，東北民族漸強，中國的政治重心，已經由西北的長安，移到東北的北平，所以元朝也都於此。明太祖原是長江流域人，爲權宜之計，定國都於南京，實在不是永久的辦法。成祖即位後，看到這一點，乃遷都燕京，改名北京，以舊都爲南京。國都北移，邊塞的防禦自然着重，所以明初得有小康。明成祖定國後，更以餘力經營域外。第一件事是南征。當時安南黎氏篡國，倔強不受明命，成祖派兵南征，大破安南軍於紅河畔，生擒黎氏父子，遂置交趾布政司，占城、老撾等地皆望風降明；中國國威，重振於印度支那半島。

蒙古自從順帝崩殂，部族瓦解，已去帝號。數傳有鬼力赤者，稱韃靼可汗。鬼力赤旋爲部下阿魯台所殺，阿魯台乃迎順帝後裔本雅失里爲可汗，不應明的招諭。成祖派邱福出塞，臚朐河畔一戰，明軍失敗。一四一〇年，成祖親率大兵五十萬北征，在成吉思汗始興地斡難河，大破本雅失里。其時佔據外蒙古西部和天山北部的瓦剌（Oirut）部長，襲殺本雅失里，阿魯台遂降明。瓦剌部長瑪哈木，統一漠北，又將寇明，成祖親征破之，追瑪哈木至圖拉（Tula）河而旋師。瓦剌部走後，阿魯台又得勢，成祖曾再親征，直到成祖臨終前，不肯稍息對蒙古的汗馬之勞的。

明成祖時代，還有一件大功績，就是耀明朝國威於南洋，和漢唐的揚武西北，先後輝映。明成祖注意南洋的起因由於靖難兵（卽南下的軍隊）入南京時，建文帝失踪，生死不明；以後幾年時，關於帝的謠言很多，大致說他尙在人間，而且亡命於南洋。明成祖爲探究實情起見，於是派鄭和到海外去搜尋，這就是所謂「三保太監下西洋」。三保太監是鄭和，西洋者，當時泛指海外。鄭和以回教徒而爲宦官，對於海外情形，原極熟悉，他可以算中國歷史上有名的航海家和拓殖者，足跡徧歷南海諸國。安南平後，諸國皆望風震慄，入朝來貢的，有琉球、眞臘、暹羅、滿剌加（Malεcca），渤泥（Borneo）蘇門答剌、爪哇、榜葛剌（Bengal）等三十餘國。這樣在南洋的聲威，中國歷史上是空前的。

成祖死後，明勢漸衰，但是明朝開國的餘威尙在，還不至招受外侮。宣宗時，朝廷上有三楊（楊榮、楊士奇、楊溥）執政，施行嚴格的官僚政治，國內稱小康。漢王高煦反，宣宗親自掌兵討平之；旋又北巡，破女眞別種兀良哈（Uriangha）。宣宗征伐安南，却遭致敗績。原來安南雖然成功明的州縣（交阯布政司）叛衆餘氛未靖。淸華人黎利，率衆屢敗明軍，一四二七年，明將王通等與黎利講和，罷安南王。明朝不久就顧到旣成事實，册封黎氏爲安南王，國號大越，做中國的藩邦。這樣一來，中國的國威雖未損失，而安南的經營，從此完全放棄了。

蒙古雖然在明太祖時被逐出長城外，然而其勢力並未像遼金一樣的消滅，還常想南下，闖入邊塞。總明一代，可以說和蒙古的競爭相終始，等到蒙古衰而滿洲代興，明朝也如日薄崦嵫了。蒙古部族分裂後，仍有不少傑出的雄主。成祖坐鎮北京，一生與蒙古相搏鬬，仍不能彀根絕邊患。當時蒙古後人帖木兒曾統一中亞，攻入印度，爲蒙古大帝國的餘光反照。帖木兒想逾葱嶺入中國，和明成祖一較雌雄，幸半途而殂，不成事實，否則不知鹿死誰手呢。當時漠北一帶的蒙古族，以韃靼、瓦剌兩部爲最強；宣宗之世，瓦剌部長脫歡(Toghon)襲殺韃靼部長阿魯台，兼倂諸部，立元的後裔脫脫不花爲可汗，自爲太師。脫歡死，子也先(Yessen)繼任，勢力驟強，威脅明朝。明宣宗已死，子英宗立，宦官王振擅權，征兀良哈無功，弱點暴露，遂啓蒙古的覬覦。

一四四九年也先統率諸部，大舉南下，陷明的要塞大同，一路望風披靡，直逼北京的外圍。王振勸英宗效前代故事親征瓦剌，耀武揚威於塞外。英宗遂不聽羣臣諫阻，發五十萬兵親征，車駕到土木堡(今察哈爾懷來縣西)也先來襲，明師大潰，王振等陣没，帝被擄。於是蒙古軍乘勝進逼北京。京師洶洶，朝廷無主，均主張遷都南京以避其鋒。幸得大臣于謙識大體，決意不放棄北京，與孫太后擁立英宗之弟景帝，以爲號令，整理軍備禦敵。也先本想以英宗要挾明朝，誰知明朝別立一帝，大失望，攻北京又不勝，遂北退。明年，也先與明朝通好，並送還英宗。

蒙古所以送還英宗，因爲失其要挾，並不是畏明威勢；所以明的北邊，仍無寧歲，長城以外，簡直成了胡騎放牧的地方，要不是國都仍在北京，恐河北早已不保了。蒙古本身，也常有分合，興衰無定。瓦剌部的也先，雄長諸族，不久弑脫脫不花，自爲大元田盛可汗，旋也死於部下之手。於是韃靼部長孛來和瓦剌部合議，更擁立脫脫不花之子爲可汗，但兩部又互相攻伐，結果瓦剌與韃靼兩部俱衰。有達顏汗（Tayan Khan）者，也是元的後裔，略定沙漠南北，取河套，陷寧夏，屢寇明邊，時在一五〇四年，蒙古號稱統一而中興。達顏汗的季子札賚守漠北，是爲後來喀爾喀四部之祖；達顏汗自己和嫡孫卜赤居漠南東部，是爲插漢部即察哈爾（Chahar）部；其三子巴爾蘇鎮守河套，傳於長子，是爲鄂爾多斯（Ordos）部；巴爾蘇次子俺答（Altan）居大同北，是爲土默特（Tumet）部。巴爾蘇長子早死，部衆歸於俺答。

俺答勢強，連擾山西陝西。一五五〇年，俺答大舉入塞，進逼北京，明朝將士畏慄不敢抗戰，聽其飽掠。是後俺答威脅明朝者凡三十年。然而俺答自身，降瓦剌并青海後，崇奉喇嘛教，晚年佞佛愈甚，漸厭兵事。俺答死後，其妻三娘子主兵柄，握大權，爲中國守邊保塞，對明朝極恭順，明乃敕封爲忠順夫人，長城以外安靜。然俺答以後，東方的察哈爾部驟強，滿洲也崛起於白山黑水畔，長城外成爲滿蒙競爭的天下，明朝末年，才沒有蒙古之患了。

再說明朝的情形，自英宗歸北京後，因景帝已即位，只好住在南宮，居常怏怏；同時有些不滿景帝于謙的大臣，在暗中蘊釀政變，恰巧景帝有疾，徐有貞、石亨等與宦官曹吉祥商議，以兵闖入宮中，迎接英宗復位，廢景帝，並殺于謙，天下冤之。原來明朝的政治，十分腐敗，大臣們全是自私畏事的官僚，像于謙一類是極難得的；尤其宦官弄權，差不多是明朝的致命傷。明的內政，幾始終被宦官所把持；唐朝雖然也有宦官之禍，但沒有像明一樣的酷烈。明朝歷代皇帝，都極相信宦官，而起源於明成祖；蓋明成祖靖難兵逼南京，有宦官作內應，故成祖對其寵幸。英宗信任宦官王振，而有土木之變。歸國後復受石亨和宦官曹吉祥的播弄而復辟。英宗死，憲宗立，寵任宦官汪直，設立西廠，派汪直領其事；緹騎四出，大獄屢興，官吏人民的生命，也操在宦官的手中了。憲宗死，子孝宗立，恭儉勤政，中央略現清明之象。孝宗之子武宗，又寵任宦官劉瑾，劉瑾的奸惡專橫，更逾於前。其後安化王寘璠反，遣都御史楊一清討伐，宦官張永監軍。一清游說張永，回見武宗時，列舉劉瑾罪惡，武宗才把劉瑾正法。接着，武宗又寵信大同游擊江彬，巡遊無度，寧王宸濠乘機反於南昌，帝擬親征，宰王守仁起兵贛南討平之。

是後明室愈頹，外疲於倭寇之擾和朝鮮之役（均詳下），內則政爭迭興，宦官弄權，而橫征暴斂，民不堪命。初，宦官權臣跋扈的時候，一般言官學者往往從而議論政治的得失。明神宗時，顧憲成剛直有學識，帝寵鄭貴妃，想把妃所生的幼子常洵爲太子，顧憲成諫阻，罷歸故鄉無錫，乃和同志高攀龍等講學於東林書院，往往議論時事臧否人物，一時在野的名流學者，附和的不少；便是政府中的執政者也有嚮慕風聲，遙爲應和的。東林之名，因此大著。後來孫丕揚、鄒元標、趙南星等相繼講學，都自負氣節，常和政府抗爭，東林黨的名目從此成立。本來朝臣之中，結黨互爭，已有所謂宣崑黨和齊、楚、浙三黨，到此便互相依傍，並一致排斥東林。恰巧神宗、光宗、熹宗三世，有挺擊、紅丸、移宮三案發生，東林與非東林，借題發揮，大肆攻訐，於是東漢時代學者宦官鬬爭的黨錮之禍，復見於明末。

熹宗卽位之初，東林黨頗得勢。後帝寵信宦官魏忠賢，魏忠賢與帝的乳母客氏狼狽爲奸，其勢炙手可熱。非東林黨便投靠魏忠賢，謀把敵方一網打盡。於是魏忠賢提督東廠，屠殺忠良名臣楊漣、左光斗等俱遇難。一面把東林黨人的姓名榜示天下，一面又毀掉各地書院，根絕東林黨的活動。魏忠賢的貪汚暴戾，比武宗朝的劉瑾更甚，義兒生祠徧天下，國政大紊。熹宗弟思宗立，乃貶殺魏忠賢等，然而瘡痍徧體的明朝，雖有勵精圖治的思宗當國，已無可挽救了。

斲傷明朝的，不但是跋扈的宦官和意氣用事的大臣，而外患也是大原因。外患中除蒙古已述於前外，中葉以後，使中國受禍最烈的是倭寇。倭寇來自日本。在元時，日本分南北朝，旋南朝見併於北朝，其遺臣遂借西陲的流民，剽掠元和高麗的沿海。迨明初，張士誠方國珍的殘黨，和日寇相勾結，出沒東南沿海，明太祖乃在沿海要地設防倭衛所以備之。日本自統一以後，也想開拓海外貿易，和明及高麗常有商船來往。不久，日本大亂，流落的商人不能返國，變為海盜，往來剽略，中國稱之為倭寇。明的奸民大盜，也投身寇中，導之以攻掠沿海，倭寇遂更形猖獗；浙東西，江南北，大受騷擾。後胡宗憲誘殺奸民汪直，倭寇之勢稍衰。繼而又擾福建、廣東，俞大猷、戚繼光討平之，海氛漸靖。然而到那時，倭寇為禍已二十餘年，沿海元氣也消損過半了。

倭寇之亂，日本猶可藉口海盜與明奸民的行為，不是政府所主動。然而倭寇事平不到三十年，明朝對日本又有朝鮮之役。朝鮮半島上在宋朝時，由王氏建國高麗，兵力極盛；蒙古東下，高麗內附於元，作為屏藩。元衰後，高麗也脫羈絆而獨立。但是宋儒的風氣，傳到朝鮮半島上，士大夫好發議論，專事黨爭，國勢漸弱。明初，李成桂篡王氏之位，是為朝鮮太祖，並受明冊封。數傳後，遂為日本的豐臣秀吉所侵寇。時日本的豐臣秀吉統一國內，想發動對外戰爭，以排除亂源。乃假借攻明的理由，請朝鮮作嚮導，朝鮮因和中國交好，斷然拒絕。豐臣秀吉便先侵略朝鮮。一五九二年，日本軍入朝鮮，京城、平壤，相繼陷落，朝鮮宣祖奔義州，求救於明。明神宗命遼陽總兵祖承訓出師，與日軍小西行長戰於平壤，大敗。明朝再派李如松，破小西行長，收復漢江以北地；然李如松恃勝而驕，仍被日軍擊破於漢城附近的碧蹄館。明政府的和議旋起，派沈惟敬和日本軍議和，但是中間迭生波折，遷延到一五九六年，沈惟敬才奉命封秀吉為日本國王。因日本另有天皇，秀吉恚怒，拒不納，復興師侵朝鮮，與明軍畫漢江相持。後豐臣秀吉病死，諸將奉其遺命，收兵回日本，朝鮮才恢復原狀。但明朝為了援助朝鮮，調兵集餉，騷動全國，財用大匱，加賦至八百萬，民怨沸騰，兆亡國之漸。然而朝鮮對於中國，從此感情極深；後來雖受淸朝壓迫，尙欲為明報復，訓卒厲兵，以伺淸後呢。

朝鮮之役才罷，滿洲部的愛新覺羅（Aisin Gioro）氏又崛起東北。滿洲的先世本是女眞的部屬，世世居於寧古塔西南，自猛可帖木兒移居赫圖阿拉（興京）以後，世為明建州衞都督。歷百數十年，至明神宗時，努爾哈赤（Nurhachu）出，以父祖遺甲十五副，起而統一附近諸部，聲勢驟盛。一五八三年，既殺先世仇人尼堪外蘭，又盡力於統一同族，收服滿洲五部，打破扈倫、長白山諸部和蒙古科爾沁的聯軍，於是遼吉一帶全入掌握。一六一六年，努爾哈赤自立為汗，國號後金，這便是淸的太祖。越二年，起兵攻明，明以楊鎬為遼東經略，發大軍伐滿洲；不料在薩爾滸（渾河畔）一役，明全軍覆沒，滿洲氣焰更盛。明以熊廷弼繼為遼東經略，廷弼招集散亡，分守城堡，形勢漸固。然廷臣好以書生之見議論兵事，劾其不戰，廷弼去職，努爾哈赤遂下瀋陽、遼陽，並遷都於瀋陽。

清太宗於一六二六年嗣位，先東下朝鮮，陷平壤，逼京城，朝鮮降服，乃轉向明。明雖先後用熊廷弼、孫承宗、袁崇煥等能員督師經略，可是部臣言路，往往掣肘，熊廷弼以冤死，孫承宗被迫去職，袁崇煥中反間遭磔刑，以至邊事日非，每戰必敗。時蒙古的察哈爾部（俺答後）林丹汗復興，與滿洲不睦，明以重幣厚賂，使寇滿洲。但蒙古諸部中已有和滿洲聯合者，太宗合兵擊察哈爾，林丹汗敗，走死，其子降，得傳國璽，更國號曰清，於是漠南的內蒙古平。時在一六三六年。清軍再服朝鮮，陷皮島，明的遼西跟着遼東而淪失，只剩一個寧遠城，孤峙山海關外；實際上明和清已經是劃山海關而對峙了。

倭寇之亂、朝鮮之役、滿洲之興，使得明朝國庫不足；再加上貴族官吏的淫樂貪污，結果自然要對於民衆加緊榨取。於是明政府極力增加田賦；一面開礦稅，增徵鹽茶船舶等稅，悉以宦官領之。礦鹽稅使，四出騷擾，誅求得無微不至，民不聊生。在中國歷史上循環着農民的暴動，就在一六三〇年頃，以陝西大飢為導火線，再度爆發了。當時暴動的農民，東奔西竄，焚掠無定，所以稱流寇；流寇中最勇悍的，推李自成和張獻忠兩股。張獻忠入四川，據成都。李自成一股，於一六四三年陷潼關，進逼西安，抄掠山西，親率精銳從大同宣化攻北京，城陷，明思宗縊死煤山以殉國時一六四四年，明亡。李自成據北京，自立爲帝；明的山海關守將吳三桂，本擬率兵勤王，在半途聞思宗死，乃降清，導清軍入關，以統治中國，從蒙古族手裏奪回的河山，至是又落入滿洲族的手裏了。

(二) 明的制度

(1)官制　明初倣照元制，設中書省，而有左右丞相；後來屢起大獄，誅戮將相功臣，太祖乃諭廢宰相，還說：「以後嗣君毋得議置丞相；臣下有奏請設立者，處以極刑。」於是吏戶禮兵刑工六部的尙書，總攬大權。那時候中央政府有所謂殿閣學士者，原是文學侍從之臣，掌擬稿批答等事，至多是天子的顧問性質。太祖以後，殿閣學士漸參與機務，地位遂高，權力也重，到世宗時，殿閣學士如夏吉、嚴嵩等，儼然有宰相之實，然却不居其名。因此有明一代，只有權臣而無大臣，以至黨爭迭起，宦官跋扈呢。上面係行政方面。至監察方面，中央有都檢院，以左右都御史爲長官，以掌糾彈百官，辨明寃枉。又有宗人府、詹事府、翰林院、國子監及大理、太常、光祿、太僕、鴻臚諸寺，職掌和前代同。大理寺、刑部、都察院，並稱三法司。尙有通政使司以通達章奏，這是中央官制的大概。

地方官制，則行省制度開始於元，確立於明。各省設布政、按察兩司，布政司掌民政，按察使掌刑事。又改元的路，爲府，隸省之下；府有知府，府之下爲縣，縣有知縣。州有知州；屬州同於縣，直隸州同於府。於是地方制度漸形整齊。明代行省計有十五，卽南直隸、北直隸、山東、山西、陝西、河南、浙江、江西、湖廣、四川、福建、廣東、廣西、雲南、貴州。

（2）兵制　明的兵制，和唐的府兵最相近。京師有二十六衛及五軍都督府。二十六衛是天子的親軍；五軍都督府分轄各地方的都司、衛所。太祖時，有都司十七，內外的衛三百二十九，千戶所六十戶。都司大概各省有一個，長官稱都指揮使，以統督衛、所。衛範圍較大，有五千六百人，長官稱衛指揮使；所則有千戶所，千一百二十人，長官稱千戶；有百戶所，百二十人，長官稱百戶。衛指揮使以下的兵官，多是世襲。凡衛所的兵，平日從事屯田，有事出而征伐，戰事結束後，將則呈繳佩印，兵則各歸衛所，所以將不能把兵當作私有。兵士統率之權在都督府，而征伐調遣由兵部。兵器仍和前代一樣，惟因歐人東來，西洋的火砲製法已有傳入，到明朝晚年，曾命耶穌會教士鑄造銃炮，以禦滿洲，當時稱紅衣大砲。

（3）法制　明太祖時定大明律三十卷，次第爲吏律、戶律、禮律、兵律、刑律、工律六項。吏律有職制、公式兩目；戶律有戶役、田宅、婚姻、倉庫、課程、錢債、市廛七目；禮律有祭祀、儀制兩目；兵律有宮衛、軍政、關津、廄牧、郵驛五目；刑律有盜賊、人命、鬬毆、罵詈、訴訟、受贓、詐僞、犯姦、雜犯、捕亡、斷獄十一目；工律有營造、河防二目；此外有名例四十七條，合之凡四百六十條。刑名分笞（五等）杖（五等）徒（五等）流（三等）死（二等）五類二十等；惟徒流附加杖而未配役，較宋朝為輕。其他法理或慣例，大致和前代無異。

掌刑獄的官，京師有三法司，即刑部、都察院、大理寺。刑部管理全國的獄訟，都察院掌糾察，大理寺掌駁正。地方則知縣、知州、知府、按察使俱掌法權，人民對於處分不服，可一直上告於都察院。然而政治腐敗，官官相護，訟獄黑暗已極，故有「滅門縣令」一語，可見奸吏的專橫了。

（4）賦稅　明初賦役的制度，較前代為整齊詳明。其法也是按田以徵稅，據人戶物力而定役，而以黃册和魚鱗册為根據。黃册是戶籍簿，詳具人戶物力；魚鱗册乃土地登錄簿，詳具土田及其屬於何人。所以按黃册，可以定賦役；按魚鱗册，可以定田地的爭訟。田有賦，丁有役。田賦分夏稅、秋糧，以麥、米為主，但得以銀鈔錢絹代納；賦額在成祖時，天下的稅糧凡三千餘萬石，絲鈔等三千餘萬計。其後漸見耗減。役法也大概似前代，其役有銀差、力差；中葉以後，名目繁多，叫做加派。神宗時，行「一條鞭」法，總計一州縣中人民應出的租稅，和應服徭役的代價，一概均攤之於田畝，徵收銀兩，而一切差役都由官自募。這一個變革，在中國的田賦史上，是值得注目的。

（5）學校和選舉　明在南北兩京設國子監，其教授有祭酒、司業、博士等職；肄業於國子監的生徒，均稱監生，其中又有舉監生（舉人）貢監生（生員）廕監生（品官的子弟）例監生之別。地方則府有府學，置教授一人，訓導四人，生員四十人。州有州學，置學正一人，訓導三人，生員三十人。縣有縣學，置教諭一人，訓導二人，生員二十人。生員有廩膳生員（供給膳食的、）增廣生員、附學生員之別。各學教授的科目，以經書爲主；至於應試用的八股文，照例要學的。

明的選舉制，也沿照前代而更形整齊。當時的科目，只有進士一科。每三年（逢子、午、卯、酉、）在各省考試諸生，稱鄉試。鄉試及第的叫舉人。明年（丑、未、辰、戌、）各舉人到京師去應禮部的考試，稱會試。會試中式的，更由天子親試於殿中，稱殿試（也稱廷試）。殿試及第者分爲三甲（三等：）一甲限三人，第一名狀元，第二名榜眼，第三名探花，皆賜進士及第；二甲賜進士出身；三甲賜同進士。出身。狀元授翰林院撰修，榜眼、探花授翰林院編修，此外爲庶吉士，或爲知縣的候補者。又自明中葉以後，應科舉者必用八股文，士人思想爲之錮塞。

（三） 明的學術宗教文藝

（1）儒學　明代前半期的學術思想，大抵崇奉程朱，不敢創立新說。薛瑄以躬性復性爲主，開河東學派，其末流成爲拘迂的儒者。後陳獻章（白沙先生）出，其說稍稍接近陸象山，而開姚江學派的先河。姚江學派爲王守仁（陽明先生）所創。王守仁深究佛老之學，孝宗時舉進士，曾出仕；未幾，以事忤劉瑾，被貶於貴州龍場驛，處疾病、夷狄、患難之中，深思冥想，遂大悟格物致知，當自求之於心，不當求之於事物，於是喟然嘆道：「道在是矣！」而他那唯心的理想主義，於此成立。其說專以良知良能爲主，揚陸抑朱，高唱性理，游談無根，遂生出後來清學的反動。

（2）科學　中國的科學，在明朝末年，因耶穌會宣教師的東來，始面目一新。明朝對於科學作著述者，有李時珍、徐光啓等。李時珍撰本草綱目三十九卷，是集中國藥用植物學的大成；徐光啓與李之藻則受外國宣教師影響，譯述西洋科學書頗多。然是時介紹西方科學者，大多是耶穌會教士，而以利瑪竇（Matteo Ricci）導其先河，以後有龍華民（Nicolao Longobardi）熊三拔（Sabbatinus de Ursis）陽瑪諾（Manoel Diaz）艾儒略（Julis Alenio）畢方濟（Francisco Sambiase）鄧玉函（Johann Terreno）湯若望（Johann Adam Schall）等，對於科學，各有著譯，大概關於天文、算學、旁及物理、輿地、水利等。其他關於宗教之作，可不具論。諸教十原是歐洲各大學積學之士，因爲信仰宗教，激於熱忱，遂來中國。學習中國言語文字，遵照中國風俗習慣，談吐風雅，時而引孔道孟，以期博得中國上流人士的好感。其目的在於布教，以餘力從事科學的譯述，文章雅馴可誦。因爲諸教士本是科學家，結果有大影響於中國，其最著者，中國的曆法，因而改正，成爲一種陰陽合曆，而非純粹的太陰曆。先是，當明太祖時，以生出時差的緣故，曆法的改正，久已成爲明廷懸案，西洋教士來，着手天算，纂修曆書，湯若望羅雅谷（Jacobus Rho）等尤悉力從事，一六四一年（崇禎十四年）曆書完成，其冬，進崇禎十五年（一六四二）新曆。恰巧翌年（一六四三）三月朔日食，欽天監的推算不合，而湯若望等的曆局推步則密合無間，明思宗遂決意作改革，欲以西洋新法代大統回回兩曆，通行天下，會明亡，事情擱淺。然而西洋教士旣來中國後，是終此一生的，於是湯若望輩繼入清朝，完成改革曆法的大業，這是中國科學史上實得大書特書的。

（3）宗教　明太祖微時曾爲僧，所以對於佛教，是極尊崇的。歷代諸帝，除世宗外，對於佛教，也盡保護之力；不過自宋以還，佛教餘輝略盡，徒具形式，已無若何可說了。至於佛教的別派喇嘛教，明朝繼元之後，仍極尊崇，蓋以羈縻蒙藏的緣故。喇嘛高僧，俱封爲國師、法王。先是，喇嘛總是戴紅帽穿紅衣，娶妻而傳其子；迨宗喀巴出，見其弊，乃創別派，戴黃帽穿黃衣，不娶妻，以化身轉生而傳其教。於是喇嘛教分紅、黃兩派，黃派興而紅派衰滅。宗喀巴建寺於拉薩附近，在一四七八年死。死時，遺言命其兩大弟子達賴喇嘛（Dalai Lama）班禪喇嘛（Panchen Lama）以化身轉生而傳其教。以後，兩喇嘛死時，必指示其所轉生之地，乃自其地尋迎此嬰兒而立之，遂以爲例。這是西藏達賴和班禪的起源。

明朝的道教和回教，也能保持已成的地位。明世宗沉溺於道教，一度揚道抑佛，這是釋道之爭的餘波，然而對於兩教都沒有什麼影響了。至於回教，陸路傳入的發展於西北一帶，由海道傳入的，沿海各埠俱有清眞寺，當時回教的潛勢力已足和釋、道兩教鼎峙呢。

基督教在西方在十五世紀初，經過路德的宗教革命以後，分作新舊兩派。普通爲便利起見，把舊教稱天主教，新教稱耶穌教，茲從之。天主教徒擬重挽頹勢，由西班牙的羅耀拉創耶穌會，謀向海外傳教，並注意到馬可波羅遊記中所說的東方。元朝和歐洲陸路交通時的傳教，到元衰而中絕，教跡也從此湮滅。明時陸路仍阻，而海道大開，教士乃陸續東航，大抵均耶穌會派。一五五二年查維爾 (Fancisco de Xavier) 從自印度的臥亞(Goa)經滿剌加 (Malacca)而來中國，然不許登陸，病死於大川島。時澳門已成葡萄牙的租借地，耶穌會教士於一五七一年建會堂於澳門，努力向日本傳道，還不曾向中國着手。一五八一年，意大利人羅明堅 (Michael Ruggiero) 利瑪竇至澳門，奉命在中國布教。利瑪竇乃赴廣東肇慶，以教授科學作傳教的手段，經二十年的努力，並一度至南京，和士大夫往還。一六〇一年，利瑪竇偕西班牙人龐迪我 (Diego de Pantoja) 同入北京，獻時計及基督聖母圖，獲得徐先啓、李之藻等名士皈依，盡力宣教。神宗念其遠來之誠，賜第宅，准其在京師建天主堂。接着熊三拔等俱來中國，傳教事業盛極一時。

一六一〇年，利瑪竇死，南京方面，反對天主教的聲浪大起；蓋明朝廷臣，素好鼓噪生事，誇張爲幻。一六一八年，政府便下令禁止傳教，把在京的教士龍華民以下，都逐回澳門，並封禁天主堂及邸第。旋滿洲壓寇遼東西，明朝需用銃砲抵禦，又想到這批教士。一六二二年，明熹宗派使到澳門，命葡萄芽教士陽瑪諾、羅加望（Joao de Rocha）及龍華民等製造銃砲。明年，又召用意大利人艾儒略、畢方濟等和其他葡萄牙人。教禁至此，就無禁取消了。龍華民再入北京，着手布教，開曆局，和湯若望等修曆法。經過這些耶穌會派教士的熱心，明朝的士大夫信教者漸衆。即在明亡之後，桂王（詳下章）保殘喘於南方，宗室大臣之信教受洗的，還託教士卜彌格（Michael Boym）帶信給威尼司共和國的總統和羅馬教皇，求其援助，以期再造明室。事雖不成，却不失爲天主教傳教史中一段插話。

（4）文學　明朝文學，承元之後，戲曲小說較盛，詩文則殊少可觀。尤其是明的詩文作家，提倡復古，味同嚼蠟。明初以高啓劉基較傑出，劉基擅詞，高啓擅詩。以後的詩文作家中有袁中道兄弟的公安體，專寫性靈之作；又有鍾惺等的竟陵體，其詩幽深孤峭。散文作家，則以歸有光對於後來的作家影響較大。

戲曲在元是俗文學，到明朝，南曲戰勝北曲，却漸漸貴族化了。當時的戲曲，叫作傳奇。明初有四大傳奇，即荊（荊釵記、）劉（劉知遠、）拜（拜月亭、）殺（殺狗記；）中葉的作者，有王九思、梁辰魚，最負盛名。梁辰魚和崑山魏良輔創崑曲，到今日還偶爾在舞台上演唱的。然而明朝最偉大的戲曲作家，要推湯顯祖，他的玉茗堂四夢（牡丹亭、南柯記、邯鄲夢、紫釵記，）稱絕一時；尤以牡丹亭——傳奇，述美女子杜麗娘的懷春和書生柳夢梅的戀愛經過，情節離奇，文詞妖冶，直可上追西廂記。明末尚有一位戲曲文學家阮大鋮，他是明裔偏安江南時代的宰相，人格極低，然而他作的燕子箋傳奇，當時却膾炙人口的。

明代的俗文學小說，可稱者極多，而且略識字的販夫走卒，都可閱讀，不能不說是大成功。西遊記是吳承恩所作，敍述唐僧玄奘往印度取經的神話，是一部極瑰奇的作品，其長處有兩點：一寫唐僧及其三徒，各有個性，敍述得眞切活潑；二以佛理寓諸童話之中。金瓶梅作者不詳，敍述水滸中一段西門慶與潘金蓮的豔事，寫社會瑣屑事跡，妙到秋毫，不過因爲性慾描寫過於顯露，曾在禁書之列。此外著名的小說有封神傳、三寶太監下西洋記演義、東周列國志、好逑傳、玉嬌梨平山冷燕，後三者有德法文的譯本，頗流行於西洋文學界中。明朝也有很好的短篇小說著名的，莫如今古奇觀，此書是一個選本，有明代人著的，有清代人著的，各篇的情節描寫，均是極好的。

（5）藝術　明朝的音樂已無足道者，只書畫尚能守緒不墜。明的畫家，有沈、仇、唐、文四人。沈周能詩工畫，人稱二絕先生。仇英（十洲）擅長人物，以秀雅鮮麗神采生動見稱。唐寅爲一放浪的名士，能詩文，工畫，山水、人物、花鳥，無一不能。文徵明兼書畫兩長，名滿天下。明末，又有董其昌，也兼擅書畫，風流儒雅，實在是明代的後勁云。

（四）明的交通和商業

（1）國內交通和商業　明朝的國內交通，承元之舊，無足述者。自蒙古大帝國衰落後，中國國外貿易中斷，國內的工商業也形不振。明太祖崛起草莽，明白民間疾苦，又提倡重農政策，國內的工商業，更形衰落。明宣宗時，設鈔關以對貨船課稅，商賈頗感困難。明朝幣制，則交鈔、銅錢、銀兩，並有使用者。

運河是當時南北中國交通的要道，也是經濟的命脈。元世祖時，把運河開成一直綫，從浙西到燕京，可以直達南方的糧米，經運河而源源運到北方。然而元時還兼用海運。等到明成祖相形勢而奠都北京，便再度修濬運河，以運輸南方的漕米，供中央之用，運河在明朝，於是發揮其極大的功能。

（2）對外的陸路交通　蒙古大帝國分裂，自中國經中亞而至西部亞洲的陸路交通，遂告阻絕。但使節隊商，仍有不畏艱險，經故道而來往的。一三九五年，明太祖曾派遣使者去訪雄據中亞的蒙古後裔帖木兒大帝。明使經哈密、土魯番、伊犂而至撒馬爾罕，更到今伊朗一帶，經西拉志（Siraz），赴伊思法汗（Ispahan），逗留數年。是後明和帖木兒帝國常有交通，使節往還不絕。隊商也有冒險奔走的，據某旅行記說，一四〇四年，有旅客一隊，以駱駝八百頭，載紬、麝香、大黃、寶石等物，從中國的北京到撒馬爾罕云。

至於明朝對東北邊貿易，以馬爲主。政府初在開原廣寧，繼在宣府大同開馬市，和蒙古交易茶馬。

（3）對外的海道交通　明初，在寧波、泉州、廣州設市舶司，置提舉官。蓋寧波通日本，泉州通南洋，廣州通占城、暹羅、西洋諸國，海道交通均極盛。明成祖時，日本將軍足利義滿自稱日本國王，遣使於明，修睦邦交，得明的勘合印信，從事貿易，且屢屢捕殺海賊，明對日本的往來頗盛，後倭寇起，遂絕。

明成祖遣鄭和下西洋，海上交通，因而大闢。鄭和的揚威南太平洋和印度洋，比歐洲殖民者東來，幾乎要早一個世紀。一四〇五年，鄭和大賚金幣，造巨舶六十二艘，率將兵三萬七千餘人，從蘇州的劉家港泛海，先到福建，次達占城，乃徧歷南海諸國，到處宣示明的威德，厚賜其君長，有不服的，則以兵威脅。因此諸國都聽命，紛紛遣使朝貢，及明軍陷安南，朝貢的凡有琉球、占城、眞臘、暹羅、緬甸、滿剌加（馬六甲）、渤泥（婆羅洲）、蘇門答剌、爪哇、榜葛剌等三十餘國。鄭和歷仕成祖、仁宣三朝，出使南海凡七回，共二十五年，擒舊港(Palembang)之酋陳祖義，錫蘭(Ceylon)王亞烈苦奈兒及其妻子，蘇門答剌的王子蘇幹剌等。其足跡所經，遠及阿拉伯南端的亞丁(Aden)和非洲東海岸的木骨都束(Magadoxa)、竹步(Jubb)、不剌哇(Brava)。海上交通既繁，中國人到南洋經商的日見其多，並且有替他們開闢草萊，以繁殖我國民族的。

像閩人林旺的開闢斐律賓，旋有潘和五雄長其地；元史弼所遺的病卒，繁殖於麻葉甕；粵人梁道明、張璉、陳祖義，稱雄於舊港（三佛齊），其他不可考的，更加難計。中華民族向南洋發展，確立於是時，而且比歐人的殖民要早呢。

鄭和下西洋之後，乃有歐人東來之事，這裏請略述歐人東來史。十五世紀，歐洲正有着航海的狂熱。一四八六年，葡人地亞士（Diaz）發現非洲南端的好望角；一四九八年葡人加馬（Vasco da Gama）繞好望角，發現印度洋航路，而至印度，於是歐亞的海道交通，便可直達無阻。一五一六年，葡人得從印度附船到中國。廣州附近，首先發現葡人的蹤跡，有上川島、電白、澳門三處居留地，而澳門市況特盛。一五三五年，中國官吏受了葡人的巨賄，請於上官，以澳門正式租借給葡人，每年由葡人繳納地租二萬金。後葡人見中國吏治腐敗，便不納租金，要求對澳門的永久居住和管理權，不許，乃賄地方官地界向外增拓，並設關置吏管理僑民，儼然當作自己的領土一樣。當時西班牙和葡萄牙，互爭海上權利。西人由新大陸西航太平洋，取得斐列濱羣島，建馬尼拉（Manila），並遣使來明，請求通商。商約雖因葡人阻撓而不曾締結，然而當時中國人到斐島去和西班牙通商的很多，馬尼拉做了互市之所，而西班牙銀圓，也在這時開始流入中國。

歐洲列強，接着葡西而向海外發展的，便是荷蘭和英國。荷人於一五九六年，航抵爪哇和蘇門答剌諸島，後卽設立東印度公司，在好望角和麥哲倫海峽都築砦置兵。在航線上便占了很大的勢力。不久，荷人謀奪澳門，明和葡人合力抵禦，乃退據台灣。從此台灣由荷人經營着。一六二三年，荷人又出兵內向，進據澎湖，後犯漳州、澄海，轉入廈門，爲明師所敗，仍回台灣。英人初於一六二五年到澳門，要求互市，葡人不允，英船發炮擊毀葡人的砲台，葡人才告廣東官吏許英出入澳門。明思宗時，英艦駛至虎門，守者發砲止之，不聽，兩方激戰數小時，砲台遂陷，但這不過是小衝突，爲以後要求通商的前奏吧了。

第九章　清的文化

（一）滿清的興亡

李自成旣入北京，思宗殉國，明朝遂亡。明的上層階級，不悅流寇的統治，乃歡迎滿洲入關，以吳三桂爲開門延納的人。時清世祖（順治）立，年幼，由叔父睿親王多爾袞攝政，聞北京有變，乃圖進取。於是清允了吳三桂的招引，率明降將洪承疇等赴援，大破李自成於山海關，自成退出北京，走陝西，清遂定山西、陝西，世祖從瀋陽遷都北京，開始來統治中國。當時清統治中國，一面利用吳三桂等的兵力，一面聽從洪承疇的計劃，作大規模的經營。黃河流域雖得於流寇之手，而長江流域還是明朝宗室的天下，於是開始了明清的爭奪戰。

當思宗殉國後，明的遺臣擁立福王於南京，史可法督軍謀恢復中原。多爾袞命阿濟格平李自成，命多鐸伐明，旋入揚州，史可法死之。清軍乃渡長江，陷南京，福王被擒。清朝於是得有中國大部，就下令叫漢人辮髮，從滿洲的風俗。民衆深感亡國之痛，反抗愈烈，紛紛擁立明的宗室，和清軍抗戰。魯王立於浙東，唐王立於福建，互爲犄角，保守東南沿海一帶。一六四六年，清軍豪格和吳三桂入四川平張獻忠，另一支清軍則定浙東，魯王走台灣依鄭成功；清軍入福建，擒唐王於汀州。然而桂王又立於廣西，不忘明朝的臣民，仍據江西、湖南、四川以爲響應，明清激戰不已。一六五九年，清軍入雲南，桂王走緬甸，緬王迎之，乃和雲南諸部及寄寓的葡萄牙人，同心協力以抗清軍。但清軍迫緬甸，政變驟起，緬人畏中國，執桂王以獻。於是中國更無明的遺族存在，時在一六六二年。

清聖祖玄曄（康熙）在一六六一年繼順治登帝祚，中國是時已由清朝所統一，聖祖乃發揮其雄才大略，以新生的滿洲族，憑藉中國的根據，開創出文武俱達極盛的格局，媲美漢武帝、唐太宗之業。聖祖自己，天資英邁，好讀書，上自天文、地理、音樂、算學，下至射御、醫藥，以及滿、蒙、西域、外洋的文書字母，無一不通，而曆算音律，造詣尤深，眞所謂才兼文武者。所以聖祖雖然出自滿洲族，却是中國歷史上稀見的英主。他的武功也極盛。第一件事是平三藩和服台灣，這可以說是明對清抗戰的餘波。明室自絕跡於中國大陸後，清朝封明降將吳三桂於雲南，尙可喜於廣東，耿精忠於福建，是爲三藩。但明裔魯王走台灣，依鄭成功。鄭成功原是中日的混血兒，其父芝龍降清，成功遠走海外，誓志恢復明室。他以廈門爲根據地，和清軍血戰十多年，旋把荷蘭人逐出台灣，佔據其地。明的宗室遺臣，渡海附之者如織，天南片土，差不多成了一個獨立國家。成功病死，子鄭經立，也紹父遺志，以台灣一隅，和清朝抗衡。在清聖祖初年，就是這獨立的台灣，和勢力雄厚的三藩，是要他去統一的。

清廷想廢掉三藩，吳三桂於一六七三年先反，侵掠四川、貴州、湖南各地；福建的耿精忠也舉兵，與台灣鄭經連和；尚可喜子之信也起於廣東。南方漢人，前之深恨切齒於吳三桂的，現在又紛起響應，西南各省陷於混亂中，陝西王輔臣也叛應三桂。旋王輔臣、尚之信、耿精忠等，不堪清的威迫利誘，陸續歸降清朝，吳三桂乃稱帝號於衡州，欲以維繫人心，已而病死，其孫世璠立，戰敗走雲南，自殺，三藩平，時在一六八一年。當三藩亂時，台灣鄭經也屢攻閩廣沿岸，然不得志，連失金門、廈門兩島，退守台灣。三藩平後，清頗想與鄭氏言和，而閩、浙總督姚啓聖反對，鄭氏叛將施琅，尤欲滅台灣以邀功。會鄭經死，次子鄭克塽立，政亂，清廷乃遣施琅伐台灣，鄭氏敗降，台灣才歸入清的版圖；時在一六八三年。

清聖祖既平東南，乃返顧北方。時俄國由西伯利亞向東發展，俄將軍哈巴洛夫（Khabarof）取雅克薩之地，築阿爾巴津（Albazin）城，吞食黑龍江左岸，中俄之間，糾紛時起。一六八二年，清朝築愛琿城，以兵鎮守，復諭俄人退出雅克薩，俄人不應。一六八五年，清派彭春北進，攻下阿爾巴津城，毀之。等到中國軍隊撤退，俄軍又來據雅克薩。清聖祖乃請荷蘭商人介紹，致書於俄帝大彼得（Peter the Great），請定中俄邊界。於是俄國全權費曜多羅（Feodor A. Golovin），中國全權索額圖，於一六八九年會於尼布楚（Nerchinsk)，定外興安嶺，格爾必齊河，及阿爾古納河爲兩國邊界，俄人乃退出雅克薩，這便是尼布楚條約，中國是佔勝利的。一七二七年中俄又訂恰克圖條約，重定兩個疆界，並規定陸路通商的事項。

當時北方的蒙古部又強。瓦剌的後裔準噶爾部，原牧於伊犂。後噶爾丹爲準部的領袖，遂併合青海、蒙古諸部，降服回部，威震天山南路。一六八八年，準部襲破外蒙古的喀爾喀，喀爾喀三部數十萬衆，蓋奔漠南投降清朝。清聖祖在一八九〇年派兵，打敗準部。準部時有三驍雄，即噶爾丹，其姪策妄。阿拉布坦，及噶爾丹。策零。噶爾丹旋又率衆侵入外蒙古，聖祖就出師親征，一六九六年破噶爾丹於昭莫多。於是策妄叛之獨立，併準部，並堵塞噶爾丹的歸路，噶仰藥自殺。喀爾喀各部仍回外蒙古，於是蒙古青海平。

蒙疆既平，西藏又亂。西藏的達賴、班禪兩喇嘛，原不過總裁教務；當時有第巴（Dipa，政務官）名桑結者，擅立達賴喇嘛，有拉藏汗不服，殺桑結，別立新達賴於西寧。準噶爾部的策妄佯和拉藏汗交好，突於一七一七年侵入拉薩，殺拉藏汗。清聖祖聞變，派年羹堯等擊退拉薩的準噶爾兵，把西寧的達賴迎到拉薩，給以封冊，西藏始定。

青海的蒙古後裔羅卜藏。丹津（Robtsan Tanjin），向抱併吞西藏青海野心。一七二二年，清聖祖死，世宗（雍正）新立，羅卜藏暗約準部的策妄爲援，和諸部同盟舉兵，游牧喇嘛二十萬，同時騷動，進攻西寧。清政府遣年羹堯岳鍾琪進攻，羅卜藏走準噶爾；清乃置駐藏大臣於拉薩，置青海辦事大臣於西寧，以鎮撫青海西藏。旋策妄之子噶爾丹・策零率準部屢擾邊疆，爲喀爾喀部擊退，西北才告小康。

高宗（乾隆）繼世宗而立，武功也可媲美其祖若父。他有武功十次，因自作十全記。十全者：兩定金川，兩平準噶爾，兩勝廓爾喀，一戡回部，一平台灣，一綏緬甸，一服安南，故云。請依次述之。金川在四川西邊金沙江上流，分爲大金川、小金川。一七四七年，大金川叛，高宗命傅恆岳鍾琪平之；旋兩金川又亂，更命阿桂進討，一七五七年，兩金川全定。是爲高宗武功的一二。準噶爾部自最後的驍雄策零死後，發生內亂，高宗派將於一七五五年討擒其酋達瓦齊(Dawatsi)；不久，準部的領袖阿睦爾撒那據依犂叛。一七五七年，高宗命將軍兆惠進討，阿睦爾撒那走死於俄羅斯，準噶爾平。是爲高宗武功的三四。準部既亡，天山南路的回部，由大小和卓木（Khoja, Barhan ud-din）兄弟領導作亂，清軍於一七五九年討平之；由是天山南北，都入中國的版圖，清的威力遠振於葱嶺之西，是爲高宗武功之五。廓爾喀(Gurkha)部住在喜馬拉亞山之南，尼泊爾(Nepal)之西，一七九〇年，因覬覦班禪遺產，侵入西藏，清高宗便命福康安移征安南的兵往討，迫其國都喀特曼多(Khatmandu)，受降而返，計勝廓爾喀兩次，是爲高宗武功的六七。

緬甸時有內亂，土司雍藉牙(Aung Zeya)自稱緬甸王，並侵略雲南的西南部。一七六七年，清高宗命將明瑞進討，敗死；又命傅恆、阿桂征之，時緬甸與暹羅也有兵事，緬人恐兩面受敵，雍籍牙的少子孟雲（Mon Tara-Rri）乃降清，一七九〇年受册封爲緬甸國王，是爲高宗武功之八。當時暹羅也內亂不已，一七七八年，暹羅遺民擁中國人鄭昭爲王，逐緬甸軍而建國，奠都於盤谷（Bangkok）。旋鄭昭又死於內亂中，其將鄭華（Phaya Chakri）嗣位，於一七八六年受清的册封，這是現在泰國國王的祖先。

安南自從明末以來，分裂爲大越廣南二國相對峙。一七七三年，阮文岳阮文惠兄弟起兵，滅兩國，文岳稱交趾王，文惠稱東京王。大越的前王黎氏請援於清，一七八九年，清高宗命孫士毅、福康安往討，阮文惠請降，高宗乃册封其爲東京王，黎氏則託庇於清廷，從此住在中國。是爲高宗武功之九。一七八六年，台灣因清朝的官吏貪縱失望，彰化林爽文作亂，陷諸縣，清高宗命福康安等征討，殺林爽文，亂平，是爲高宗武功之十。除此以外，在世宗高宗兩代，對於西南苗疆，也下了一番整理工夫，當時雲貴總督鄂爾泰，採改土歸流政策，並用哈元生、張廣泗等爲經略，先後征開苗疆二三千里，所在土司都望風繳納敕印和原藏的軍械，苗疆大定。然而高宗末年，湘貴的苗猺，又告猖獗了。

康雍乾三朝，可以說是清朝的全盛時代。當時中國的版圖，雖然不能跟建立元朝的蒙古大帝國並駕齊驅，可是遠過漢唐兩朝。而且漢、滿、蒙、回、藏、苗各族，混合在一起，漸入同化中，確立中華民族的基礎，這功績更是不可磨滅的。

康熙乾隆時代，學術也極盛。聖祖好學不倦，集國內的碩學鴻儒，編纂大部書籍，如圖書集成、佩文韻府、淵鑑類函、康熙字典等，並令耶蘇會教士編繪全國的地圖。高宗自稱稽古右文，好學擅詩，也命儒臣編纂大部書籍，最著者為編寫四庫全書，是中國文化界空前的偉績。乾隆三十八年（一七七三年）開四庫全書館，徵求天下書籍，十餘年而成四庫全書，統計共三萬六千餘冊，分鈔七分，建文淵（京）文源（圓明園）文溯（遼寧）文津（熱河）文匯（揚州）文宗（鎮江）文瀾（杭州）七閣以儲之。

康雍乾是全盛時代，然而盛極必衰，在高宗末年，衰兆已形，有教匪苗猺之亂，政府苦於征討。仁宗（嘉慶）立，誅前朝的權臣和坤，吏治迄未稍清，教匪蹂躪於中原，兵爭有九年之久。宣宗（道光）立，又有天山南路回部的叛亂。回部前為兆惠所平後，和卓木後裔逃走於中亞的浩罕（Khokand），陰謀恢復；後有張格爾出，有雄略，於一八二六（道光六年）襲破天山南路的喀什噶爾，連陷數城，清大軍進迫，生擒張格爾於喀什噶爾城下，並和浩罕斷絕互市。浩罕復援張格爾之兄玉素普陷喀什噶爾，又擾回部，再為清軍所平。中國與浩罕的互市復開，而使浩罕把和卓木一族監視於國內，天山南部，得以小康。

接着，歐西列強東來，要求通商。英國為工業革命最早的國家，向海外發展極烈，英使馬加尼（Macartney）恩哈斯德（Amherst），曾於十八、十九兩世紀之交來北京求通商，不許。而在廣東通商，也極受阻礙，英國決意以砲艦打破中國嚴扃的大門。一八四〇年，中英以鴉片貿易起糾紛，英以兩廣總督林則徐焚禁鴉片，斷絕通商，遂派艦寇中國，這是鴉片戰爭。英軍陷東南諸港，入長江，舶艦於南京城下。清廷大震，急命伊里布、耆英、牛鑑赴南京與英使璞鼎查（Potinger）會議，訂南京條約十三條：償戰費；開廣州、廈門、福州、寧波、上海五口與外人通商；割香港島以為英經營遠東的根據地，時在一八四二年。於是近代帝國主義的魔手開始伸入中國。旋比、荷、普、西、葡諸國，相繼派領事來廣東，而美法兩國，更派公使東來。通商漸盛，清廷猶思堅拒，南京條約後十餘年，乃有英法聯軍之役。

一八五六年，廣東有中國兵士捕盜辱及英國國旗事，廣西有殺害法國教士事，英法共同出兵，美俄兩國公使也率艦會於香港。次年冬，英法聯軍陷廣州，執總督葉名琛；又明年四國軍艦入渤海灣，占大沽炮台，清廷派桂良、花沙納，和英法俄美四國公使，訂天津條約（一八五八年）。到一八六〇年，又因換約糾紛，聯軍攻下天津，入北京，清帝走熱河，英法軍燒圓明園，掠奪中國的珍器寶物以洩憤。俄使出而調停，清廷與英法訂北京條約，規定賠款、開港諸項，並割東北邊境於俄，酬其調停之勞。俄乃於該地建海參崴（Vladivostok）港。

清廷的外交失敗，內治也起動搖，從前依托於祕密會社的窮苦農民，又蜂起暴動。一八五〇年，上帝會洪秀全舉事，入廣西稱太平天國。旋出湖南，陷武昌，浮江東下，於一八五三年初入南京，定都於此，隱然和北京的清廷相抗衡。太平軍原非純粹的農民暴動，蓋受歐西影響，襲取基督教教義，並想驅逐統治中國的滿清。此後長江南北，陷於大混亂中，清廷與太平軍激戰不已。清廷復用漢人曾國藩、左宗棠、李鴻章等專事征討。曾國藩率湘勇，李鴻章利用外國人編成的傭兵，分路迫南京。太平軍勢大蹙，洪秀全仰藥死。南京陷，時在一八六四年。清廷既挽回其頹運，更依次剿滅各省的散寇和北方的捻黨。太平天國之亂，亘十五年之久，侵略徧本部十六省，清雖得最後勝利，而元氣已經大衰了。

清政不綱，列強遂有分割中國之意。當太平軍亂時，天山南路的回部，又謀獨立，有阿古柏（Gakub Bek）者，受英俄慫恿，建都於阿克蘇以抗中國。清廷既平太平軍，乃命左宗棠西征，阿古柏兵敗自殺。一八七八年，天山南路平。清廷又向俄國交涉，索回伊犂，並改天山南北路為新疆省，以鞏固西北。然而帝國主義者，又陸續蠶食中國藩屬，以為殖民地。一八八四年，有中法之戰，法隸安南為保護國。次年，英國乘機取緬甸為印度屬地。暹羅則在英法的均勢下，脫離中國獨立。中國在印度支那半島的藩屬盡失。接着，日本崛起東方，又和中國爭朝鮮半島，中日於一八九四年開戰，海陸兩次，中國都告失敗，乃訂馬關條約，除琉球已早被日本掠奪外，復割台灣、澎湖、遼東半島於日本，許朝鮮獨立。但俄國不滿日本伸足於東北，聯合法德三國迫日本把遼東半島退回給中國，日本不敵三國，只好允許。然日俄因爭中國東北的勢力發生衝突，俄國更謀從東三省伸入朝鮮，遂於一九〇四年發生日俄之戰，戰事亘一年之久，俄軍敗，日本也因國力不繼，乃由美國調停，於一九〇五年訂卜茲茅斯條約，把朝鮮和南滿的權益讓給日本獨占，日本即在五年之後，把朝鮮合併。

老大帝國的中華，於一八九五年敗於新興的小島國日本，清政無能，大暴於世，列強乃競租沿岸港灣，劃定勢力範圍，作爲瓜分的初步；美國也提出門戶開放政策，急起與列強角逐。當時中國的有識人士，圖謀效法日本，變法革新。革新派以康有爲梁啓超爲主角，得年少氣銳的清德宗（光緒）的同意，和以皇太后慈禧爲領袖的舊派相競爭。舊派勢盛，慈禧后囚德宗，康梁走海外，其徒多被捕斬，革新事業，僅如曇花一現，這就是戊戌政變（一八九八年）。慈禧既掌政，鼓勵排外思想，於是有義和團起。義和團的分子，原是不滿於帝國主義壓迫的農民，託神道以設教，受守舊的執政者所利用，恣意排外，甚至殺德使，攻使館，引起英美法德俄奥意日八國聯軍入北京，訂辛丑和約（一九〇一年），賠償巨款謝罪。中國的反帝運動，遭此摧殘，一般上層階級，遂由排外而變媚外了。

清政府至是，尚無意整頓政治，然而民衆對於立憲政治的要求，愈趨激烈。清廷爲敷衍人心計，就在一九〇八年八月，公布採用立憲政體和開設議院的諭文，同時並發布憲法大綱，約九年之後開設議院。民衆知清廷終無誠意，遂多傾向於革命運動。革命運動的領袖孫文，得華僑的贊助，謀建立民國，曾在南方發動十次革命，屢蹶屢起。一九一一年（辛亥）秋，武昌兵變，兵士與革命黨相結合，遂爲中華民國成立的先聲。旋長江流域一帶完全光復，中華民國政府，成立於南京，公推孫文爲臨時大總統；清廷見大勢已去，於一九一二年下詔，還政於民，宣統帝退位，清朝亡，老大帝國中華，就成功立憲共和國乃進入新時代了。本書也於這時暫告結束，關於中華民國的文化史，當在另書述之。

（二）清的制度

（1）中央官制　清的中央官制，大概根據明朝而來。政權初由內閣總攬。內閣有大學士四人，協辦大學士二人，以參機務。世宗時，另於中央政府設軍機處，蓋爲愼密軍機起見，初和內閣不相衝突。軍機處設而復閉，高宗時因征討準噶爾部，軍機處乃成爲常設的機關，並以參決重要的軍國機務，由是內閣的權始分。其後軍機處進而須務詔諭，審查詔疏，指揮內外，內閣只須行常例的敕令，等於虛設，毫無實權。所以清中葉以後，軍機處成爲實際的中央政府了。內閣的大學士和協辦大學士，例由各部尚書兼任；軍機處置敕選大臣，以親王、大學士、尚書、侍郎兼任。所以各部的尚書，除本身職掌外，還和內閣、軍機處發生關係的。各部則仍設吏、戶、禮、兵、刑、工六衙門，每部的長官是尚書，次官是侍郎。吏部掌文官的銓敘黜陟與封爵；戶部掌歲入歲出及戶籍、鑄錢；禮部掌典禮和學校、科舉；兵部掌武官的銓選和簡閱軍實；刑部掌司法；工部掌建設和實業。

內閣、軍機處、六部之外，有理藩院，以管轄內外蒙古、天山南北路、西藏、青海，其長官次官也稱尚書和侍郎。有都察院司監察和彈劾，設左都御史、左副都御史兩官；至於右都御史、右副都御史則爲總督、巡撫的兼銜，不特設。有翰林院，設掌院學士主持翰墨之事和監督入院的新進士；掌院學士也由大學士、尚書、侍郎內兼任。有通政使司，設通政使、副使，以接受各省文武官吏的奏本而達之內閣，並司冤民的越訴；然後來越訴的事，由都察院或步軍統領衙門管理。

前朝的寺、府、監等機關，在清的中央政府裏，也有存在的。寺有大理寺，設卿、少卿，掌審查刑名的重案；大理寺、刑部、都察院合稱三法司，刑名重案例由三法司定讞。有太常寺，設卿、少卿，掌祭祀。有太僕寺，設卿、少卿，掌牧馬；凡分配京畿以內各兵營的馬匹，都由太僕寺收養。有光祿寺，設卿、少卿，掌飲食薦饗。有鴻臚寺，設卿、少卿，掌關於朝食宴饗的禮節。府有詹事府，原爲皇太子而設，職務和翰林院同，設詹事、少詹事，與翰林院的學士分掌翰墨之事。有宗人府，掌皇族的屬籍，設宗令，左右宗正，任職者是親王以下的皇族。有內務府，以總理帝室庶務，設總管，任職者是滿洲族的大臣或王公。尚有鑾儀衛，與宗人府、內務府三者，都是關於帝室的官衙。監有國子監，設祭酒、司業，掌本監的學務，管理則大臣一人，由大學士、尚書、侍郎內兼任。國子監實際上乃是一所國立大學。有欽天監，設監正、監副，掌制時憲書，占吉凶及漏刻，管理為王大臣一人，監正一人，例以西洋人充之，中葉後，此例遂廢。又有太醫院，設大臣、院使、左右院判管理之。

以上各官衙中，規模大的，是內閣、軍機處、吏、戶、禮、兵、刑、工六部，理藩院、都察院、通政使司及大理寺。六部尚書、都察院的左御史、通政使、大理寺卿，這九長官稱九卿。九卿雖然是行政官，實際上都有議政官的職任。又以上各院、寺、府、監等，都是獨立的官衙。在清中葉以前，無所謂外交，中國只有對藩屬的關係，而由理藩院掌之。鴉片戰後，各國紛來通商，外交事務日繁，一八六一年（咸豐十一年）乃設總理各國事務衙門（簡稱總理衙門），以掌外交，管理為親王大臣，無定員，由親王、大臣、尚書、侍郎內兼任，也多以軍機大臣兼任，下設總辦章京、章京等、事務官。凡和外國有關係的事件，都由總理衙門辦理，而直取天子的裁決。總理衙門的規模，在中央政府裏，也是比較算大的。

德宗變法，仿照東西各國，改革官制，內閣和軍機處次第撤廢，設會議政務處，掌議一切的新政；稅務處，掌全國的稅務。又陸續改置增設各部：外務部，掌外交；吏部，掌銓選；民政部，掌民政；度支部，掌財政；禮部，掌典禮；陸軍部，掌陸軍；海軍部，掌海軍；法部，掌司法行政；農工商部，掌實業；郵傳部，掌交通；理藩部，掌藩屬。又有都察院，掌風紀，大理院，掌最高的審判。到宣統時，遂組織新內閣，內閣設總理大臣，各部設國務大臣，爲預備立憲的地步。新內閣的形式，已和東西各國的中央政府一致，不過它只如曇花一現，辛亥革命起，清朝就此覆亡了。

（2）地方官制　清朝把中國本部分爲直隸、山東、山西、河南、江蘇、浙江、安徽、江西、福建、廣東、廣西、湖北、湖南、陝西、甘肅、四川、貴州、雲南十八行省，其制度承明朝而來。中葉以後，把新疆、台灣也改作行省。各省下面有府，府下面有縣、廳、州。地方長官最高的爲總督，兼兵部尚書、都察院右都御史銜，兼轄兩省或三省，在其轄境內統轄軍務，監督民治，節制提督以下的文武官。當時設總督者，計有直隸、兩江（江蘇、安徽、江西）、陝甘、閩浙、湖廣（湖南、湖北）、兩廣、四川、雲貴八區，而山東、山西、河南三省無總督。各省設巡撫，兼兵部侍郎、右副都御史銜，主持全省的吏治、政軍，依官制，巡撫不是總督的次官，而是同僚。直隸、四川、甘肅三省無巡撫，由總督直接管理其事務，京師則有順天府尹。又各省有布政使，掌租稅錢糧；有按察使，掌刑名訟獄；有道台，董理糧儲、驛傳、兵守等，並監督各府廳州縣。光宣兩朝，在各省增設提學使，掌教育；又在交涉較繁的省分，特設交涉使。在省之下，府有知府，廳有同知，州有知州，縣有知縣，以管理政務、司法、賦稅諸項。

本部各省以外，東三省、內外蒙古、青海、西藏的地方制度，比較特殊。東三省原是清室發祥的地方，分爲盛京、吉林、黑龍江三省。在盛京（遼寧）的奉天（瀋陽）有戶、禮、兵、刑、工五部，各部有侍郞爲長官；地方則有府尹、理事、知縣。奉天府尹兼巡撫之職，管轄三省的府廳州縣，掌理民事。又三省各置將軍、副都統掌理軍事。內外蒙古及青海，普通分之爲盟，更分之爲旗；盟有正副盟長，旗有扎薩克，都由向來的王公部長充任。內蒙的盟長和扎薩克，直隸於北京的理藩院；外蒙則屬於烏里雅蘇台的定邊左副將軍。青海的長官有西寧辦事大臣駐西寧，西藏的長官有駐藏大臣駐拉薩。

（3）兵制　清的兵制，在太祖時，有滿洲八旗，原是天子的親兵；其後，兼併蒙古、中國本部，又置蒙古八旗、漢軍八旗，共有二十四旗，都由滿族充當。所謂八旗者，是正黃、正白、正紅、正藍、鑲黃、鑲白、鑲紅、鑲藍。每旗置都統一，副都統二，其兵都係世襲，以當兵爲職業。八旗兵之外，有綠營，都以漢人充選，用綠旗幟爲標，駐紮各省，有提督、總兵爲長官。在清高宗以前，出征大都用八旗兵，平定內亂，則用綠營。中葉以後，旗兵武氣消沉，只知安享尊榮，綠營腐敗不堪，均不堪驅馳戰陣，鄉勇乃代興。鄉勇起初是中國本部的一種義勇軍，因討平內亂有功，儼然具備軍制，如平太平天國的湘軍，平捻匪的淮軍，都是勇營。清朝末年，又練新軍，擬實行徵兵制，但不久國祚旋亡。

海軍在清朝末年，歆羨外國的船堅炮利，方始設置，有北洋、南洋、長江、福建、廣東五水師。北洋水師屬於北洋通商大臣（直隸總督所兼），南洋水師屬於南洋通商大臣（兩江總督所兼），長江水師屬於長江水師提督，福建水師屬於閩浙總督，廣東水師屬於兩廣總督。在北京有海軍衙門，以統轄各水師而總理海軍事務。

（4）法制　清的法制，大概根據明律，分爲吏、戶、禮、兵、刑、工六種律。吏律分爲職制、公式二目，戶律分戶役、田宅、婚姻、倉庫、課程、錢債、市廛七目，禮律分祭祀、儀制二目，兵律分宮衞、軍政、關律、廐牧、郵驛五目，刑律分賊盜、人命、鬭毆、罵詈、訴訟、受贓、詐僞、犯姦、雜犯、捕亡、斷獄十一目，工律分營造、河防二目。刑名則仍分爲笞、杖、徒、流、死五類二十等；其他十惡、八議、贖刑等，都和明朝完全一樣。法官，在京師有刑部、都察院、大理寺，號稱三法司；地方則總督、巡撫、按察使、知府、知州、知縣，執行法權。人民對於初級的審判不服，可上控。惟死刑須由督撫擬律之後，經京師三法司的覆覈定讞奏聞，得處決之旨而後決定。若重罪囚，旣經府州縣官並按察使的審議，並由督撫擬律，若囚犯心懷不服，或係屈打成招，則親族可以到京師向都察院上告，都察院乃奏聞請旨，使撤消前判再審，或特派欽使覆審。制度雖然完備，然而在黑暗的政治下，不過等於具文，受害的民衆仍是有寃無處訴的。於是中葉以後，外人藉口中國司法制度不完備，成立領事裁判權。季年曾參考日本和歐美的法律，命沈家本等編纂新法典，未及實行而清亡。

（5）賦稅　清的田稅，和前代一樣，年分兩次征收，夏秋以麥爲主，秋粮以米爲主，但得以銀錢鈔絹代納，稅率視各省地的遠近肥瘠而定。丁賦初依成丁（男子十六歲到六十歲、）未成丁（十六歲以下的男子、）富戶、貧戶之別而征收，所以清初戶口編查十分嚴格，每五年舉行一次，丁既增加，丁賦也跟着增加。聖祖在公元一七一三年，因承平日久，國家足用，下詔嗣後滋生人丁，永不加賦，丁賦之額，悉以一七一二年之數爲準，這是一個大改革。到世宗時，便把丁賦併入地稅內征收，於是賦役制的遺意，完全消滅，而無業之民，終身沒有納稅的義務了。

雜賦有鹽課、茶課、礦課、蘆課（課長江沿岸的沙洲蘆地和沿海的沙洲蘆地等、）漁課。尙有典當稅、牙行稅、酒稅、契稅、鋪稅、牛馬稅等，則近乎營業稅一類。關稅分常關稅、海關稅兩種，通過內地諸關的物品，抽常關稅；外國貿易的物品，抽海關稅。到清朝末年，海關稅遂成政府重要財源之一，因此移爲對外賠款的擔保品。當太平天國亂時，清廷爲救濟財政窮乏，於國內重要地方設立局卡，對於通過的貨物課稅，稱作厘金稅。厘金稅的弊害極大，末年雖有裁厘加稅之議，迄未實行。

（6）學校和選舉　清的學制，完全根據明朝。京師有國子監，地方有府學、州學、縣學。國子監的教授，有祭酒、司業博士、助教、學正、教習等職，生徒分為貢生（歲貢、恩貢、儀貢、拔貢、副貢、例貢、）監生（恩監、蔭監、優監、例監、）官學生（八旗）三種。地方則各省有學政使，辦理教育行政事務，府州縣學有教授、學正、教諭、訓導等職，以為教授，生員分為廩膳生、增廣生、附學生三種，各學教授的課程，以應付科舉為主，實無所謂學術研究的。倒是受公家津貼或私人設立的書院，對於教育方面的貢獻較大。

德宗時受到東西洋的影響，改革學制，設初級小學、高級小學、初級師範學堂、優級師範學堂、中學、高等學堂、大學堂，雖然已經是現代學校的雛形，然而學制仍不大整齊，其他尚有陸軍學堂、水師學堂、工業學堂等專科學校。

清的選舉和明朝也相似，有歲試、鄉試、會試、殿試之別。歲試，是學政使每年到各府巡閱，在府親試該府州縣及格的生員，歲試及第的，稱秀才。鄉試每三年在省集各府的秀才考試，及第的稱舉人。會試，每五年在京師舉行，集各省的舉人受試，及第的稱進士。殿試，乃在會試之後，四月二十一日令會試及第的在保和殿對策，依成績而分及第者為三甲（三等。）一甲三名，稱狀元、榜眼、探花，均賜進士及第；二甲賜進士出身，三甲賜同進士出身，均無定員。殿試以後，狀元為翰林院撰修，榜眼、探花為翰林院編修，此外各進士入翰林院稱庶吉士；也有入各部為各種文官的候補者，或則出為知縣候補，以三年則授本官為常例。又聖祖、高宗年間，曾特舉博學鴻詞科，以網羅遺才。德宗時又曾舉行經濟特科，旋廢科舉，改由學校出身，分別獎勵，仍不脫舉人進士等名目。

（三）清的學術宗教文藝

（1）漢學　清朝學術大盛，以考證古書為主幹，故其學稱考證學；又因薄宋而愛漢，通稱漢學；其學樸而無華，又稱樸學。中國歷代相傳的儒術，到清朝而面目一新，所以有人把漢學的全盛時代，比之歐洲的文藝復興。漢學的興盛，由於宋明以來學者束書不觀，游談無根，只有空疏的議論，無裨實用，因此生出反動。同時滿清統治中國，學者有家國之痛，言論不得自由，只好向故紙堆中去尋生趣，於是走入考據一途，為中國學術界放一異彩。

清朝的學術，可分三期，第一是啓蒙期，以明遺儒顧炎武、黃宗羲導其先河。顧炎武學問極淵博，凡經學、史學、字學無所不通，尤擅長於考據，可稱漢學之祖。黃宗羲以史學為根據，而推之於當世之務，同時有鄞縣萬斯同，也屬於史學一派；此後該派盛於浙東，名家有全祖望、章學誠等，於清代學術為別流。而正統的考證學者，在顧炎武之後，有胡渭、閻若璩，復古之風以盛。

第二期是漢學的全盛時代，時間在乾、嘉之間。當啓蒙期，顧黃諸大師，尚有通經致用的觀念，而乾、嘉學者，則純粹為學術而學術。當時的中堅人物，可以分為皖吳兩派。吳派的領袖是蘇州惠棟，其弟子有余蕭客，同派有王鳴盛、錢大昕、汪中等。皖派的領袖是休寧戴震，其弟子著者有孔廣森、段玉裁、王念孫，念孫以授其子引之。戴震、段玉裁、王念孫、引之父子，這四人可稱漢學的中堅人物。戴震極淵博，其於經傳無不精通，更擅長小學和曆算。段玉裁、王念孫、王引之也以小學為治經的途徑，考證之風，到這時已達極頂的境地。漢學的反動者，有桐城派的文章家，而以作漢學商兌的方東樹為著，尚有崔述者，則專摘發古書的偽造假託。

第三期是衰落和蛻分期。漢學的正統派，到乾嘉以後，已成強弩之末，得稱大師者，只有俞樾。孫詒讓，俞樾弟子章炳麟，可稱正統派的殿軍。從正統派蛻分出來的，有今文學派，以劉逢祿、龔自珍為先進，以康有為、廖平、梁啓超為大家。今文學家以為東漢晚出的古文經傳，都是劉歆所偽造；康有為甚至主張孔子改制說，以為六經皆孔子所作。梁啓超則成為歐西思想輸入的導引。而開五四新文化運動的先聲。漢學既衰，清室云亡，此後的中國學術，乃產生在中西文化交流之中了。

（2）科學　清代的科學，最有光輝的，要推天文算學。自耶穌會教士東來，天算方面，嗜之者漸衆。清初則王錫闡、梅文鼎最精，而大師黃宗羲、江永（戴震之師）從而提倡。聖祖自己也精通天算音律，在他的指導下，著有律曆源淵（包括曆象考成、數理精蘊、律呂正義三書。）漢學巨子戴震，校周髀以後迄六朝唐人算書十種，名算經。從此以後，漢學家大多兼治天算，尤專門者，有李銳、董祐誠、焦循、張作楠、劉衡、徐有壬、鄒伯奇、丁取忠、李善蘭、華蘅芳等。其他耶穌會教士如湯若望、南懷仁 (Ferdinand Verbiest) 白進 (Joaclins Bouvet)、戴進賢 (Ignatius Köglers)，在科學方面也頗有著述。清朝末年，開始迻譯西方書籍，曾國藩設江南製造局於上海，有歐西科學譯本二三十種，由李善蘭、華蘅芳等任筆述。最後有嚴復譯天演論、法意、原富等書，歐西的自然科學、社會科學才開始介紹到中國來了。

(3)史地　清初，王夫之長於史論，黃宗羲、萬斯同開史學嫡派。乾隆以後，傳此派的有全祖望。其後則有趙翼的廿二史劄記、王鳴盛的十七史商榷、錢大昕的二十一史考異，洪頤煊的諸史考異，都是考證歷史的作品。章學誠的文史通義，專研究史法，可和劉知幾史通，後先媲美。歷史著作，明史因有諸大師斟酌，體例十分完善；萬斯同有明史稿，則是私人作品。末年柯劭志著新元史，合歷代正史而稱二十五史。尚有畢沅續資治通鑑、馬驌繹史，也稱善本。關於地理的名著，有顧炎武天下郡國利病書、顧祖禹讀史方輿紀要，還有各省的通志和府州縣志，也大多出於名家的手筆。

(4)宗教　喇嘛教在清朝，仍受帝王尊崇，以覊縻蒙藏，喇嘛的領袖，受活佛尊稱。是時喇嘛教始分為四系：一拉薩，為達賴喇嘛的本系；二札什布倫，為班禪喇嘛一系；三庫倫，為哲卜尊丹巴胡士克圖一系；四多倫泊，爲章嘉胡士克圖一系。至於佛教本身，在清代更形衰落，無足述者。至於佛學，清代的學者頗有研究。如王夫之治法相宗；彭紹升、羅有高也篤信佛法；龔自珍受佛學於彭紹升，晚受菩薩戒。清末有楊文會，深通法相華嚴兩宗，稱佛學大師。晚清的大師兼修佛學的更多，如譚嗣同、章炳麟、梁啓超等都是。

道教和回教在清代不過守已成的勢力，在文化方面，實少關係。惟耶穌會教士，在清朝初年，仍蒙信仰。清世祖用湯若望等掌欽天監，斥去大統曆而頒行西法的時憲曆書。世祖死後，有楊光先等起而排斥主持欽天監的西教士，然而楊光先等測驗有謬誤，聖祖重復重用西教士。如南懷仁、白進、徐日昇 (Thomas Pereira) 張誠 (Joannes Francois Gerbillon) 等，共爲曆政的顧問，並和聖祖探討西學，自天文、曆算、砲術以至測量製圖，都曾極力協助。尤以康熙永年曆確定中國的曆法，皇輿全覽圖實地測繪中國的地圖，同稱偉大的著作。

自明末到清初，耶穌會教士之在中國的，甚能承認中國固有的風俗習慣，對於崇拜祖宗和孔子的儀式，也加以默認。因此聖祖特許其自由布教。不料天主教中的另幾派，反對中國傳教士允許祖宗崇拜，向羅馬教皇誣奏，於是引起極大的紛爭。一七〇四年，教皇發教書以詰責耶穌會教士的行爲，並派欽使鐸羅 (Tournon) 到中國來改正教徒的祖先崇拜。鐸羅先謁見清聖祖，聖祖向其說明中國祖先崇拜的旨趣，兩面遂發正面衝突；聖祖怒，把鐸羅流放到澳門，旋死於獄中。於是教皇在一七一八年發 Ex illa die 教書，對於遷就中國習慣的教士悉令破門。雙方衝突愈烈，清廷乃嚴禁天主教在內地傳教，於是勢力大衰。一八〇八年英人馬利遜（Robert Morison）來廣東傳教，耶穌教（新教）始傳入。天津條約後，清廷撤去禁令，允許保護教徒，傳教事業復興。太平天國顯係受耶穌教影響的。然而無論天主教耶穌教，對於中國人士，終有扞格不入的毛病，影響決不能和佛教相比擬的。

（5）文學　清的文學各體並備，然而不能謂有若何特色。詩的方面，出入唐宋，而勝於明代的專尚模擬。清初的詩文巨子，有錢謙益、吳偉業、龔鼎孳，稱江左三大家；後來有王士禎的神韻派詩，朱彝尊、厲鶚的浙派詩，袁枚的性靈派詩，末年則有黃遵憲，其作品頗帶文學革命的風味。詞在清代，上追兩宋，號稱中興，作家有朱彝尊、納蘭性德、張惠言、陳其年、項鴻祚等，尤以納蘭性德的作品，很有李後主的氣息。

清朝的文章家，自中葉以後，分桐城、陽湖兩派。桐城派有方苞、姚鼐等，陽湖派有惲敬、張惠言等，要皆工於模古，創造上的貢獻漸漸少了。清人之作駢文而成功的，有汪中、胡天游、洪亮吉等。

清朝寫戲曲者也十分努力，最初露頭角的是李漁。李漁的十種曲，都是喜劇，在幽默之中，寫人情的弱點和人生的行路難。然而清代傳奇中的傑作，只有兩部，一是洪昇的長生殿，一是孔尚任的桃花扇。長生殿寫唐玄宗楊貴妃的戀愛故事，以長恨歌及傳爲根據，描寫非常出色。桃花扇是歷史劇，以才子侯方域名妓李香君爲主角，用明末的情形作穿插，悲歌慷慨之中，深帶亡國之痛，然而也不缺少秀麗處，實在比長生殿更勝一籌呢。後來的名作家，則有作紅雪樓九種曲的蔣士銓。不過道咸以後，此道大衰，不久戲曲更成廣陵絕響了。

小說方面，筆記體有蒲松齡的聊齋志異，最爲盛行；其書談狐說鬼，文字也極工致。然而清朝首屈一指的章回小說，不能不推紅樓夢。紅樓夢爲曹雪芹所作，僅成八十回，後四十回爲高鶚續作。其書全用北平話寫成，以賈寶玉爲中心，配以金陵十二釵，述其纏綿情事，對於乾隆時代上流社會的狀態，觀察備極細膩，眞可以說是中國長篇小說中的傑作。此外吳敬梓的儒林外史，李汝珍的鏡花緣，文康的兒女英雄傳，魏子安的花月痕，也極著名的。

（6）藝術　音樂在清代，也受了考證學的影響，注重樂律的研究，古樂的考證，而忽視了音樂藝術的本質。總之，在中國古代禮樂並重，中葉以還，音樂一天衰落一天，所存者只有形式，因此被譏爲無音樂陶冶的民族。書畫兩藝術，在清代尚能堅守壁壘；尤其是繪畫，在西洋畫東來之前，還能彀作中流砥柱。清初以畫著者，有所謂四王、吳惲。四王則王時敏、王鑑、王翬、王原祁，吳指吳歷，惲指惲格。其中最著名的，是擅長花卉畫的風格。此外的畫家，值得一提的，有沈銓精繪花鳥動物，曾至日本賣畫，給予日本的畫風一極大的影響；又鄭燮能書善畫，最以蘭竹名。然而近代畫家，大概兼書家，因為中國畫與書法通，身兼兩藝的，不單鄭燮一個呢。清聖祖曾召耶穌會教士意大利人郎世寧（Joseph Castiglione）入內廷繪準噶爾貢馬圖和阿玉錫持茅蕩寇圖，高宗也曾召教士奧地利人艾啓蒙（Ignatius Sickerparth）入內廷，使遍繪動物。這兩人開始以西法作中國的寫生畫，遂使中國繪畫面目一新；然而僅為帝室供奉，所以影響並不廣大。

(四) 民生一斑

(1)農業和工業　清的農業，大概同於明代。重要的農產物，除米麥等穀物以外，尚有棉、茶、蠶絲等。茶與蠶絲，與外國貿易頗盛。又，中國雖然號稱以農立國，從晚清以來，已有糧食不足的現象，全靠國外輸入來補足，這是一個極可注意的事實。

工業則在晚清之前，仍不脫小規模的手工業，比較著名的，有北京的景泰藍、假珠玉，山東的絹綢，江浙的布匹、綢緞，安徽的紙墨、筆，江西的陶磁器，廣東的桌椅、漆器、象牙雕刻之類。到了十九世紀的結尾，才有近代工廠建立，大概在上海等通商口岸，而以紡織工業為最盛，重工業仍未興。近代的大工廠，中國也有自設的，漸為外國資本設立的工廠所壓倒，距中國工業化的前途，還極遙遠呢。

（2）商業和幣制　清代內地的商業，也和前朝無異；但從太平天國亂後，有厘金稅，病商殊深。國外貿易，海道則初集中於廣州，南京條約結果，開廣州、廈門、福州、寧波、上海五港通商，乃盛。旋廣州的商港地位受香港的影響，上海一躍而為中國第一商埠。陸路則東三省、蒙古、新疆與俄國接壤，也有通商，但不及海道什一。晚清以來，國外貿易大致可以說輸出原料，輸入機製品，完全是殖民地的現象；接着外國資本陸續輸入，中國簡直成為帝國主義者的附庸了。

銅錢則清歷代都有鑄造，戶部設寶泉局，工部設寶源局，各省也有設置造幣機關，以鑄銅錢。初年的銅錢，質料形式，都極考究，所以有「不愛銅、不惜工」之諺。又許以銀塊代貨幣之用，銀塊鑄成錠形，重自二三兩至五十兩不等，有元寶、馬蹄錠、中錠、小錠之名；但因成色差別，各地的衡制又不統一，使用時非常不便。和外國通商之後，外國的銀圓相繼流入，損失利權殊大。晚清時才由中央和地方政府陸續設廠自鑄銅元銀元。初時本擬把銀元作本位，從銅錢、銅元、銀角到銀元，都是十進的，然而實際上的兌換率，差異很大呢。清朝未嘗發行交鈔，僅有商人私家發行者，流通範圍極狹。和外國通商後，外國銀行的紙幣，流通在市場上。後政府收回紙幣發行權於中央，設立大清銀行，發行紙幣，然無若何成績而清亡。總之，在清代末年，幣制是非常紊亂的。

（3）交通　在鴉片戰爭之前，清代的交通，不脫前朝的形式：有驛，行於內地；有站，行於東三省和西藏；有軍台，行於蒙古、新疆。水路則內地各河川間，有民船往還，而以長江的帆運為最盛。對海外的交通，則以廣州為中心。鴉片戰爭後，國內外交通，均急遽的踏入新時期。如鐵路，在一八七六年，英商開辦淞滬鐵路，是中國有鐵路之始，後來我國政府惑以風水之說，贖而毀之。一八八一年，開平礦務局築唐山、胥各莊鐵路，中國開始以鐵路為交通機關。以後列強在中國角逐爭謀造路，以伸展自己的勢力。水路交通，汽船也開始出現，以上海為中樞，北達津沽，南通港、粵，並設長江航線；對南洋、歐、美，也有直達的汽輪。中國政府在一八七二年設招商局，是大規模的輪船公司。可惜水路交通大部份仍操在外人的手裏。此外若郵政，則創辦於一八七八年，初由海關附帶經營；外人則在中國通商口岸，競設客郵。若電報，在一八七九年試行於天津大沽間，漸普遍全國，海底電報通外國的，由丹麥人所經營。

（4）社會風尚　清代的社會風尚，有幾件瑣屑的事，不妨一述：一、滿清入關後，勒令全中國的人廢掉明代衣冠，薙頭辮髮，效滿洲之俗。二、婦女纏足的風氣，大概起源於中古，到清朝十分流行，使中國婦女成功半殘廢者。三、吸食鴉片的風氣在清中葉以後極盛，經過鴉片戰爭，政府仍不曾禁止，最流行時，甚至以鴉片應酬敬客，不但利權外溢，甚至戕賊民族的康健。這三件事，都是貽笑於外人的，到晚清時，煙禁大嚴，流毒一清；而纏足、辮髮之風，在辛亥革命後，也跟着清朝俱亡了。

結語

敍述中國文化史，到清亡爲止，——其實應該到鴉片戰爭時爲止。爲了朝代的關係，才寫到淸末；不過很可以看得出，鴉片戰爭以後到辛亥革命的事蹟，在本書中，不過是一個聊作結束的附錄，否則敍述決不能毅這樣簡單呢。

筆者爲什麼把中國文化史，敍述到鴉片戰爭時爲止呢？理由是很簡單的。鴉片戰爭以後，帝國主義者的巨艦重砲東來，其資本隨武力而侵入中國，歐風美雨，橫掃着我們古老的社會，於是中國急遽地踏上一條新路。民國八年的五四運動，不是說是新文化運動嗎？然而這個搖撼封建勢力的新文化運動，不是自發的，而是受外國影響的結果；這個影響，從鴉片戰爭以後，一步步的在中國蓄積起來，從而在民國初年爆發了。所以鴉片戰爭後的中國文化史，是中國的新文化史，無論從那一方面來看，都是面目一新了。我們今日的生活，可以說是在近百年中造成的。

希望有機會的時候，寫一本現代中國文化史，敍述近百年中的事跡，以作本書的姊妹篇。

三十，三，十。述畢

中華民國三十年八月初版

中國文化史講話

實價國幣一元五角
外加運費匯費

編著者 李建文
發行人 陸高誼
出版者 世界書局
發行所 上海及各埠 世界書局

靳仲魚著

中國文化史要

上海三通書局印行

靳仲魚著

中國文化史要

三通書局印行

中國文化史要目次

蘄仲魚著

中國文化史要

靳仲魚著

第一章　黃帝至唐虞

中國文化之開展，當自黃帝始，黃帝之前，渺茫難考，雖有雜書，要不足徵爲信史，此司馬遷史記之所以自黃帝始也。春秋內事云：「軒轅氏以土德王天下，始有堂室，高棟深宇，以避風雨。」管子云：「黃帝得蚩尤而明乎天道，得太常而察乎地利，得蒼龍而辨乎東方，得祝融而辨乎南方，得大封而辨乎西方，得后土而辨乎北方。黃帝得六相，天下治。」通典云：「昔黃帝始經土設井，以塞爭端，立步制畝，以防不足，使八家爲井，井開四道而分八宅，鑿井於中，一則不洩地氣，二則無費一家，三則同風俗，四則齊巧拙，五則通貨財，六則存亡更守，七則出入相同，八則嫁娶相媒，九則有無相貨，十則疾病相救，是以情性可得而親，生產可得而均，均則欺陵之路塞，親則門訟之心弭，」綱鑑彙纂云：「黃帝既爲天子，於是始立制度，天下有不順者，從而征之，披山通道，未嘗寧居；其土地東至於海，西至崆峒，南至於江，北逐重鬻，合符於釜山，邑於涿鹿之阿，遷徙無常處，以師兵爲營衞。以雲紀官，有土德之瑞。帝受河圖，見日月晨之象，於是始有星官之書。命大撓探五行之情，占斗綱所建，於是始作甲子。命容成作蓋天，以象周天之形，綜六術以定氣運，命榮猨鑄十二鍾，協月筩，以和五官，立天時，正人位焉。命大容作咸池之樂，命車區占星氣，容成兼而總之。帝作冕，垂旒充纊，爲玄衣黃裳，以象天地之正色，旁觀翬翟草木之華，乃染五色爲文章，以表貴賤，於是衮冕衣裳之制興。命寧封爲陶正，赤將爲木正，以利器用。命共鼓化弧刳木爲舟，剡木爲楫，以濟不通。邑夷法斗之周旋，魁方杓直，以攜龍角，作大輅以行四方。由是車制備，服牛乘馬，引重致遠，而天下利矣。帝作宮室之制，遂作合宮，祀上帝，接萬靈，布政教焉。範金爲貨，制金刀，立五幣，設九棘之利，爲輕重之法，以制國用而貨幣行矣。帝以人之生也，負陰而抱陽，食味而被色，寒暑盪之於外，喜怒攻之於內，夭昏凶札，君民代有，乃上窮下際。察五氣，立五運，洞性命，紀陰陽，咨於岐伯而作內經，復命俞跗岐伯雷公察明堂，究息脈，巫彭桐君處方餌，而人得以盡年。命元妃西陵氏，教民蠶。於是畫野分州，得百里之國萬區，命匠營國邑，置左右太監，監於萬國，萬國以和。遂經土設井，以塞爭端，立步制畝，以防不足。使八家爲井，井開四道，而分八宅，井一爲鄰，鄰三爲朋，朋三爲里，里五爲邑，邑十爲都，都十爲師，師十爲州，分之於井，而計於州，則地著而數詳。」且黃帝史官蒼頡，見鳥獸蹄迒之跡，作象形文字，而六書之名由是起。並命蒼頡爲左史，沮誦爲右史，以紀事紀言，此中國數千年之史所由傳也。黃帝既歿，歷數百年，而唐堯虞舜皆以聖人之德，相繼稱帝，中國之文化，乃更進於開展。孔子刪詩書，斷自唐虞，孟子言必稱堯舜，蓋以二帝時政治修明，福樂美備，民生樂利，天下太平之故也。是以黃帝以後言治世者，咸推唐虞爲中天之盛焉。唐虞二代之事，漸有可稽，非若前此之荒渺矣。其事跡確鑿可考者，約有數端：一，政術，堯之治天下也，克明俊德，以親九族，九族親睦，平章百姓，百姓昭明，協和萬邦，黎明於變時雍，由貴近以及疏遠，此家族政治之大綱。二，治曆，堯以前無曆法，黃帝時雖作甲子，然僅足以記日，而不足以正曆，至是堯命羲和治曆象，敬授人時，羲仲宅嵎夷，羲叔宅南交，和仲宅昧谷，和叔宅朔方，凡此皆所以觀察天空日月星辰之變動，使知四時寒暑之推移也。測算既定，期三百有六旬有六日，以閏月定四時成歲，此後舜更以璿璣玉衡齊七政。三，建學校，董仲舒謂五帝之大學曰成均，其制極簡，有虞氏襲之，立上庠於國，立下庠於鄉，以契爲司徒，主教化，又命夔典樂，教冑子。四，定禮制，舜舉羣祀，凡上帝六宗山川羣神，皆有祭；又定朝覲及巡狩之禮，又養國老於上庠，養庶老於下庠。五，修刑法，除以墨劓剕宮大辟爲五刑外，又有象刑官刑教刑贖刑等規定。六，定官制，唐虞稽古，建官惟百，內設百揆，后稷司徒司空士共工虞秩宗典樂納言，九官分職而治。外建十二州，州立牧一人以總其權，上置四岳以爲諸侯之長，諸侯之爵位，以五等分，諸侯之親疏，以五服分，方岳之下，遠近諸侯各率其屬而來朝。資治通鑑外紀云：「帝堯，帝嚳之子，年十五，長十尺，佐兄摯受封唐侯，姓伊祁，號陶唐氏，都平陽。尙白，薦玉以白繒。茅茨不翦，樸桷不斲，素題不枅，大路不畫，越席不緣，大羹不和，粢食不毀，藜藿之羹，飲於土簋，飯於土鉶，金銀珠玉不飾，錦繡不展，奇怪異物不視，玩好之器不寶，淫役之樂不聽，宮垣室屋不堊色，布衣揜形，鹿裘御寒，衣履不敝盡不更爲也。不以私曲之故，害耕稼之時；吏忠正奉法者尊其位，廉貞平絜愛民者厚其祿；民有孝慈力耕桑者，遣使表其閭，正法度，禁詐僞，存養孤寡，賑亡禍之家，自奉甚薄，賦役甚寡，巡狩行教，周流五嶽，西教沃民，東至黑齒，存心於天下，加志於窮民；一民飢，則曰我飢之也；一人寒，則曰我寒之也；一民有罪，曰我陷之也；百姓戴之如日月，親之如父母，仁昭而義立，德博而化廣，故不賞而民勸，不罰而民治，先恕而後教，單均刑法以儀民。」淮南子云：「堯之治天下也，舜爲司徒，契爲司馬，禹爲司空，后稷爲大田師，奚仲爲工；其導萬民也，水處者漁，山處者木，谷處者牧，陸處者農，地宜其事，事宜其械，械宜其用，用宜其人，澤皐織罔，陵阪耕田，得以所有易所無，以所工易所拙。」舜爲黃帝之八世孫，史記云：「虞舜名重華，冀州人也。舜舉八凱，使主后土以揆百事，舉八元，使布教於四方；皐陶爲大理，民服其實；伯夷主禮，上下咸讓，垂主工師，百工致功，益主虞，山澤開闢，棄主農，則百穀時茂，契主司徒，百姓和親，龍主賓客，遠人至，與九韶之樂，鳳凰來翔。」綱鑑彙纂云：「帝廣開視聽，求賢人以自輔。立誹謗之木，恭已無爲，彈五弦之琴，舜以樂教天下，重黎與夔，舜以爲樂正，命延益八絃，爲三十五絃之瑟，夔修九招六列六英，以明帝德，於是正六律，和五聲，以通八風，而天下大服。」

第二章　夏

一、田制

中國自神農以後，卽以農立國，惟上古之時，農術未善，則地力易竭，故有塲耕制度，游牧與耕稼並行。至新田力竭，復闢舊田，而休田之制易爲趣田，卽爰土易居之義也。夏代之田，係用井田之制，然亦代有變更，孟子云：「夏后氏五十而貢，殷人七十而助，周人百畝以徹，其實皆什一也；徹者，徹也；助者，藉也，龍子曰：治地莫善於助，莫不善於貢；貢者較數歲之中以爲常，樂歲粒米狼戾，多取之而不爲虐，則寡取之。凶年糞其田而不足，則必取盈焉。」朱子註云：「夏時一夫授田五十畝，而每夫計其五畝之入以爲貢；商人始爲井田之制，以六百三十畝之地，劃爲九區；區七十畝，中爲公田，其外八家，各授一區。」韓詩外傳云：「古者八家而井田，方里而爲井，共田九百畝；八家爲鄰，家得百畝，公田十畝，餘二十畝共爲廬舍，各得二畝半。」漢書云：「理民之道，地著爲本。故必建步立畝，正其徑界。六尺爲步，步百爲畝，畝百爲夫，夫三爲屋，屋三爲井，井方一里，是爲九夫。八家共之，各受私田百畝，公田十畝，是爲八家八十畝，餘二十畝，以爲廬舍。」日知錄云：「古來田賦之制始於禹，水土既平，咸則三壤，後之王者，不過因其成蹟而已。」

二、幣制

泉幣之興，有謂始於黃帝，有謂始於伏羲，易云：「神農日中爲市，致天下之民，聚天下之貨。」通志云：「自太昊以來有錢，太昊氏高陽氏謂之金，有熊氏高辛氏謂之貨，陶唐氏謂之泉。」說文云：「貨財也，從貝，化聲。」廣韻云：「貨者，化也，變化反易之物。」漢書食貨志云：「貨謂布帛可衣，及金刀龜貝。」策學備纂云：「古者以玉爲服飾，以龜爲寶，以金銀爲幣，錢只處其一，朝廷大用度，大賜予，皆予黃金。」通考云：「虞夏商之幣，金爲三品，或黃或白或赤。或錢或布或刀或龜貝。」管子云：「禹以歷山之金鑄幣。」

三、官制

唐虞以上，世有五官之建，卽春官夏官秋官冬官中官。唐虞之世，所設各官，有百揆，總理庶政；四岳，統治諸侯；司空，典治水土；后稷，典司農事；司徒，典司教化；士，典司兵刑；共工，典司百工；虞，典司山澤；秩宗，典司祭祀；典樂，典司樂教；納言，出納帝命；州牧分治諸侯，官制漸及完備。夏則猶承虞制，爵分三等；公侯爲一等，伯爲一等，子男爲一等。

四、兵制

古代兵制，始於軒轅，其時以師兵分內外爲營衞；立外衞二十八以包中衞，立中衞二十以包外營，立外營十二以包內營，立內營四以應外衞，攻守居行，一循是法。夏之兵制，不可得詳，惟兵出於農，計田賦以出兵車。尙書甘誓云：「大戰於甘，乃召六卿。」孔安國釋六卿爲六軍之將，是夏設六軍以爲兵制，當無疑義。」

五、法制

五刑之目，始自唐虞，或謂唐虞以上無肉刑，而僅有象刑。象刑乃畫其象以治罪，固無傷於本人也。白虎通云：「畫象者，其衣服象五刑也，犯墨者蒙巾，犯劓者以赭著其衣，犯臏者以衣蒙其臏，象而畫之，犯宮者腓，犯大辟者布衣無領。」畫象治罪，刑屬至輕，書云：「象以典刑。」卽法用常刑之謂。尚書呂刑云：「苗民弗用靈，制以刑，惟作五虐之刑曰法，殺戮無辜，爰始淫爲劓刵椓黥。」是肉刑創於苗民，夏承虞制，沿用五刑，五刑卽墨劓剕宮大辟是也。大禹謨云：「帝曰：臯陶，惟茲臣庶，罔或干予正，汝作士，明於五刑，以弼五教，期於予治，刑期于無刑，民協于中，時乃功，懋哉！」至於法律，則有禹刑，左傳云：「夏有亂政而作禹刑。」竹書紀元云：「帝芬作圜土。」爲夏有監獄之徵。甘誓云：用命賞於祖，不用命戮於社，予則孥戮汝。」爲夏有孥戮之徵。書序云：「呂命穆王訓夏贖刑，作呂刑。」爲夏有贖刑之徵。尚書大傳云：「夏刑三千。」隋志云：「夏后氏正刑有五，科條三千。」周禮司刑注云：「夏刑大辟二百，臏辟三百，宮辟五百，劓墨各千。」

六、教育

唐虞之世，教育漸興，舜使契爲司徒，教民以人倫，命伯夷典禮，夔典樂，設上庠下庠及米廩之庠，是爲堯舜時代所設之教育制度。夏代學校之名，不曰庠而曰序，大學曰東序，小學曰西序，惟鄉學曰校。江陵項氏云：「學制之可見於書者，自五帝始，其名曰成均。說者曰：以成性也。然則有民斯可教，有教斯可學，自開闢則旣然矣。有虞氏始即學以藏粢，而命之曰庠，又曰米廩，則自孝養之心發之也；夏后氏以射造士，如行葦矍相之所言，而命之曰序，則以檢其行也；商人以樂造士，如夔與大司樂所言，而命之曰學，又曰瞽宗，則以成其德也。學之言則校，校之義則教也。蓋致於商人，先王之所以教者備矣。周人修而兼用之，內則近郊並建四學，虞庠在其北，夏序在其東，商校在西，當代之學，居中南面，而三學環之，命之曰膠，又曰辟雍。」

七、學術

黃帝之世，命大撓探五行之情，占斗綱所建，於是始作甲子，命容成作蓋天，以象周天之形，綜六術以定氣運。堯命羲和曆象日月星辰，敬授民時歲三百有六旬六日，以閏月定四時成歲。禹之五疇，五紀居其一。五紀之別，一曰歲，所以紀四時；二曰月，所以紀一月；三曰日，所以紀一日；四曰星辰，所以分敍氣節紀日月之會；五曰曆數，所以爲氣節之度而授時。黃帝命隸首創作算數，由是而有度，以度物之長短，所謂十分爲寸，十寸爲尺，十尺爲丈，十丈爲引是也。由是而有量，以量物之多少，所謂十龠爲合，十合爲升，十升爲斗，十斗爲斛是也。由是而有權，以權物之輕重，所謂二十四銖爲兩，十六兩爲斤，三十斤爲鈞，四鈞爲石是也。夏禹治水。隨山刊木，必以勾股之算法，測量山川，而定其高下，路史云：「禹審銓衡，平斗斛，立典則以貽子孫。」

八、文學

倉頡之初作書，蓋依類象形，故謂之文，其後形聲相益，卽謂之字，文者物象之本，字者言孳乳而寖多也。著於竹帛謂之書，書者如也，以迄五帝三皇之世，改易殊體，封於泰山者七十有二代，靡有同焉。由此觀之，古文不盡由倉頡作也。古代文學，有葛天氏樂謌，伏羲有網罟之歌，神農有豐年之詠，堯有擊壤之謌，舜有卿雲之謌。夏之文字可考見者，有夏禹岣嶁碑，然世多疑僞也。

第三章　商

一、田制

孟子云：「殷人七十而助。」注云：「民耕七十畝田，其助公家，則七畝而已。」一助法，卽將田地劃爲九井，周圍八井，分與八戶之民，中央一井，使八戶共耕，將其所收，作爲租稅。陳登原云：「行助法時，民有私田百畝，而公田百畝之中，八家分耕八十畝，是人耕百十畝，而出賦僅十畝，是謂什一取一。」朱子集註云：「商人始爲井田之制，以六百三十畝之地，畫爲九區，區七十畝，中爲公田，其外八家，各授一區，但借其力以助耕公田，而不復稅其私田。」尙有圭田，然無賦稅，周官云：「圭田自卿至士，皆五十畝，此專主祭祀，故無征。」孟子云：「卿以下，必有圭田，治圭田者不稅，所以厚賢也。」

二、幣制

賈逵云：「夏商錢幣，分爲三等：黃金上幣，白金次之，赤金爲下。」竹書紀元云：「成湯二十一年鑄金幣。」管子云：「湯以莊山之金鑄幣。」通志云：「商代幣錢，亦謂之布。」詩衛風云：「抱布貿絲。」疏云：「此布幣謂絲麻布帛之布，幣者布帛之名。」

三、官制

商制，天子建天官，先六太，曰太宰，太宗，太史，太祝，太士，太卜，爲典司六典之官。次立五官，曰司徒，司馬，司空，司士，司寇，爲典司五衆之官。次立六府，曰司土，司木，司水，司草，司器，司貨，爲典司六職之官。次立六工，曰土工，金工，石工，木工，獸工，草工，爲典制六材之官。商代封爵，分公侯伯三等，子男爲畿內諸侯及蠻夷之稱，小國則稱附庸。

四、兵制

商代六軍之制，沿用夏法，而兵事之政，則專於司馬，寓兵於農，因田制賦。漢書云：「殷周以兵定天下矣，天下既定，戢藏干戈，教以文德，而猶立司馬之官，設六軍之衆，因井田而制軍賦。有稅有賦，稅以足食，賦以足兵，故四井爲邑，四邑爲丘，丘十六井也，有戎馬一匹，牛三頭。四丘爲甸，甸六十四井也，有戎馬四匹，兵車一乘，牛十二頭，甲士三人，卒七十二人，干戈備具，是謂乘馬之法。一同百里，提封萬井，除山川沈斥城池邑居園囿，術路三千六百井，定出賦六千四百井，戎馬四百匹，兵車百乘，此卿大夫采地之大者也，是謂百乘之家。一封三百一十六里，提封十萬井，定出賦六萬四千井，戎馬四千匹，兵車千乘，此諸侯之大者也，是謂千乘之國。天子畿方千里，提封百萬井，定六賦六十四萬井，戎馬四萬匹，兵車萬乘，故稱萬乘之主。戎馬車徒，干戈素具，春振振以搜，夏拔舍以苗，秋治兵以獮，冬大閱以狩，皆於農隙以講事焉。五國爲屬，屬有長，十國爲連，連有帥，三十國爲卒，卒有正，二百一十國爲州，州有牧，卒正三年簡徒，羣牧五載，大簡車徒，此先王爲國立武，足兵之大略也。」

五、法制

商代五刑，仍沿古制，春秋傳云：「商有亂政而有湯刑。」此或以湯之官刑當之，故墨子謂殷湯亦作官刑。韓非子云：「殷之法，刑棄灰於街者。」呂氏春秋引商書云：「刑三百，罪莫重於不孝。」高誘註云：「商湯所制法也。」竹書紀元云：「祖甲二十四年，重作湯刑。」曰重作，似原有湯刑，祖甲重修訂之也。王制云：「刑人於市，與衆棄之。」陳註云：「殷法貴賤皆刑於市，此卽秦漢棄市之所本。」漢書云：「殷人執五刑以督姦，傷肌膚以懲惡。」白虎通以殷之牖里，夏之夏臺，周之囹圄，同爲圜土，是商已有牢獄之徵。此外盤庚有割劓之刑，泰誓有斮脛之刑，史記殷本紀有炮烙剖心醢脯之刑。

六、教育

殷有左右二學，禮記王制云：「有虞氏養國老於上庠，養庶老於下庠；夏后氏養國老於東序，養庶老於西序；殷人養國老於右學，養庶老於左學。」又云：「五十養於鄉，六十養於國，七十養於學。」鄭玄注云：「此殷制明矣。」孟子云：「殷曰序。鄉學曰序，立於州遂。」王制云：「命鄉論秀士，升之司徒，曰選士；司徒選士之秀者而升之學，曰俊士；升於司徒者不征於鄉，升於學者不征於司徒，曰造士。樂正崇四術，立四教，順先王詩書禮樂以造士；春秋教以禮樂，冬夏教以詩書。王太子，王子，羣后之太子，卿大夫元士之適子，國之俊選皆造焉。凡入學以齒，將出學，小胥大胥小樂正簡不帥教者，以告於大樂正，大樂正告於王，王命三公九卿大夫元士皆入學，不變，王親視學，不變，王三日不舉，屏之遠方，西方曰棘，東方曰寄，終身不齒。大樂正論造士之秀者以告於王而升諸司馬，曰進士；司馬辨論官材，論進士之賢者以告於王而定其論，論定然後官之，任官然後爵之，位定然後祿之。」

七、學術

商代紀時以干支，積十日爲一旬，積三旬爲一月，積十二月爲一年，一年又分春夏秋冬四季，正二三爲春，四五六爲夏，七八九爲秋，十十一十二爲冬。月有大小，大月三十日，小月二十九日。一年爲十二月，遇閏則置十三月，中國太陰之曆，是起原於商。夏商周三代月正之建，各自不同，其法以斗柄所指爲主，斗柄一歲而周天，畫其周天之度爲十二辰，以應十二月。子爲正北，午爲正南，卯爲正東，酉爲正西，其餘以次在旋。天開於子，地闢於丑，人生於寅，斗柄建此三辰之月，皆可以爲歲首。夏以寅爲人正，故建寅爲正月；商以丑爲地正，故建丑爲正月；周以子爲天正，故建子爲正月。

第四章　周

一、田制

周代田制，授田百畝，孟子云：「方里而井，井九百畝，其中爲公田八家皆私百畝，同養公田。」春秋井田記云：「人年三十，受田百畝，以食五口，五口爲一戶，父母妻子也。」孟子云：「百畝之宅，樹之以桑，五十者可以衣帛矣。百畝之田，勿奪其時，數口之家，可以無饑矣。」公羊解詁云：「一夫一婦，受田百畝，以養父母妻子，五口爲一家，公田十畝，卽可謂什一而稅也。廬舍二畝半，爲田一頃二畝半。八家而九頃，共爲一井，故曰井田，廬舍在內，貴人也；公田次之，重公也；私田在外，賤私也。」周代治地之法，可分爲三：一，井田，孟子云：「詩云：『雨我公田，遂及我私，』惟助爲有公田，由此觀之，雖周亦助也。夫仁政必自經界始，經界不正，井地不均，爵祿不平；是故暴君汙吏，必慢其經界；經界既正，分田制祿，可坐而定也。請野，九一而助，國中什一使自賦；卿以下必有圭田，圭田五十畝，餘夫二十五畝。死徙無出鄉，鄉田同井；出入相友，守望相助，疾病相扶持，則百姓親睦。方里而井，井九百畝，其中爲公田，八家皆私百畝，同養公田，公事畢，然後敢治私事，所以別野人也。」二，畫井無公田，且稅夫。周禮考工記云：「匠人爲溝洫，九夫爲井。井間廣四尺，深四尺，謂之溝，方十里爲成，成間廣四尺，深四尺，謂之洫，方百里爲同，同間廣二尋，深二仞，謂之澮。」一井之地，本爲九區，今居九夫，則雖畫井，已無公田。三，不畫井而但制溝洫者。周禮云：「凡治野，夫間有遂，遂上有徑，十夫爲溝，溝上有畛，百夫有洫，洫上有涂，千夫有澮，澮上有道；萬夫有川，川上有路，以達於畿。」一井田以一方里之地，畫爲九區，此則從十而進。周之稅制，孟子云：「周人百畝而徹。」趙岐注云：「徹者民耕百畝，徹取十畝爲賦。」

二、幣制

周初太公立九府圜法，黃金方寸，而重一斤，錢圜函方，輕重以銖。金以斤爲重，錢以銖爲重。蓋自周以前，錢爲泉形，降而爲刀器，由周而來，錢爲圜法。以珠玉爲上幣，黃金爲中幣，刀布爲下幣。周禮地官云：「凡宅不毛者有里布。」鄭衆注云：「布參印書廣二寸，長二尺，以爲幣，貿易物。」周景王患錢輕，更鑄大錢，徑一寸二分，重十二銖，文曰大錢五十，此周代錢幣之可考者：楚莊王以爲幣重更以小爲大，百姓不便，皆去其業，此楚國錢幣之可考者。太公幣有杏字，杏爲齊地，此齊國錢幣之可考者；趙國錢幣，依晉舊制，此晉趙錢幣之可考者。梁啓超云：「錢卽銚，銚卽鍬，古者以農具之錢，爲交易之媒介之要具，後此錢幣仍像其形，而襲名曰錢，觀古代之錢，其形與今之鍬相類，則其命名之所由，可以見矣；錢爲本字，周代或稱爲泉者，乃同音假借字，後儒妄以如泉之流釋之，實嚮壁虛造也。」此外質劑之制，亦起於周，周人凡買賣者質劑，質劑劵書，大市以質，小市以劑，蓋已由實物而生信用。故有圜法之實物代價，乃有質劑之信用代價也。

三、官制

周初官制，太師太傅太保爲三公，少師少傅少保爲三孤；其他又有天官冢宰以掌邦治，地官司徒以掌邦教，春官宗伯以掌邦禮，夏官司馬以掌邦政，秋官司寇以掌邦禁，冬官司空以掌邦土，謂之六卿；孤卿與六卿並，則爲九卿。其下有中大夫下大夫上士中士下士，士之下有府史胥徒士賈之職。周禮云：「太宰之職，掌建邦之六典，以佐王治邦國：一曰治典，以經邦國，以治官府，以紀萬民；二曰教典，以安邦國，以教官府，以擾萬民；三曰禮典，以和邦國，以統百官，以諧萬民；四曰政典，以平邦國，以正百官，以均萬民；五曰刑典，以詰邦國，以刑百官，以糾萬民；六曰事典，以任百官，以生萬民。以八法治官府：一曰官屬，以舉邦治；二曰官職，以辨邦治；三曰官聯，以會官治；四曰官常，以聽官治；五曰官成，以經邦治；六曰官法，以正邦治；七曰官刑，以糾邦治；八曰官計，以弊邦治。」至其地方官制，按周禮王城之外爲鄉，鄉之外爲外城，外城謂之郭，郭外爲近郊，近郊之外爲遂，遂之外爲遠郊，遠郊謂之野，野之外爲甸，甸之外爲稍，稍之外爲縣，縣爲小都，小都之外爲鄙，鄙爲大都；甸稍縣都之地，悉爲采邑。鄉以五家爲比，五比爲閭，四閭爲族，五族爲黨，五黨爲州，五州爲鄉；遂則五家爲鄰，五鄰爲里，四里爲酇，五酇爲鄙，五鄙爲縣，五縣爲遂。管子立政篇云：「分國以爲五鄉，鄉爲之師；分鄉以爲五州，州爲之長；分州以爲十里，里爲之尉；分里以爲十游，游爲之宗；十家爲什，五家爲伍，什伍皆有長焉。」小匡篇云：「五家爲軌，軌有長；十軌爲里，里有司；四里爲連，連有長；十連爲鄉，鄉有良人；五鄉一師。」雖稍有異同，然與周皆相近焉。

四、兵制

夏官序云：「凡軍制，萬有二千五百人爲軍；王六軍，大國三軍，次國二軍，小國一軍，軍將皆命卿。二千五百人爲師，師帥皆中大夫；五百人爲旅，旅帥皆下大夫；百人爲卒，卒長皆上士；二十五人爲兩，兩司馬皆中士；五人爲伍，伍皆有長。」伍兩起於比閭，是寓兵於農。周制萬二千五百人爲軍，至五霸時此制遂見破壞。齊桓公作內政以寄軍令，其法以五家爲軌，五人爲伍；十軌爲里，五十人爲小戎；四里爲連，二百人爲卒；十連爲鄉，二千人爲旅；五鄉一師，萬人爲一軍，國有三軍，戰術在春秋時，尙用車戰，一車甲士三人，一人主御，一人主射，一人持矛，凡持矛者居右，謂之車右，又有步卒七十二人。春秋之前，行徵兵制；戰國以後，行招募制。

五、法制

周自文王時卽有法，左傳云：「周文王之法曰：有亡荒閱，所以得天下也；吾先君文王作僕區之法，曰：盜所隱器，與盜同罪。」逸周書云：「王命大正，正刑書，太史筴刑書九篇。」竹書紀年云：「穆王五十一年作呂刑。」史記云：「諸侯有不睦者，甫侯言於王，作修刑辟，命曰甫刑。」周禮大司徒云：「以八刑糾萬民：一曰不孝之刑，二曰不睦之刑，三曰不婣之刑，四曰不弟之刑，五曰不任之刑，六曰不恤之刑，七曰造言之刑，八曰亂民之刑。」一大司寇云：「大司寇之職，掌建邦之三典，以佐王刑邦國，詰四方。一曰刑新國，用輕典；二曰刑平國，用中典；三曰刑亂國，用重典。以五刑糾萬民：一曰野刑，上功糾力；二曰軍刑，上命糾守；三曰鄉刑，上德糾孝；四曰官刑，上能糾職；五曰國刑，上愿糾暴。以圜土聚教罷民，凡害人者，置之圜土而施職事焉，以明刑恥之。其能改者，反於中國，不齒三年；其不能改而出圜土者殺。以兩造禁民訟，入束矢於朝，然後聽之。以兩劑禁民獄，入鈞金，三日乃致於朝，然後聽之。以嘉石平罷民，凡萬民之有罪過而未麗於法，而害於州里者，桎梏而坐諸嘉石，役諸局空：重罪旬有三日坐，期役；其次九日坐，九月役；其次七日坐，七月役；其次五日坐，五月役其下罪三日坐，三月役，使州里任之，則宥而舍之。」小司寇云：「小司寇之職，掌外朝之政，以致萬民而詢焉，一曰詢國危，二曰詢國遷，三曰詢立君，以五刑聽萬民之獄訟，附於刑，用情訊之，至於旬，乃弊之，讀書則用法。以八辟麗邦法，附刑罰，一曰議親之辟，二曰議故之辟，三曰議賢之辟，四曰議能之辟，五曰議功之辟，六曰議貴之辟，七曰議勤之辟，八曰議賓之辟。」有三刺之制：「以三刺斷庶民獄訟之中，一曰訊羣臣，二曰訊羣吏，三曰訊萬民，聽民之所刺宥，以施上服下服之刑。」有司刑之制：「司刑掌五刑之法，以麗萬民之罪，墨罪五百，劓刑五百，宮罪五百，刖罪五百，殺罪五百。」此五刑之法，係始於周。春秋戰國之世，諸侯各自有法。左傳云：「昭六年，鄭人鑄刑書。」「定九年，駟顓殺鄧析而用其竹刑。」此鄭之法也。左傳云：「襄九年，宋使樂遄庀刑器。」此宋之法也。左傳云：「文六年，宣子於是始爲國政，制事典，正法罪，辟獄刑，董逋逃。由質要，治舊汚，本秩禮，續常職，出滯淹，既成，以授陽子與賈佗，行使諸晉國，以爲常法。」此晉之法也。左傳云：「昭七年，楚芋君無宇曰：吾先王作僕區之法曰：盜所隱器，與盜同罪，所以封汝也。」此楚之法也。管子云：「昔吾先王，世法文武，設象以爲民紀。」此齊之法也。說苑云：「衞國之法，竊駕君車罪刖。」此衞之法也。韓有刑符，中不害所作；魏有法經，李悝所作；楚有憲令；秦有變法之令；要以法經爲詳。唐六典注云：「魏文侯師李悝，集諸國刑書，造法經六篇：一盜法，二賊法，三囚法，四捕法，五雜法，六具法，王元亮云：「盜法今賊盜律，賊法今詐僞律，囚法今斷獄律，捕法今捕亡律，雜法今雜律，具法今名例律是也。」

六、教育

周之教育，有國學鄉學大學小學之別。周禮春官云：「大司樂掌成均之法，以治建國之學政，而合國之子弟焉。大胥掌學士之版，以待致諸子。小胥掌學士之徵令而比之。諸子掌國子之倅，掌其戒令，與其教治。」周之學成均居其中，其左東序，其右瞽宗，皆大學也。小學有三：一在虎門之右，大戴保傅篇云：「王子年八歲，出就外舍。」盧注云：「小學謂虎門師保之學；」二在公宮之南，王制云：「小學在公宮之南；」三在西郊，王制云：「虞庠在國之西郊。」文獻通考云：「四代之學，虞則上庠下庠，夏則東序西序，商則右學左學，周則東膠虞庠，而周則又有辟雍成均瞽宗之名，則上庠東序右學東膠大學也，故國老於之養焉；下庠西序左學虞庠小學也，故庶老於之養焉；記曰：天子設四學，蓋周之制也。周之辟雍，卽成均也；東膠，卽東序也，瞽宗，卽右學也。蓋以其明之以法，和之以道則曰辟雍；以其成其虧，均其過不及，則曰成均；以習射事，則曰席；以糾德行，則曰膠；以樂祖在焉，則曰瞽宗；以居右焉，則曰右學。蓋周之學，成均居中，其左東序，其右瞽宗，此太學也。虞庠在國之西郊，小學也。凡侯國皆立當代之學而損其制曰泮宮；凡鄉皆立虞庠，凡州皆立夏序，凡黨皆立商校；於是四代之學，達於天下。」周代鄉學，則分爲三，學記云：「家有塾，黨有庠，州有序。」周代選舉取士之制，據通典云：「周官大司徒職，以鄉三物，教萬民而賓興之；詩書禮樂，謂之曰術；四術既修，凡士之有善，鄉先論士之秀者，升諸司徒曰選士；司徒論選士之秀者，而升諸學曰俊士；既升而不征者曰造士；大樂正論造士之秀者，升諸司馬曰進士；司馬論進士之賢者，及鄉老羣吏獻賢能之書於王，王再拜受之，登于天府，藏於祖廟，內史書其貳而行焉；任其職也，則鄉大大鄉老舉賢能而賓其禮，司徒教三物而興諸興，司馬辯官材以定其論，太宰詔廢置而持其柄，內史贊與奪而貳於中，司士掌其版而知其數。論定然後官之，任官然後爵之，位定然後官之；擇才取士，如是之詳也。」

七、學術

天文學至周極見進步，推測星宿運行之術，既經開始，將周天之星，分爲二十八宿，四方各有七星：卽東方蒼龍，有角亢氐房心尾箕；北方玄武，有斗牛女虛危室壁；西方白虎，有奎婁胃昴畢觜參；南方朱雀，有井鬼柳星張翼軫是也。周代測天之器，設世官以掌之，周禮夏官云：「挈壺氏懸壺以水火守之，分以日夜。」一壺盛水以爲漏，晝夜共百刻；冬至晝漏四十刻，夜漏六十刻，夏至反之；春秋二分，晝夜各五十刻，日未出前二刻半而明，既沒後二刻半乃昏，於是減夜五刻以益晝。土圭爲測日之影之器，周禮云：「

土圭以致四時日月。」春官云：「冬夏致日，春秋致月，以辨四時之敘。」地官云：「以土圭之法，測土深，正日影，以求地中，日南則影短多暑，日北則影長多寒，日東則影夕多風，日西則景朝多陰，日至之影尺有五寸，謂之地中。」鄭衆注云：「土圭之長尺有五寸，以夏至之日，立八尺之表，其景適與土圭等，謂之地中。」曆法，周以建子之月爲正月，以十二支分方位，正北爲子，正南爲午，正東爲卯，正西爲酉。據北斗星光芒之所指，而別爲建寅建丑建子。故周之正月，爲夏之十一月；而殷之正月，爲夏之十二月；夏之正月，則今陰曆之正月也。

八、文學

中國文學，至周盛興，孔子云：「郁郁乎文哉！吾從周。」其最偉大之寶典，厥爲詩經。詩經本有三千餘首，經孔子删定爲三百零五篇，分爲風雅頌三種，風始周召。二南，至邶鄘諸風，稱爲十五國風；雅有小雅大雅，頌有周頌魯頌商頌。詩序云：「風，風也，歌也：上以風化下，下以風刺上。

至於王道衰，禮義廢，政教失，國異政，家殊俗，而變風變雅作矣。雅者，正也，言王政之所由興廢也；政有大小，故有小雅焉，大雅焉。頌者，美聖德之形容，以其成功告於神明者也。」中國之文學，乃以詩經爲基礎，而後世之詩體，亦皆淵源於詩經也。其在修辭方面，亦異常美麗，王漁洋詩話云：「余因思詩三百篇，真如化工之肖物！如燕燕之傷別；籊籊竹竿之思歸；蒹葭蒼蒼之懷人；小戎之典制；碩人次章，寫美人之姚冶；七月次章，寫春陽之明麗，而終以女心傷悲，殆及公子同歸；東山之三章，我來自東，零雨其濛，鸛鳴於垤，婦嘆於室；四章之其新孔嘉，其舊如之何？寫閨閣之致，遠歸之情，遂爲六朝唐人之祖！無羊之或降於阿，或飲於池，或寢或訛，爾牧來思，何蓑何笠，或負其餱，麾之以肱，畢來既升；字字寫生，恐史道碩戴嵩畫乎，未能如此極妍盡態也。」

第五章　秦漢

一、田制

井田之制，至秦廢止，史記云：「商君開阡陌封疆。」故必先廢井而後始置阡陌。三通考云：「井田受之於公，毋得鬻賣，故王制田里不鬻。秦開阡陌，遂得賣買，兼併之患自此起。」漢承秦舊，尊獎兼併，自茲以往，土地私有，遂成定制。武帝時，董仲舒曾有限田之議：「古者民不過什一，其求易供，使民不過三日，其力易足。民財，內足以養老盡孝，外足以事其稅，下足以畜妻子極愛，故民說從上。至秦則不然，用商鞅之法，改帝王之制，除井田，民得買賣，富者田連阡陌，貧者亡立錐之地。」胡致堂云：「董仲舒欲以限田漸復古制，其意甚美，而終不能行者，以人主自為兼併，無異於秦也。兼併日甚，故限民名田。名田者何，顏師古云：「名田，占田也，各為立限，不使富者過制，則貧弱之家可足矣。」至哀帝時，何武奏請：「諸侯王列侯，皆得名田國中，列侯在長安，公主名田縣道，及關內侯吏民名田，皆勿過三十頃。」卒因扞格而不能行。然其時除私田之外，尚有為國家所有者三三一，藉田，藉田原於周制，古者帝王親耕藉田，以祠先農，所以勸農教稼也。藉者，借也，借民力以治之，故稱藉田，此制周末已廢，至漢文而復興。二，公田，卽國家之田，平時貸與平民而收其租稅，有事則錫與功臣。高祖時與民以故秦苑囿園地，武帝罷苑馬以賜貧民，明帝時詔郡國以公田賜貧民，此皆以公田與民者也，宣帝假郡國貧民田，元帝令民各務農畝，無田者假之，此皆以公田假民者也。三，屯田，屯田之制，自文帝鼂錯建議徙民塞下，以爲屯田，趙充國繼之立屯田之制。凡守邊之兵，平時耕種以資收獲，有事則防禦以捍邊圉；漢代防邊之戍兵，莫不循用此制，而以西域及隴西等郡爲主要，實卽寓兵於農化兵爲工之政策也。王莽簒漢，銳意復古，遂倡王田之制，下令國中：「古者設廬井百家，一夫一婦田百畝，什一而稅，則國給民富而頌聲作。此唐虞之道，三代所遵行也。秦爲無道，原賦稅以自供奉，罷民力以極欲，壞聖制，廢井田，是以兼併起，貪鄙生，强者規田以千數，弱者曾無立錐之居；漢氏減輕田稅，三十而稅一，常有更賦，罷癃咸出，而豪民侵陵，分田刼假；厥名三十稅一，實稅什五也。父子夫婦，終年耕耘，所得不足以自存；故富者犬馬餘菽粟，驕而爲邪；貧者不厭糟糠，窮而爲姦，俱陷於辜，刑用不錯。予前在大麓，始令天下公田口井，時則有嘉禾之祥，遭反虜逆賊且止。今更名天下田曰王田，奴婢曰私屬，皆不得賣買。其男口不盈八，而田過一井者，分餘田予族鄰里鄉黨。故無田，今當受田，如制度。敢有非井田聖制，無法惑衆者，投諸四裔，以禦魑魅，如皇祖考虞帝故事。」然終以民心難違，未幾卽敗。

二、幣制

秦併天下，定幣爲二等，食貨志云：「秦併天下幣爲二等，黃金以溢，名爲上幣，銅錢質如周錢，文曰半兩，重如其文；而珠玉龜貝銀錫之屬，爲器識寶藏，不爲幣，然各隨時而輕重無常。」漢興，以秦錢重難用，改鑄筴錢，其錢過輕，故不便於用。呂后二年，又鑄八銖錢，文帝時改鑄四銖錢，同時撤銷盜鑄錢令，使人民自由鑄造，嗣從賈山之諫，又復禁鑄。漢書食貨志云：「自孝文更造四銖錢，至是歲四十餘年，自建元以來用少，縣官往往卽多銅山而鑄錢，民亦盜鑄不可勝數，錢益多而輕，物益少而貴，有司言曰：古者皮幣，諸侯以聘享，金有三等，黃金爲上，白金爲中，赤金爲下。今半兩錢法重四銖，而姦或盜摩錢質而取鋊，錢益輕薄而物貴，則遠方用幣煩費不省，乃以白鹿皮方尺，緣以繢，爲皮幣，直四十萬；王侯宗室，朝覲聘享，必以皮幣薦璧，然後得行。又造銀錫白金，以爲天用莫如龍，地用莫如馬，人用莫如龜，故白金三品，其一曰重八兩，圜之，其文龍，名曰撰，直三千。二曰以重差小，方之，其文馬，直五百。三曰復小，橢之，其文龜，直三百。令縣官銷半兩錢，更鑄三銖錢，重如其文。盜鑄諸金錢，罪皆死；而吏民之犯者，不可勝數。」王莽攝政，改革漢制，倣周錢子母相權之法，鑄造大錢及契刀錯刀，與五銖錢並行。大錢，徑一寸二分，重十二銖，鑄大錢五十之文字；契刀，長二寸，其形如刀，有環如大錢，鑄契刀五百之文字；錯刀，以黃金鑲嵌一刀值五千之文字。及莽卽位，以劉字之側，有金刀之文，乃罷契刀錯刀與五銖錢，更作金銀龜貝錢布之品。布貨及錢貨，皆配以銅鉛錫而鑄造之，其錢文質與周廓，均倣漢之五銖錢，布貨則倣周之布貨也

三、官制

秦併六國，乃置丞相以總諸政，置太尉以掌天下之兵，置御史大夫則輔丞相而監察諸政；行政兵馬監察三權分立，而始皇則總攬之於一身。其他官職，有奉常，掌祭祀禮儀；郎中令，掌宮殿掖門；衞尉，掌門衞屯兵；宗正，掌帝王之親族；治粟內史，掌穀貨；廷尉，掌刑辟；典客，掌賓客；太僕，掌輿馬；少府，掌山海地澤之稅。漢之官制，大抵仍秦之舊，前漢書云：「秦兼天下，建皇帝之號，立百官之職，漢因循而不革，明簡易隨時宜也，其後頗有所改。」漢制三公九卿，分理庶政，非天子之私人，故遇大事有所詔命，必下廷臣議之。至地方官制，秦始皇時，鑒前代封建之弊，改爲郡縣制。漢高以秦孤立亡國，乃兼郡縣及封建兩制度而並用之，大封諸王及功臣於各地，又任諸臣爲郡守，以郡國統縣。

四、兵制

秦時太尉掌天下之兵，其下有衞尉等官，統率軍旅，諸郡置衞使掌兵，又有材官，材官謂有材力而善以挽强弓者。及始皇築長城，守五嶺，乃發及謫戍閭左。漢代兵制，拱衞京師之兵，則分南北兩軍，南軍爲宮衞屯兵之所屬，北軍爲京輔兵卒之所隸，策海淵萃云：「漢踵秦，置材國於郡國，而京師有南北軍之屯：南軍衞宮城，主之者衞尉；北軍衞京城，主之者中尉。衞尉居內，中尉居外，相爲表裏，使自相制。」後漢中葉以後，兵不精練，每有寇警，則臨時徵調。後漢末年，南北軍得以納錢穀而爲兵，故京師軍備漸衰，以致宦官掌握兵權，遂造滅亡之原因。至地方兵，秦則郡置材官，凡材官之所屬，大抵俱爲步兵；而列郡官制，又設尉以佐守，典一郡之武職甲卒。漢於材官之外，又設車騎樓船。後漢書云：「高祖命天下，選能引闕蹶張材力武猛者，以爲輕車騎士材官樓船。常以秋後講肄課武，各有員數。平地用車騎，山阻用材官，水泉用樓船；蓋三者之兵，各隨其地之所宜。」光武之世，詔罷郡國都尉，並職太守；無都試之法，舉一切材官騎士樓船之象，還復民伍，而所用者多長從之募士；郡國兵制，由是漸壞。

五、法制

中國法制，秦代以前，趨重禮治，始皇既并六國，專任刑罰，用商鞅以變法，蓋本李悝之法經，峻法嚴刑，殊多殘酷，夷三族，相連坐，是於酷刑之外，而又連及於無辜也。漢高入關，知秦法不足以得民心，遂約法三章。通考云：「漢高祖初入咸陽，與父老約法三章，殺人者死，傷人及盜抵罪，餘悉除秦苛法。」然滅秦覆楚之後，卽命蕭何定律，取李悝所著法經六篇加以損益。六篇卽盜法賊法囚法捕法雜法具法是也。蕭何又增戶法擅興法及廐法三篇，是爲九章律。文獻通考云：「漢高祖後以三章之法，不足以禦姦，於是相國蕭何攈摭秦法，取其宜於時者，作律九章。」晉書刑法志云：「蕭何定律，除參夷連坐之罪，增部主見知之條，益事律擅與廐戶三篇，合爲九篇。」自此之後，時有編纂法典之舉，計叔孫通增附律十八篇，趙禹朝律六篇，張湯越宮律二十七篇，合計爲六十篇，凡三百五十九章。王莽篡漢，亦以嚴刑治民，更定焚如之刑，犯罪者燒殺之，而夷三族及鑊烹之刑，又見於是時。光武中興，留心庶獄，解王莽之繁密，還漢武之輕法。後漢一代，均重省刑，但究其實，亦不盡然，通考云：「按自建武以來，雖屢有省刑薄罰之詔，然上下相胥以苛酷爲能，而拷囚之際，尤極殘忍。」漢之法制，廢除肉刑，創始笞杖，多爲唐宋元明清所沿襲。明帝首定贖刑，凡納粟或納縑若干者，可免其罪，此風一開，沿至今日，尚存罰金之制也。

六、宗教

道家之徒，喜說神仙，推老子爲天仙之長，而唱導引服餌長生飛昇之術。道教創立於後漢之張道陵，蓋彼承漢末紊亂，民心不定，遂假鬼神符籙以聚徒惑衆。當創教之初，令徒衆誦道德經，自稱得受老君祕錄行符水禁咒之法，講長生之術，謂著道書二十四篇後，遂爾登天。佛教初入中國之期，有謂始於秦始皇者，有謂始於漢武帝者，有謂始於漢哀帝者，有謂始於漢明帝者，似以後說爲可信。日人高桑駒吉云：「佛教之傳入中國，當在後漢明帝時。明帝之世，漢威稜振西域，且正値佛教由大月氏流傳至中國與土耳其之時，明帝時，蔡培至大月底，得佛經及佛像，又得迦葉摩騰竺法蘭二僧爲伴，乃以白馬馱經像還，明帝於洛陽建白馬寺，命二僧譯佛經爲漢語，此中國設寺譯經之始也，而佛教亦從此盛興。」

七、教育

秦幷六國，黜儒崇法，始皇三十四年，李斯上言：「請史官非秦記者燒之，非博士官所議，天下有藏詩書百家語者，皆詣守尉雜燒之。」制曰：可。摧殘教育，享國日淺，故於興學育才之制，要無文獻可徵。漢承秦代焚書坑儒之後，文學湮塞，圖書散亡，及高祖平定天下，始得稍修其業，至武帝時，從董仲舒之對策，始興大學，前漢書云：「孝武初立，卓然罷黜百家，表彰六經，遂疇咨海內，舉其俊茂與之立功，興太學。」平帝時，後用王莽之議，設立學官，分郡國學校爲四：郡國曰學，縣道邑侯國所立曰校，鄉立曰庠，村聚曰序，學校置經師一人，庠序置孝經師一人。漢代教育之盛，遠超上古，學者濟濟，人才輩出，如蕭何之於律令，叔孫通之於禮儀，張蒼之於章程，洛下閎之於歷數，蓋公曹參之於黃老，賈誼鼂錯之於刑名，司馬遷班固之於文史，董仲舒揚雄之於儒術，劉向王允之於博學，馬融鄭玄之於訓詁，張仲景之於醫方，張衡之於機巧，文翁李忠之於教育，皆其傑出者。在經學言，易有田生，書有伏生，詩有申培公轅固生韓嬰等，禮有高堂生，春秋有胡母生董仲舒等。漢代教育之盛與。，據此可知。

八、學術

秦始皇焚書坑儒，燒燬六經，至漢武帝時，崇尚儒學，立五經博士，傳學受業，代有專家矣。一，易經，易在孔子之後，有卜商之傳，漢初田何，亦作易傳，田何以之授王同下寬田王孫，楊何受業於王同，復由楊何授司馬談京房；丁寬治田氏易，復從田王孫問古義，以授田王孫；田王孫授施讎孟喜梁丘賀，遂有施孟梁丘三氏之學，而別有京房之學，費直之學。二，書經，秦始皇燒書以後，直至漢興，研究尚書者分今文與古文兩派。今文之說出於伏生，古文之說出於孔安國。三，詩經，漢時詩經有魯詩齊詩韓詩毛詩之別。四，禮經，禮有儀禮周禮大戴禮小戴禮之別。漢初高堂生傳士禮十七篇，卽今之儀禮；又有李氏者，得周官之書，卽今之周禮；戴德删劉向所纂錄之古文二百八十餘篇爲八十五篇，是爲大戴禮；戴聖復删大戴禮爲四十六篇，是爲小戴禮，卽今之禮記；自是儀禮周禮禮記，三禮並行。五，春秋春秋有左氏公羊穀梁鄒氏夾氏之別。左氏春秋，出於魯之左邱明；公羊春秋出於齊之公羊高；穀梁春秋，出於魯之穀梁赤；鄒夾兩氏之學，史稱亡於新莽之時，故後世稱公羊傳穀梁傳左氏傳爲春秋三傳。

九，文學

秦世不尙文學，文章至漢而盛，漢代文章之盛，肇於武帝之時，前乎此者賈山之至言，賈誼之過秦論，皆一洗戰國囂張之習，開西京風氣之先，揚雄班固馬融蔡邕，亦皆各樹一幟，負一代制作之才。詩之最者爲五言，始於蘇李之河贈答，謂之蘇李體；七言詩始於漢武帝柏梁台騈句，謂之柏梁體。在上古之時，凡詩謌皆譜之於雅樂，至高祖時，唐山夫人作房中詞，是爲風之變；其後鼓吹曲用於朝會，橫吹曲用於軍中，是爲雅之變；而司馬相如所定十九章之謌，以正月上辛用事，又爲頌之變，詩與樂府於是分矣。

第六章　魏蜀吳

一、田制

三國之世，戰事頻仍，農民不能獨立經營農業，土地制度，除大族莊園與民有土地之外，更有國家莊園之制，國家莊園，乃以軍耕爲主，經營方法，以時地而不同，約分爲三：一，軍兵屯田，三國志云：「鄧艾以爲陳蔡之間，上下良田，可省許昌左右諸稻田，幷水東下，令淮北屯二萬人，淮南三萬人，十二分休，常有四萬人，且田且守，水豐常收，三倍於昔，計除衆費，歲完五百斛以爲軍資，六七年間，可積三千萬斛於淮上，此則十萬之衆，五年食也。」一二，州郡屯田，三國至晉，刺史太守多由軍官兼任，而有時以農業經營之故，不令刺史太守兼任軍職，則州郡的屯田，不復與軍屯相同，且有募民佃耕官田，不用軍兵者。三國志云：「徐邈爲凉州刺史，廣開水田，募貧民佃之，家家豐足，倉庫盈溢。」一三，徙民屯田，乃移民他處，設置田官主管官田，與募貧民及用軍兵屯田，截然不同。三國志云：「太祖欲廣置屯田，使國淵典其事，淵屢陳損益，相土處民，計民置吏，明功課之法，五年中倉廩豐富，百姓競勸樂業。」

二、幣制

三國時代，幣貨交易，仍用漢之五銖錢。魏文帝時，以穀價昂貴而罷五銖錢，使百姓以穀帛爲買賣；至明帝時，因民間巧僞漸多，又廢穀帛而新鑄五銖錢。劉備入蜀，復鑄值百錢。蜀志劉巴傳注云：「及拔成都，士衆皆捨干戈赴諸藏，競取寶物，軍用不足，備甚憂之。巴曰：易耳，但當鑄直百錢，平諸物價，令吏爲官市，備從之，數月之間，府庫充實。」洪遵泉志云：

「蜀直百錢，建安十九年劉備鑄。舊譜云：徑七分，重四銖，又直百五銖錢，徑一寸一分，重八銖，文曰：五銖直百。」吳之貨幣，據吳志孫權傳云：「嘉禾五年春，鑄大錢一當五百，詔使吏民輸銅，計銅畀直，設盜鑄之科。」通典食貨典云：「吳孫權嘉禾五年，鑄大錢一當五百，文曰：大錢五百，徑一寸三分，重十二銖。」

三、軍制

魏之軍制，略如在漢南北軍。魏武爲相國，置武衛營，相府以領軍主之。文武增置中營，合武衛中壘二營，以領軍將軍併五校統之。是時有中左右前軍各一帥，又有中護中領軍領護軍將軍各一人。魏黃初時，復令州郡典兵，每州置都督，後加四鎮四征將軍之號，又置大將軍都督，兵柄移於司馬氏，而魏遂亡。蜀初置五軍，其將校略如漢，而兵有突將無前賨叟青羌散騎武騎之別。吳兵有解煩敢死兩部，又有車下虎士丹陽青巾交州義士及健兒武射之名。

四、法制

魏承兩漢之後，對於秦漢之法，大加修改，其最要者爲新律十八篇。唐六典注云：「魏氏受命，參議復肉刑，屬軍國多故，意寢之，乃命陳羣等，採漢律爲魏律十八篇，增漢蕭何律刼掠詐僞毀亡告劾繫訊斷獄請求驚事償贓等九篇。」此部新律，隋時已亡。據晉志云：「陳羣劉邵雖經改革，而科網本密。」任𧙗傳云：「魏承秦漢之弊，法制苛碎。」可知魏律並未減輕，但可以君主之意而減刑。魏志明帝本紀云：「法令滋章，犯者彌多，刑罰愈衆而姦不可止，往者案大辟之條，多所蠲除，思濟生民之命，此朕之至意也，而郡國蔽獄，一歲之中，尙過數百，豈朕訓導不醇，俾民輕罪，將苛法猶存，爲之陷阱乎？有司其議獄緩死，務從寬減。」蜀之法典，據册府元龜云：「蜀先主旣定成都，令諸葛亮等共造蜀科。」大約多依漢制，惟諸葛亮治蜀，各以法家之言爲本，信賞必罰，有功者雖仇必賞，有罪者雖親必誅，法治彰明，爲後代所不及。據蜀志諸葛亮本傳，附有諸葛氏集，內有法檢科令之目，惜已佚失，無從參考矣。吳之法典，吳志孫權傳云：「黃武五年陸遜陳便宜，勸以施德緩刑，於是權令有司盡寫科條，使褚逢齋以就遜及諸葛瑾，意所不安，令損益之。其刑法，名譽刑禁錮，身體刑分爲廷杖鞭剢面鑿眼刖足；財產刑爲罰金；流刑爲徙；死刑分爲車裂鋸頭；族刑爲夷三族。

五、教育

魏立太學於洛陽，時慕學者始至太學爲門人，滿二歲，試通一經者，稱弟子；不通一經者，罷遣；弟子滿二歲試通二經者，補文學掌故；不通經者聽候再試，亦得補掌故。掌故滿二歲試通三經者，擢高第爲太子舍人；不第者，隨後輩後試，試通亦爲太子舍人。舍人滿二歲，試通四經者，擢高第爲郎中；不通者隨後輩後試，試通亦爲郎中。郎中滿二歲，能通五經者，擢高第隨才敍用；不通者隨後輩復試，試通亦敍用。吳永壽元年下詔置學官，立五經博士，將吏子弟願入學者就業，一歲課試，分別其品第，加以位賞。詔云：「古者建國，教學爲先，所以道世治性，爲時養器也。自建興以來，時事多故，吏民頗以目前趨務，去本就末，不循古道。夫所尚不淳，則傷化敗俗，其案古置學官，立五經博士，核取應選，加其寵祿，科見吏之中，及將吏子弟，有志好者，各令就業，一歲課試，差其品第，加以位賞，使見之者樂其榮，聞之者羨其譽，以敦王化，以隆風俗。」

六·文學

建安文學，上壓兩漢，下開六朝，其中尤以曹植爲首，唐代李杜，莫不思其風骨。故鍾嶸詩品云：「骨氣奇高，詞彩華茂，情兼雅怨，體被文質，粲溢古今，卓爾不羣。嗟乎！陳思之於文章也，譬人倫之有周孔，鱗羽之有龍鳳，音樂之有琴笙，女工之有黼黻。」沈德潛古詩源云：「子健詩五色相宜，八音朗暢，使材而不矜才，用博而不逞博，蘇李以下，故推大家。」曹植詩之足稱者，在於風骨之高，氣象之廣。

第七章　兩晉

一、田制

晉一天下，乃師井田遺制，而行占田之法。晉書食貨志云：「男子一人占田七十畝，女子三十畝，其外丁男課田五十畝，丁女二十畝，次丁男半之，女則不課。男女年十六以上至六十爲正丁，十五以下至十三，六十一以上至六十五爲次丁，十二以下，六十六以上爲老小，不事。」傅宜爲御史中丞，上便宜五事：「古者以步百爲畝，今以二百四十步爲一畝，所覺過倍。近魏初課田，不務多其頃畝，但務修其功力。故白田收至十餘斛，水田收數十斛，自頃以來，日增田頃畝之課，而田兵益甚，功不能修理，至畝數斛已還，或不足以償種，非與曩時異天地，横遇災害也，其病正在於務多頃畝，而功不修耳。」晉有官品占田之例，官品第一者，占田五十頃，第二品四十五頃，第三品四十頃，第四品三十五頃，第五品三十頃，第六品二十五頃，第七品二十頃，第八品十頃，王公除藩封外，復得於京師置田宅，武帝時曾下詔書，爲之限制田畝，大國田十五頃，次國十頃，小國七頃。不僅限地主之土地，而又限及地主之佃戶。佃戶之限制，亦依九品而分，所謂官品第一第二者，佃客無過五十戶，第三品十戶，第四品七戶，第五品六戶，第六品三戶第七品二戶，第八品第九品一戶。至其稅制，係實行戶調法。晉書云：「丁男之賦，歲輸絹三疋，綿三斤，女及次丁男爲賦者，半輸。其諸邊郡，或三分之二，或三分之一，夷人輸賨布，戶一疋，遠者或一丈。」戶調之法，合田租戶口稅爲一事，固異於兩漢。此乃以田授丁，以丁爲戶，以戶爲課徵單位之稅法；以戶課徵，故名戶調。馬端臨云：「按兩漢之制，三十而稅一者，田賦也；二十始傅，人出一算者，戶口之賦也。今晉法如此，則似合二法而爲一。然男子一人，占田七十畝，丁男課田五十畝，則無無田之戶矣，此戶調之所以可行歟？」

二、幣制

晉元帝渡江後，用孫氏赤烏舊幣，輕重雜行，大者謂之比輪，中者謂之四文。吳興沈充又鑄小錢，謂之沈郎錢。孝武太元三年下詔：「錢國之重寶，小人貪利，銷壞無已，監司當以爲意。廣州夷人，寶貴銅鼓，而州境素不出銅，聞官私賈人，皆貪比輪錢斤兩差重，以入廣州，貨與夷人，鑄敗作鼓，其重爲禁制，得者科罪。」安帝元興中，桓元輔政，議欲廢錢用穀帛，朝議以爲不可。孔琳之議曰：「聖王制無用之貨，以通有用之財，現無毀敗之費，又省運致之苦，此錢所以嗣功龜貝，歷代不可廢者也，穀帛本充於衣食，今分以爲貨，則致損甚多，又勞毀於商販之手，耗棄於割截之用，此之謂弊著於目前。故鍾繇曰：巧僞之人，競溼穀以要利，制薄絹以充資，魏代制以嚴刑，弗能禁也。司馬芝以爲用錢非徒豐國，亦所以省刑。錢之不用，由於兵亂積久，用之於廢，有由而然，漢末是也。今既用而廢之，則百姓頓亡其利。今既度天下之穀，以周天下之食，或倉庫充溢，或糧靡斗儲，以相資通，則貧者仰富致之之道，實假於錢，一朝斷之，便爲棄物，是有錢無糧之人，皆坐而饑困，此斷之又立弊也。魏明帝廢錢用穀，四十年矣，以不便於人，乃舉朝大議，精才達政之士，莫不以宜復用錢，下無異情，朝無異論，彼尙捨穀帛而用錢，足以明穀帛之弊，著於已誠也。」

三、官制

晉惠帝永寧元年，罷丞相，復置司徒；永昌元年，罷司徒幷丞相，其後或有相國，或有丞相，省置無常；而中書監令，掌管機要，多爲宰相之任。門下省，後漢謂之侍中寺，晉代給事黃門侍郎與侍中，俱管門下衆事，或謂之門下省。其他有太常光祿勳衞尉太僕廷尉大鴻臚宗正大司農少府將作大匠太后三卿大長秋，皆爲列卿，各置丞功曹主簿五官等員。太常有博協律校尉員，又統太學諸博士祭酒，及太史太廟太樂鼓吹陵等令。衞尉統武庫公車衞士諸治等令，左右都候南北東西督治掾，及渡江督衞尉。太僕統典農典虞都尉典虞丞左右中典牧都尉車府典牧等令。太僕自元帝渡江之後，或省或置，太僕省故驊騮爲門下之職。廷尉主刑法獄訟，屬官有正監評，並有律博士員。大鴻臚統大行典客園池華林園鈎盾等令。宗正統皇族宗人圖諜，又統大醫令史，又有司牧掾員；及渡江，哀帝省并太常太醫，以給門下省。大司農統太倉籍田等事。少府統材官校尉平準奚官等事，將作大匠，有事則置；無事則罷。太后三卿，衛尉少府太僕，隨太后宮爲官號。大長秋，皇后卿，有后則置，無后則省。地方制度則爲州郡縣之級制，州置刺史，郡置太守，諸王國以內史掌太守之任。縣大者置令，小者置長。州與府各置僚屬，州官理民，府官理戎。晉制，刺史三年一入奏，郡守皆加將軍。鄉官之設置，郡國及縣，農月皆隨所領戶多少爲差，散吏爲勸農。又縣五百戶以上皆置鄉，三千以上置二鄉，五千以上置三鄉，萬以上置四鄉，鄉置嗇夫一人；鄉戶不滿千以下，置治書史一人；千以上置史佐各一人，正一人；五千五百以上，置吏一人，佐二人；縣率百戶，置里吏一人；其土廣人稀，聽隨置里吏，限不得減五十戶；戶千以上，置校官掾一人。

四、軍制

晉代軍制，有七軍五校之設。七軍卽左衛右衛前軍後軍左軍右軍驍騎皆有將軍，而中領軍總統之；其前後左右，補稱四軍。中領軍將軍本魏官，武帝初省去，使中軍將軍羊祜，統二衞前後左右驍騎等營，卽領軍之任。懷帝永嘉中，改中軍爲中領軍，元帝永昌元年，改北軍中侯，後復爲領軍，五校卽屯騎越騎步兵長水射聲，各領千兵爲營，皆在城中；又有翊軍營積弩營，亦典宿衞。五校於魏晉時猶領營兵，並置司馬功曹主薄後省左軍右軍前軍後軍爲鎭衞軍；其左右營校尉如舊，皆中領軍統之。武帝懲魏氏孤立，大封同姓，大國三軍，兵五千人；次國二軍，兵三千人；小國一軍，兵千五百人。武帝平鼎之後，下詔罷軍役，表示海內大安，州郡之兵皆罷去，大郡置武吏百人，小郡五十人。

五、法制

通典云：「晉武帝泰始三年，賈充等修律令成帝親自臨講，使裴楷執讀，四年正月，大赦天下，乃頒新律。」晉律乃以蕭何之九章律爲本，又增十一篇，計二十篇。將舊律刑名，分爲刑名及法例二篇，餘則爲盜律賊律捕律雜律戶律與律廐律，一仍漢制，而詐僞請賕告劾繫訊斷獄毀亡，則槪同於魏制；又增衞宮水火關市違制諸侯等五篇，共六百三十條，二萬七千六百五十七言，更設令附於律，律不可以更易，令則因時制宜。如軍事農田酤酒等，不以入律而入令，凡律令合二千九百二十六條，十二萬六千二百言，合六十卷，又故事三十卷；故事爲昔日所常行之事，卽一種品式章程。晉律較前代爲寬，減梟斬族誅從坐之條，去捕亡沒爲官奴婢之制，而過誤老小女人，當罰金或杖者，皆令半之。及惠帝之世，政出羣下，每有疑獄，各出私情，刑法不定，獄訟繁滋。晉法之法律思想家，如張斐註釋晉律，頗多扼要之說：「知而犯之謂之故，意以爲然謂之失，違忠欺上謂之慢，背信藏巧謂之詐，虧禮廢節謂之不敬，兩訟相趣謂之鬥，兩和相害謂之戲，無變斬繫謂之賊，不意誤犯謂之過，逆節絕禮謂之不道，陵上僭貴謂之惡逆，將害未發謂之戕，唱首先言謂之造意，二人對議謂之謀，制衆建計謂之率，不和謂之强，攻惡謂之略，三人謂之羣，貨財之利謂之贓。刑者司理之官，理者求情之機，情者心神之使，心感則情動於中而形於言，暢於四肢，發於事業；是故姦人心愧而面赤，內怖而色奪，論罪者務本其心，審其情，精其事，近取諸身，遠取諸物，然後乃可以正刑；仰手似乞，俯手似奪，捧手似謝，擬手似訴，拱擘似自首，攘臂似格鬥，矜莊似威，怡悅似福；喜怒憂懼，貌在聲色；姦貞猛弱，候在視息。」

六、教育

晉承魏後，初設大學生三千人，後增至七千餘人，其堪受教育者，令入，禁其餘遣還郡國。武帝咸寧二年，起國子學，當時荀顗以制度贊維新，張華以博物參朝政，劉實以禮法典秩宗，專擅各長，文獻振興，晉代教育本有發展之機勢，然士大夫輕禮法尚放達，侈談玄理，風俗頹靡，惠帝元康元年，以人才多猥雜，欲辨其涇渭，於是制立學官，第五品以上，得入國學。東晉成帝咸康三年，馮懷袁瓌請興學校，帝從之，乃立太學，而士大夫習尚莊老，儒術不振。自穆帝至於孝武，並於中堂立太學，爲臨雍習禮之所。孝武太元九年，謝石請復興國學，詔令選擇公卿二千石子弟爲國子生，設博士助教十人：又詔天下州縣，皆修立鄉學；然內容腐敗，品課無章，國子祭酒殷茂云：「自學建彌年，而功無可名，憚業避役，就存者無幾，或假託親戚，眞僞難知；聲實渾亂，莫此之甚。」晉之教育，於此可見一班。

第八章　南北朝

一、田制

南朝之世，非但井田不能行，卽西晉之占田亦不能行。因占田必列人口之數，然在離亂之際，戶口亦漫然難考。南齊高帝建元二年下詔：「黃籍，民之大紀，國之治端，自頃民俗巧僞，爲日已久，乃至竊注爵位，盜易年月，或戶存而文書已絕，或人在而反托死板，停私而稱隸役，身强而稱六疾，徧戶齊家，少不如此。」虞玩之云：「恭始三年至元徽四年，揚州等九郡，四號黃籍，共都九萬一千餘戶，於今十一年矣，而所增者，猶未四萬。神州奧區，猶或如此，江湖諸部，倍不可念。」由此可知當日調査戶口之不確，以及占田制度之不能行也，職是之故，則貴族富室，可以任意殖土兼併矣。宋書孔季傳云：「山陰豪族富室，頃畝不少。貧者肆力，非爲無處。」梁武帝有鑒於此，乃下詔云：「凡是桑田廢宅，公創之外，悉以賦給貧民，皆使量其所能，以授田分。如聞往者豪家富室，多占取公田，貴價僦稅，以與貧民，傷時害人，爲弊已甚。自今公田悉不能假與豪家，已假者特聽不追。若富室給貧民種糧，共營作者，不在禁例。」南朝國有土地，一部承襲三國以來軍兵佃耕制度，一部分配於無所附託之人民。梁天監七年詔云：「凡天下之民流移之後，本鄉無復居宅者，村司三老及餘親屬，卽爲詣縣，占請村內官地官宅，令相容受，使戀本者還有所託。」北魏創均田之制，據魏書食貨志云：「太祖旣定中山，卽分徙吏民及他種人工伎巧十餘萬家，以充京都，各給耕牛，計口授田。」。此不過略具其形，至孝文帝時，始頒布實行。魏書云：「太和九年，下詔均給天下民田，諸男夫十五以上，受露田四十畝，婦人二十畝，奴婢依良丁，牛一頭，受田三十畝，限四牛，所受之田率倍之，三易之田再倍之，以供耕作及還受之盈縮。諸民年及課則受田，老免及身沒則還田，奴婢牛隨有無以還受。諸桑田不在還受之限，但進入倍田分，於分雖盈，沒在還田，不得以充露田之數，不足者以露田充倍。諸初受田者，男夫一人，給田二十畝，課蒔餘種，桑五十樹，棗五株，榆三根。非桑之土，夫給一畝，依法課蒔榆棗，奴各依良，限三年種畢，不畢，奪其不畢之地。於桑榆地分雜蒔餘果，及多種桑榆者不禁。諸應還之田，不得種桑榆棗果，種者以違令論，地入還分諸桑田，皆爲世業，身終不還，恆從見口，有盈者無受無還，不足者受種如法。盈者得賣其盈，不足者得買所不足。不得賣其分，亦不得買過所足。諸麻布之土，男夫及課，別給麻田一畝，婦人五畝，奴婢依良，皆從還受之法。諸有舉戶老小癃殘無受田者，年十一以上及癃者，各授以半夫田，年踰七十者，不還所授。寡婦守志，雖免課，亦授婦田，諸還受民田，恆以正月。若始受田而身亡及賣買奴婢牛者，皆至明年正月乃得還受。諸土曠民稀之處，隨力所及，官借民種蒔，後有來居者，依法封授。諸地狹之處，有進丁授田而不樂遷者，則以其家桑田爲正田分；又不足，不給倍田，又不足，家內人別減分，無桑之鄉，準此爲法。遷者聽逐空荒，不限異州他郡，唯不聽避勞就逸。其地足之處，不得無故而移。諸民有新居者，三口給地一畝，以爲居室，奴婢五口給一畝，男女十五以上；因其地分口課種菜五分畝之一，諸一人之分，正從正，倍從倍，不得隔越他畔，進丁受田者，恆從所近；若同時俱受，先貧後富；再倍之田，倣此爲法。諸遠流配謫無子孫及戶絕者，墟宅桑榆盡爲公田，以供授受，授受之次，給其所親，未給之間，亦借其所親。諸宰民之官，各隨地給公田，刺史十五頃，太守十頃，治中別駕各八頃，縣吏郡丞各六頃，更代相付。賣者，坐如律。」

劉恕云：「後魏均田制度，似今世佃官及絕戶田出租稅，非如三代井田也。」

黃震孫云：「彼口分世業之法，吾謂獨元魏之世可行之耳。蓋北方本土曠人稀，而魏又承十六國縱橫之後，人民死亡略盡，其新附之衆，土田皆非其所固有，而戶復可得而數，是以其法可行。」北齊之云均田制，大體沿襲北魏云：「其方百里外，及州人，一夫受露田八十畝，婦四十畝。奴婢依良人，丁牛一頭，受田六十畝，限止四牛。又每丁給永業二十畝爲桑田，其中種桑五十，限楡三根，棗五根，不在還受之限。非此田者，悉入還受之分。土不宜桑者，給麻田如桑田法。」後周受田規定，人民十八歲起受田，至六十五還田；有室者受田百四十畝，單丁受田百畝。凡十人以上受宅地五畝，七人以上四畝，五口以下三畝。

二、幣制

宋文帝元嘉七年，立錢署法，鑄四銖錢，重如其文。二十四年，因四銖錢之盜鑄多，物價騰貴，故鑄大錢，一文相當於四銖錢二文，錢形不一，人民殊感不便；二十五年，乃廢大錢而鑄五銖錢。孝武帝孝建元年，鑄四銖錢，面文刻孝建二字，錢記年號，始於此。永光元年鑄二銖錢。官錢每出，民間卽模倣之，而大小厚薄，皆不及官錢。其無輪廓不磨鑿者，謂之來子，尤輕薄者謂之荇葉，市井通用之。此外尙有鵝眼錢，綖環錢，入水不沉，隨手破碎，因而百物暴昂，明帝泰始初年，始禁用。梁武帝天監元年，鑄新錢，文曰五銖，另外又鑄無廓者，謂之女錢，二品並行。普通四年，罷銅錢，更鑄鐵錢，人以鐵錢易得，私鑄大起，有如山積。武帝大同元年，乃下詔通用足陌錢；人民不從。敬帝太平元年，詔令雜用古今錢；二年，鑄四柱錢，以一當二十；後又改爲以一當十，未幾復用細錢。北魏自孝文帝太和時起，始鑄太和五銖，詔京師及諸州鎭，皆通用之，內外百官之俸祿，皆準絹給錢，每一匹定錢二百，各處並派遺錢工，備爐冶，人民欲鑄錢者，准就官爐鑄之。宣武帝永平三年，又鑄五銖錢，京師及諸州鎭或不用，或有止用古錢，不行新錢。孝莊帝之初，私鑄益多，錢更薄小，至有飄風浮水之譏。後周之初，鑄布泉之錢，以一當五，與五銖並行。建德三年，更鑄五行大布錢，以一當十，與布泉錢並行。四年，又以邊境之錢，人多盜鑄，乃禁五行大布錢，不得出入四關，布泉之錢，聽入而不聽出。五年，以布錢漸賤，而人不用，遂廢之。宣帝大成元年，又鑄永通萬國錢，以一當千。

三、官制

南朝官制，多承晋制，雖設宰相，非尋常之職。通典云：「宋孝武帝，初唯以南郡王義宣爲丞相，而司徒府始如故，亦有相國。齊丞相不用人，以贈官；梁罷相國，置丞相，罷丞相，置司徒；陳又置相國，位列丞相上，并丞相並爲贈官。按自魏晋以來，宰相但以他官參酌機密，或委知政事者則是矣，無有常官。其相國丞相或爲贈官，或則不置，自爲尊崇之位，多非人臣之職，其真爲宰相者，不必居此官。自魏晋重中書之官，居喉舌之任，則尙書之職，稍以疏遠。至梁陳舉國機要，悉在中書，獻納之任，又歸門下，而尙書但聽命受事而已。」北魏官制，至孝文帝時，王肅制官品百司位號，皆仿南朝。魏書云：「魏氏世君玄朔，掌事立司，各有號秩，及交好南夏，頗亦改挪，餘官雜號，多同於晋朝。其諸方雜人來附者，總謂之烏丸，各以多少，稱酋庶長，分爲南北部，復置二部大人，以統攝之。太祖登國元年，因而不改，南北猶置大人，對治二部，是年置都統長，又置幢將及外朝大人官，其都統長領殿內之兵，直王宮，幢將員六人，主三郞衞士直宿禁中者，自侍中以下，中散以上，皆統之。外朝大人無常員，主受詔命，使出入禁中，國有大喪大禮，皆與參加，隨所典焉。」北齊置官，多依後魏。後周則仿周禮設官，乃以大冢宰爲宰相之任，革侍中中書之名而不用。丞相之外，別有三公。隋書云：「周太祖初據關內，官名未改魏號，及方隅粗定，改創章程，命尙書令盧辯遠師周之建職，置三公三孤以爲論道之官，次置六卿，以分司庶務。」六卿卽天官府地官府春官府夏官府秋官府冬官府是也。

四、軍制

南朝京衞，略同東晉，惟梁別立六軍之稱，而以領軍護軍左衞右衞游擊驍騎六將軍分統其衆。南朝屯備京城之兵，稱爲台軍，有事之時，常資之以備患。宋書云：「元嘉中，每歲爲後魏侵境，令朝臣博議，何承天陳備京之要，其大略，一曰：移遠就近，以實內地；二曰：浚復城隍，以增岨防；三曰：纂偶車牛，以飭戎械；四曰：計丁課役，勿使有闕。」南朝用募兵法，有常備臨時之分。常平軍，屯於建康及各重鎮；遇有緊急臨時招募者，謂之臨時兵。北朝魏孝文帝行均田法，戶口可以稽查，徵兵之制漸復；當時每六十戶出戎馬一匹，其後每二十戶出戎馬一匹牛一頭。劉宋以後，地方兵制，多承東晉，故國內大鎮，舉足重輕，有繫於一代之安危者甚大。後周分地方之兵爲百府，每府有一郎將統之，分屬二十四軍，開府各領一軍，大將軍凡十二人，每一將軍統二開府，一柱國主二大將，將復加持節都督以統之，凡柱國六員，衆不滿五萬人。

五、法制

北朝魏凡五次改定律令，孝文帝對於律令，躬自下筆，如有疑義，親自臨決，考訂之勤，超越前古，齊律科條簡要，仕門子弟，嘗講習之。自晉以後，律分南北二支，南朝之律至陳併於隋而止；北朝則自魏及唐，統系相承，至清猶沿其制。宋及南齊，均用晉之律令。齊武帝時，令王植之集註張裴杜預舊律，合爲一書，凡千五百三十條，事未施行，其文佚滅。南齊法典，僅有永明律。梁武帝時，取齊律制成梁律，隋書云：「天監元年，以尚書令王亮等，參議斷定，定爲二十篇，一曰刑名，二曰法例，三曰盜刼，四曰賊叛，五曰詐僞，六曰受賕，七曰告劾，八曰討捕，九曰繫訊，十曰斷獄，十一曰雜，十二曰戶，十三曰擅興，十四曰毀亡，十五曰衞宮，十六曰水火，十七曰倉庫，十八曰廐，十九曰關市，二十曰違制，其制刑爲十五等之差，凡定罪二千五百二十九條。」陳之法律，與梁不同者有四：一，禁止軍人侵擾罪，二，不枉法受財罪，三，奢侈罪，四，左道不依經律罪。北朝後魏律二十卷，至唐已失。據通典云：「後魏起自北方，屬晉室之亂，部落漸盛，其主乃峻刑法，每以軍令從事，人乘寬政，多以違令得罪，死者以萬計，於是國落騷然。」及道武平定中原，患舊制太苛，命三公郎王德除其酷法，約定科令。太武帝時，詔崔浩定律令，復增減刑罰。後魏之死刑，有轘腰斬殊死棄市四等。法官審囚，多用重枷，復以縋石懸囚頸，傷肉至骨，勒令誣服，魏刑殘酷，於此可見。北齊自文宣受禪後，命羣臣刊定魏之麟趾格，又議造齊律，積年不成，其決獄仍依魏制。所謂麟趾格，係東魏於麟趾閣命羣臣議定之法制，至齊再爲修改。通考云：「此齊神武秉魏政，遷都於鄴，羣盜頗起，遂嚴立制。又列罪十條，一曰反逆，二曰大逆，三曰叛，四曰降，五曰惡逆，六曰不道，七曰不敬，八曰不孝，九曰不義，十曰內亂；其犯十惡者，不在八議論贖之限，是後法令明審，科條簡要，又勅仕門子弟常講習之，故齊人多曉法律，其不可爲定法者，別制權令二卷，與之並行。」此齊十惡之制，爲後世所取法，直至清末，始行廢除。章太炎云：「鮮卑僭盜，始有十惡之刑，十惡不盡對政府，其有反叛惡逆不敬諸條，則隨事可以比傅，明以法律擁護政府，且重以擁護君后者，自漢之亡，其風漸息。」後周法律之條項，多用尙書之體裁，甚至欲行周禮，據程樹德云：「太祖欲行周官，命蘇綽專掌其事，綽卒乃令辯成之，並撰次朝儀，車服器用，多依古禮，史通謂宇文初習華風，軍國詞令，皆準尙書，太祖勅朝廷，他文悉準於此，陷於矯枉過正之失，乖夫適俗隨時之義，諒哉言乎。今周令雖佚，而隋書禮儀食貨諸志所採與夫通典所集者，尚可得其大概；大抵官兵儀制，一依周禮，並文句亦必求其相似，較之太玄之仿周易，中說之擬論語，殆尤甚焉。」通典云：「後周文帝，秉西魏政，令有司斟酌古今，通變修撰新律，革命後，武帝保定三年，司憲大夫拓拔迪奏新律謂之大律，凡二十五篇。」

六、教育

南朝宋文帝，於元嘉二十年設太學四：一，玄學，即老莊之學；二，儒學；三，文學；四，史學。宋書云：「凡四學並建，車駕數幸次宗學館，資給甚厚。」明帝太始中，初置總明觀祭酒一人，有玄儒文史四科，置學士十人。齊高帝建元四年，詔立國學，置學生五十人。南史云：「自是中原橫潰，衣冠道盡，逮江左草創，日不暇給，以迄宋齊，國學時或開置，而勸業未博，建之不能十年，蓋取具文而已。」梁武帝時，詔開五館，建立國學，以五經教授，置五經博士各一人，各主一館。北朝學風，較盛南朝。魏道武帝初定中原，即提倡經學，設立太學，置五經博士，充當教授。太武時令諸郡各舉才學。獻文帝太安初，詔立鄉學。孝文帝太和中，改中書學爲國子學，建明堂辟雍，及遷都洛陽，詔立國子太學，四門小學。世宗時，復詔營國學，樹小學於四門。其後海內淆亂，四方學校，所存無幾。北齊之國學博士，徒有虛名。國子一學，生徒僅數十人；諸郡並立學，置博士助教授經，學生多屬備員，多被州郡官人之驅使，士流及豪富之家，皆不從調。

七、文學

文學自漢魏後所流行者皆詞賦，而又日趨於華美，故歷兩晉南北朝，文章皆尙排偶，偕聲韻，文辭炳爛，斐然動人，後世稱之爲六朝文，然祇競才華，不闡義理，故不切於實用；惟當時詩詞則高華典雅，富於風神，而於五言爲最妙，至排律於茲實開其端。其後陶淵明作詩，獨尙冲淡淵雅，故其志操著於劉宋之世。南北朝之文學，北遜於南，南朝詞章之最著者，宋則有謝靈運鮑照，齊則有謝眺孔稚圭，稚圭北山移文，無語不新，有字必雋，六朝文章之廬山真面目盡於此矣。若梁昭明之文選，創總集之體；劉勰之文心雕龍，創論文之體；鍾嶸之詩品，創詩話之體；徐陵之玉台新詠，創詩選之體，皆至今不廢。惟江左文風，本以浮艷著，陵夷至於陳後主，以江孔爲狎客，益流於淫靡，而南朝之局以終。至於詩學，在梁以前，詩詞平仄皆通用，至沈約爲四聲之學，而詩之制限始嚴，律絕之體，由是而生，詩之分類，亦由是而繁矣。

第九章　隋

一、田制

隋行均田制，一夫受露田八十畝，婦人受露田四十畝，奴婢所受露田，與良民同。每男女另受桑田二十畝，爲永業田。倘土地不適於栽桑，則受麻田二十畝。園宅地，每三口分給一畝，奴婢每五口分給一畝。人民十八歲，爲受田之期，六十歲，爲還田之期。隋書云：「開皇十二年，時天下戶口歲增，京輔及三河，地少而人衆，衣食不給，議者咸欲徙就寬鄉。帝乃發使四出，均天下之田，其狹鄉每丁纔至二十畝，老小又少焉。」可知均田之制，寬鄉與狹鄉不同。此外富貴之家，占田不同於平民。隋制，自諸王以下，至於都督，皆給永業田，各有差；多者百頃，少者三十頃。京官給職分田，一品者給田五頃，每頃以五十畝爲差，至五品則爲田三頃，六品二頃五十畝，至九品，乃爲一頃。外官亦各有職分田，並給公廨田，以給公用。王船山云：「均田令行，狹鄉十畝而籍一戶，其虐民可知矣；則爲均田之說者，王者所必誅而不赦，明矣。」隋之稅制，與前代略有不同。受田之戶調，以牀爲課徵單位，卽娶妻成床，納單位之租稅；單丁未娶者，減半輸納。隋書云：「丁男一牀，租粟三石，桑土調以絹絁，麻土以布。絹絁以匹，加綿三兩；布以端，加麻三斤。」

二、幣制

南北朝之時，幣制紊亂，隋高祖統一天下，欲革此弊，隋書云：「高祖旣受周禪，以天下錢貨，輕重不等，乃更鑄新幣，背面肉好，皆有周郭，文曰五銖，而重如其文；每錢一千，重四斤二兩。」然舊錢依然流通，雜幣百出，百姓私鑄，故下詔嚴禁，倡用新幣。隋書云：「開皇三年四月，詔四面諸關，各付百錢爲樣，從關外來，勘樣相似，然後得過；樣不同者，卽壞以銅入官，詔行新錢以後，前代舊錢，有五行大布，永通萬國，及齊常平，所在用以貿易不止。四年，詔仍依舊不禁者，縣令奪半年祿，然百姓習用旣久，尙猶不絕。五年正月，詔又嚴其制，自是錢貨始一，所在流布，百姓便之。」其後諸王均各立鑪造錢，私鑄寖多，因之錢漸薄惡。是時見用之錢，和以錫鑞，錫鑞旣賤，求利者多，私鑄日盛，錢愈濫劣；初每千猶重二斤，後漸輕至一斤；或剪鐵鍱，裁皮糊紙以爲錢，相雜用之，而幣制紊矣。

三、官制

文帝卽位，罷周六官之制，復漢魏之舊，有三司三公五省三台九寺五監等名。通典云：「隋文帝踐極，百度伊始，復廢周官，還依漢舊，其於庶僚，頗有損益。至煬帝初存稽古，多復舊章。大業三年，始行新令，有三台五省五監，於是天下繁富。四方無虞，衣冠文物爲盛矣。」五省，卽尙書殿內門下內史祕書；三台，卽謁者司隸御史；九寺，卽光祿太常衞尉宗正太僕大理鴻臚司農太府；五監，卽國子將作少府都水長秋；至太師太傅太保，乃坐而論道，不主國事；太尉司徒司空，則參與國家大計。五省之尙書，分掌國之要事，下置吏部禮部兵部都官度支工部等六曹。門下，卽侍中之職，掌獻納及進御之事。內史，卽中書省之職，掌出納王命之事。祕書，掌圖籍著作之事。殿內，掌宮禁服御之事。三台之御史，掌查糾彈劾之事。謁者，掌受詔宣撫申奏寃枉之事。司隸，掌諸巡查之事。九寺之太常，掌禮儀之事。光祿，掌膳食之事。衞尉，掌禁衞之事。宗正，掌宗室之事。太僕，掌輿馬之事。大理，掌刑辟之事。鴻臚，掌外藩朝會之事。司農，掌上林太倉之事。太府，掌府庫財物之事。五監之國子，掌教育之事。少府，掌內府器物之事，都水，掌河隄水運之事。長秋，掌宦者之事。將作，掌營造之事。隋之官品，定爲十八階；官祿則隨品級而分別。京官正一品，食祿至九百石，縣則分大小，多者至百四十石，小者亦有六十石。

四、軍制

隋之軍制，沿用後周之府兵制，籍民爲兵，擇其强健者，蠲其租調，令刺史於農隙教練之，合爲百府，每府置主將，故有府兵之名。通考云：「隋兵制，大抵仍周齊府兵之舊，而加潤色。其十二衞：曰翊衞，曰驍騎衞，曰武衞，曰屯衞，曰禦衞，曰候衞，各分左右。後更驃騎曰鷹揚郎將，車騎曰副郎將，別置折衝果毅，此府兵之大略也。」隋書云：「凡是軍人，可悉屬州縣，墾田籍帳，一與民同，軍府統領，宜依舊式。」煬帝大業八年，下令四方之兵，編爲左右十二軍，凡一百一十三萬二千八百人，每軍大將亞將各一人；騎兵四十隊，每隊百人，十隊爲團；步兵八十隊，分爲四團，團各有偏將一人。其輜重散兵等，亦爲四團；使步兵挾之而行，進退有法。

五、法制

隋統南北，首定新律，上集歷代刑典之大成，下啓唐世律學之先河，承先啓後，厥功甚偉。文帝紀云：「開皇元年冬十月，行新律。」隋書刑法志云：「三年，因覽刑部奏斷獄數，猶至萬條，以爲律尙嚴密，人多陷罪，又勑蘇威牛弘等，更定新律，除死罪八十一條，流罪一百五十四條，徒杖等千餘條，定留惟五百條，凡十二卷，自是刑網簡要，疏而不失。」通考云：「隋文帝初令高穎等，更定新律，其名有五卽死流徒杖笞也。隋並蠲除前代鞭刑，及梟首轘裂之法，其徒流刑之罪，皆減輕。惟大逆謀反者，父子兄弟皆斬，家口沒官。又置十惡之條，多採齊制，徵有損益。所謂十惡，一，謀反，卽令之內亂罪；二，謀大逆，卽謀毀山林及宮闕；三，謀叛，卽謀背本國以通外國；四，惡逆，卽謀殺尊親及丈夫；五，不道，卽慘毒殺人，或殺死一家數命；六，大不敬，卽對於君上有不敬之行爲；七，不孝，卽詛罵或遺棄直系尊親屬，以及與直系尊親屬別籍異財，居三年喪而嫁娶作樂，匿三年喪不條舉，或詐稱直系尊親屬死亡；八，不睦，殺死及謀賣親屬；九，不義，卽部民殺長官，軍士殺軍官，學生殺師傅，或妻匿夫喪而不舉哀；十，內亂，即四等宗親以內之男女相姦。十惡及故殺人獄成者，雖會赦，猶除名。其在八議之科，及官品第七以上犯罪，皆例減一等。煬帝末年，外征四夷，賦歛繁多，盜賊蜂起，更立嚴刑。舊唐書刑法志云：「煬帝忌刻，法令尤峻。」一唐六典云：「末年嚴刻，生殺任情，不復依例，故不旋踵而亡。」

六、教育

隋初，自京邑達於四方，皆立學校，一時稱盛。文帝仁壽元年下詔，惟簡留國子學生七十人，太學四門及州縣學並廢，遣散學生，無慮千萬。煬帝即位，復開庠序國子郡縣之學，徵辟士人，講論得失於東都之下，納言定其次差，一以奏聞。隋之選舉制度，諸州祇歲貢三人，工商不得入仕，雖有秀才之科，而上無求才之意，下無應詔之人，御史李諤，以選才失中，嘗上書云：「自魏之三祖，更尚文詞，忽人君之大道，好雕蟲之小技，下之從上，有同影響，競騁浮華，遂成風俗，江左齊梁，其弊彌甚，貴賤賢愚，惟務吟咏，遂復遺理存異，尋虛逐微，競一韻之奇，爭一字之巧；連篇累牘，不出月露之形；積案盈箱，惟是風雲之狀；世俗以此相高，朝廷據茲擢士；祿利之路既開，愛尚之情愈篤；於是閭里童昏，貴遊總角，未窺六甲，先制五言，捐本逐末，流遍華壤，遞相師祖，澆漓愈扇。及大隋受命，聖道聿興，是以開皇四年，普詔天下，公私文翰，並宜實錄；如聞在外州縣，仍踵弊風，選吏舉人，未遵典則，臣既忝憲司，職當糾察，請勅諸司，普加搜訪，有如此者，具狀送台。」該時教育方法之錯誤，以及選舉之流弊，於此可知。

第十章 唐

一、田制

唐之均田制，大體依隋，分受之公田，約分爲三：一，穀田，即口分田，依收授法而收授之田，後魏名爲露田，唐則名爲口分田；此種口分田，專用種穀，對於十八歲以上，六十歲以下之男丁，每人分派八十畝；六十歲以上，則減爲四十畝；寡婦或妾，可分三十畝；婦人及幼小者爲戶主時，則婦分與五十畝，幼小者分與二十畝。二，園圃，在授田之始，各戶得分受二十畝之園圃地以爲永業，惟須植桑養蠶。三，宅地，良民戶籍，在三人以下，能分宅地一畝；三人以上，則每三人增給一畝，宅地中有餘地，必須種菜。至僧尼道士亦得分二三十畝之公田。唐代所授之田，十分之二爲世業，八爲口分，身死則承戶者便授之；口分則收入官，更以給人。田土分配之原則，須依土地之寬狹而加以修正；田多足以分配之鄉稱寬鄉，否則稱爲狹鄉；狹鄉之授田，較寬鄉減半；磽地或須休耕之田，則加倍授與。葉水心云：「要知田制所以壞，乃唐世使民得自賣其田始，民得自有其田而公賣之，天下紛紛，遂相兼併。」唐代曾行漢之屯田制，新唐書云：「唐開軍府以扞要衝，因隙地置營田，天下屯總九百九十二，司農寺每屯三十頃，諸鎭諸軍，每屯五十頃。水陸腴瘠，播殖地宜，與其功庸煩省，收率之多少，皆決於尙書省苑內；屯以善農者爲屯官屯副。」唐初稅制，有租庸調之名，租者田租，卽今之田賦，庸者力役，調則戶稅。唐之中葉，均田制度崩潰，租庸調亦不能復行，遂改爲兩稅法。唐高祖武德二年，初定租庸調法，凡授田者，丁歲輸粟二斛，稻三斛，謂之租。丁隨鄉所產，歲輸綾絹絁各二丈，布二丈五尺，輸帛者加輸綿三兩，輸布者加麻三斤，非蠶鄉則輸銀十四兩，謂之調。用人之力，每歲二十日，閏加二日，不役者，每日爲絹三尺，謂之庸。有事而加役二十五日者免調，三十日者租調皆免，通正役，不過五十日。輸以八月，發以九月。唐武德年間，租庸調之單位，以丁爲準。

二、幣制

唐武德四年，廢五銖錢，而行開元通寶。其錢徑八分，重二銖四絫，卽以十枚爲一兩，千枚爲六斤四兩；並置錢監於洛并幽益桂等州，以鑄造之；其後歷代鑄錢，概以開元通寶爲準。高宗顯慶五年，以天下惡錢多，令官方以好錢一換惡錢五之比例收買之。乾封元年，新鑄乾封泉寶，其錢徑一寸，重二銖六分，以其一當舊錢十，而與舊錢並行，如此一年，舊錢多不能行，物價飛漲，於是廢乾封泉寶，又用開元通寶。儀鳳年間，私鑄者甚多，乃令巡江官督，凡運送銅錫及鉛在五百斤以上者，得沒收於官。玄宗開元六年，禁絕惡錢，行二銖四絫錢，收惡錢鎔毀之，改鑄爲二銖四絫錢。開元八年，惡錢一千文，重滿六斤者，由官吏以好錢三百買入。開元二十六年，私鑄之惡錢，大爲增加，因此，出絹布三百萬匹而收回之。天寶十一年，又出錢二十萬緡，收回兩京之惡錢。肅宗乾元元年，戶部侍郎第五琦請鑄乾元重寶錢，徑一寸，重每緡十斤，以一當十，並與開元通寶相參用；及爲相，請更鑄重輪乾元錢，以一當五十，與乾元開元寶錢，三品並行，因私鑄大起，物價飛昂，乃減重輪錢之價，以一當三十。代宗卽位，乾元重寶錢，改爲以一當二，重輪錢以一當三，大小錢，皆以一當一，人民稱便。憲宗元和元年，因錢之流通少，禁止銅器之使用。敬宗寶曆元年，禁止銷錢而爲佛像；武宗會昌六年，准許諸道觀察使，皆得置錢坊，又將天下之州名，鑄於錢面，京師鑄造之錢爲京錢，交易上不准使用舊錢。唐之信用紙幣，始自唐高宗永徽年間，曾印大唐寶鈔，橫額書大唐寶鈔，下書十貫。武宗會昌年間，又發行九貫及一貫兩種，樣式相同，飭發天下，任民使用，僞造者斬　唐憲宗時，商賈至京師，委錢諸道院及諸軍諸使富豪家，以輕裝趨四方，勘驗合劵，乃取之，號曰飛錢；此種飛錢，可以節省貨幣之現量，其功用與今世之紙幣支票匯票約略相似，故顧亭林以唐代之飛錢，與明代之會票相同。

三、官制

唐之官制，大抵皆沿隋舊，惟其格令，則規定於玄宗開元二十五年。文獻通考云：「開元二十五年，刊定職次，著爲格令；尚書省，以統會泉務，舉持繩目；門下省，以侍從獻替，規駁非宜；中書省，以獻納制册，敷揚宣勞；祕書省，以監錄圖書；殿中省，以供修膳服；內侍省，以承旨奉引；御史台，以肅清僚庶；九寺：太常，光祿，衞尉，宗正，太僕，大理，鴻臚，司農，太府；五監：少府，將作，國子，軍器，都水，以分理羣司；六軍：左右羽林，左右龍武，左右神武；十六衞：左右衞，左右驍衞，左右武，左右威，左右領軍，左右金吾，左右監門，左右千牛，以嚴其禁禦；一詹事府，二春坊，三寺：家令寺，率更令，太僕寺；十率：左右衛，左右司禦，左右監門，左右清道，左右內侍，俾七儲官；牧守督護，分臨畿服，設官以經之，置使以緯之。自六品以下，率由選曹，居官者，以五歲爲限。一唐分天下爲十道：關內道，二十二州；河南道，二十八州；河東道，十九州；河北道，二十五州；山南道，三十三州；隴右道，二十一州；淮南道，一十四州；江南道，五十一州；劍南道，三十三州；嶺南道，七十州；凡三百六十州。自後併省，迄於天寶，凡三百三十一州。每道各置巡察使，睿宗時，改爲按察使，玄宗時改爲採訪處置使。肅宗以後，分天下爲四十餘道，各置觀察使。

四、軍制

唐代軍制，沿襲南北朝。京師諸軍，有羽林軍龍武軍飛騎神武神策各軍，以拱衛中央。太宗時，依隋制置折衝府六百三十四於十道，其中二百六十一屬關內道。折衝府有上中下三等，一千二百人爲上府，一千人爲中府，八百人爲下府，在赤縣爲赤府，在畿爲畿府，衛士以三百人爲團，有校尉，五十人爲隊，三十人爲火，有長備六馱馬驢，米糧介胄，戎器鍋幕，貯之府庫，以備兵事。關內置府三百六十一，積兵士十六萬，舉關中之衆，以臨四方，置十二軍。府兵不僅鎮壓地方，並每年番上交代，而以宿衛京師。人民二十當兵，六十免役，能騎射者爲越騎，其餘則爲步兵，每歲冬季，折衝都尉，則集府兵而習軍陣進退之法，平時則使之耕作，値番者則使之宿衛；事變起時，則待契符之下而出兵。高宗武后時，天下久不用兵，府兵之法漸壞，番役更代，多不以時，衛士稍稍亡匿，至是益耗散，宿衛不能給。玄宗開元中，募士宿衛，號長從宿衛，歲一番；翌年，更號曰彍騎，嗣以彍騎分隸十二衛，總十二萬，爲六番。自天寶以後，彍騎之法，又稍變廢，折衝諸府，至無兵可校，而六軍宿衛，皆以市人充之，及祿山反，皆不能授甲矣。唐代方鎮之起源，自邊將屯防始，唐初，兵之戍邊者，大曰軍，小曰守捉，曰城曰鎮，而總之曰道。自武德至天寶以前，邊防之制，凡軍城鎮守捉皆有使，而道有大將一人，曰大總管，已而更曰大都督。高宗而後，接乎開元，朔方隴右河東河西諸鎮，皆置節度使，安史之亂，肅宗命李光弼等九節度使之師以平之，久之大盜乃滅。而武夫戰卒，以功起行陣，列爲侯王者，皆除節度使，由是方鎮相望於內地，帥强兵驕，中央力不能制，姑息以養其奸，其始起於河朔三鎮，其後乃自國內以外，皆分裂於方鎮矣。按唐書兵志，唐有天下二百餘年，而兵之大勢三變；其始盛時，府兵後廢而爲彍騎，彍騎又廢而方鎮之兵盛矣；及其末也，强臣悍將，兵布天下，而天子亦自置兵於京師曰禁軍，其後天子弱，方鎮强，而唐遂以滅亡者，措置之勢使然也。蓋府兵之制，居無事時，耕於野，其番上者，宿衞京師而已，若四方有事，則命將以出，事解輒罷，兵散於府，將歸於朝，故士不失業，而將帥無握兵之重，所以防微杜漸，絕禍亂之原也。及府名法壞，而方鎮盛，武夫悍將，雖無事時，據要險，專方面，既有其土地，又有其民人，兵甲財賦，以布列天下，則方鎮不得不强，京師不得不弱。夫置兵所以止亂，及其弊也，適足以爲亂，又其甚也，至困天下以養亂，故兵之始重於外也，土地民賦，非天子有，既其盛也，號令征伐非其有，其末也，至無尺土，而不能庇其妻子宗族，遂以滅亡，可不哀哉。

五、法制

中國法律，至唐大備，集歷代法律之大成，宋元明清皆奉爲圭臬。唐高祖初入關時，祗有約法十二條，武德元年，詔劉文靜與通識之士，因隋開皇律令而損益之，遂制爲五十二條。太宗時命長孫無忌房玄齡等更加釐改，定律五百條，分爲十二卷，卽名例衞禁職制戶婚廐庫擅興賊盜鬥訟詐僞雜律捕亡斷獄是也。既定之後，復加增補，故唐之法律有四，卽律令格式是。馬氏通考云：「唐之刑書有四，曰律令格式。令者，尊卑貴賤之等數，國家之制度也；格者，百官有司所常行之事也；式者，其所常守之法也。凡邦國之政，必從事於此三者，其有所違，及人之爲惡，而入於罪戾者，一斷以律。」唐自武德律令格式，至大中刑律統類，歷經刪定，蔚爲大觀，而唐律疏義一書，下及宋元，承用不廢，朱明修律，所本尤多。且古今法律能得寬嚴之中者，亦唯唐律也，唐代法典之傳於今日者，僅唐律疏義與唐之六典兩書而已。

六、宗教

隋唐以來，交通旣廣，故外教之輸入中國者，亦視前代爲多，如回景等教；然最盛極一時者，厥爲佛道兩教也，玆分述如左：

一，佛教，佛教自漢時傳入中國，歷魏晉南北朝，日見隆盛，至隋唐而勢力益增，惟唐初對於佛教不加崇奉，並禁僧尼私度，自名僧玄奘出，於貞觀三年，發中國，取道天山南路中亞細亞以入印度，探聖迹，訪名師，入戒賢律師之門，精窮佛典，經十餘年歸國，當時齎還者有經典六百五十餘部。太宗嘗留居禁中，命與其弟子道宣等從事翻譯，前後共譯七十四部。千三百三十八卷，太宗親爲三藏聖教序，高宗又爲撰述聖記，創大慈恩寺，命玄奘居之。至玄宗時，印度僧善無畏三藏金剛智三藏不空三藏，相繼而來，是爲開元之三大士。又慧日三藏遊印度還，爲當時名人所重，若顏眞卿王維之徒，皆信奉之，故其勢益盛。方是時，每三歲作僧尼籍，由祠部官給度牒，是爲官給度牒之始。惟至武宗時抑毀佛寺，堪稱浩刼，自古迄今，凡排斥佛教者三次：首爲後魏太武帝，次爲北周武帝，再次卽唐武宗也，故釋家謂之三武之禍。至復宗時，復解其禁。初僧徒由西方來，一意傳播釋迦遺響，無分宗派，厥後經年既久，分爲十三宗，卽成實宗三論宗涅槃宗律宗地論宗淨土宗禪宗俱舍宗攝論宗天台宗華嚴宗法相宗真言宗是也。俱舍與成實兩宗爲小乘，餘則俱爲大乘；其中天台一宗，係中國所自創。

二，道教，道教以老子爲宗，老子姓李，唐室亦姓李，唐帝因推崇老子，並尊道教，高宗曾至亳州老子廟拜謁，上尊號爲太上玄元皇帝，認爲始祖，詔王公以下皆習道德經，由是道教日盛，凡爲道士者多免賦役。武宗時，嘗召道士趙歸真等入禁中，於三殿修金籙道場於九天壇，親受法籙。中唐以後，上自君相，下至人民，多信丹餌，遺害誠非淺鮮。

三，回教，回教創於阿拉伯，始祖爲摩汗墨德，本名依斯蘭教，唐武德中，其徒撒哈八等，自大食由海道入中國，建寺於杭州廣州，是爲回教東來之始。其教崇奉上帝，焚香禮拜誦經，禁食豕肉。因回紇人多尊信其教，故有回教之稱。

四，景教，景教爲耶穌教之一派，爲東羅馬教徒涅士脫流斯所創設，得波斯所尊信，建爲國教。唐初與波斯交通，遂流入中國。太宗貞觀中，波斯人阿羅本齎經典來長安，太宗留之禁中，使翻譯經典，爲建波斯寺，度僧二十一人，其徒自號景教，示教旨光輝發揚之義。高宗時，更於諸州建波斯寺，其教大行。德宗之世，長安大秦寺僧景淨，建景教流行碑，後沒土中，至明始見，得知景教流行之梗概焉。

五，祆教，祆教爲波斯國教，其教以宇宙中有陰陽二神，以陽神清淨，爲至善之本，陰神汚穢，爲至惡之本，而以火表陽神，故又名拜火教。所以名祆者，以其又拜天日也。南北朝時，稍傳而東，唐初，盛行於中國；高宗武德時，勅立祆寺於長安，置薩寶府以掌其祭；有祆正祆祭等官，皆以胡人充之。

六，摩尼教，摩尼教始於魏，晉時波斯人摩尼所創，其源本於火教，參酌佛教祆教耶穌等教而別成一派。唐初，已由波斯傳入中國，回紇人素崇其教，唐中葉以後，回紇人多移居中地，乃請於朝廷，於各地建摩尼寺，與大秦寺祆寺並稱爲三夷寺。

七、教育

高祖卽位以後，恢復六朝舊制，隸於國子監者有六學：一，國子學，文武三品以上之子弟盡歸國學；二，太學，文武四品五品以上子弟盡歸太學；三，四門學，勳三品以上無封四品有封之子弟，及文武七品以上之子弟，盡歸四門學；四，律學，八品以下之子弟，及庶人之通律學者，年在十八以上，二十五以下，入此學，高宗時，隸詳刑；五，書學，八品以下之子弟，及庶人之通書學者，入此學；高宗時，隸蘭臺；六，算學，八品以下之子弟，及庶人之通算學者，入此學，高宗時隸祕閣。以上六學，如國子學太學，皆大學也。四門學，則普通學也；書學律學算學，皆專門學也。凡國子學太學之教學，以研究經術爲主。凡禮記春秋左氏傳爲大經；詩周禮儀禮爲中經；易尙書春秋公羊傳穀梁傳爲小經；此外孝經論語，須兼通之，間習時務策，讀國語說文字林爾雅等書，能通二經以上，始有出仕之資格。四門學則通一經，有文辭史學者入之。書學以石經說文字林爲專修科。律學以律令爲專業，格式法例次之。算學，則以明數詳術理者爲及格。六學之外，當天寶九年，別置廣文館，合爲七學。此外隸於門下省者，有弘文館，皇室緦麻以上親，皇太后皇后大功以上親，宰相及散官一品功臣身食實封者之子弟，及京官職事從三品中書黃門侍郎之子弟，入此學。東宮則有崇文館，隸左春坊。於祕書省又別置小學，亦均爲皇族子孫及功臣子弟而設。唐代地方學校，有州縣各學，通考云：「唐制，京都學生八十人，中都督府上州各六十人，下州四十人，京縣五十人，上縣四十人，中縣中下縣各三十五人，下縣二十人。州縣學生，州縣長官補，長史主焉；每歲仲冬，州縣館監舉其成者，送之尙書省。武德七年，詔諸州縣及鄉，並令置學，有明一經以上者，有司試册加階；玄宗開元二十一年，勅諸州縣學生，年二十一以下，通一經以上，及未通經，精神聰悟，有文辭史學者，每年銓量舉送所司簡試，聽入四門學，充俊士。」唐之制育制度，有一特點，即不許私人設立學校是也。唐代行科舉制度，凡舉士銓官，皆重考試，自魏晉以來，造成之九品中正門閥制度，至是始完全廢除。且科舉盛行，白衣及第，門第之風遂衰。

八、文學

唐時選舉出於考試，考試皆重文學，故文學之士，接踵而起，唐初文學，沿魏晉南北朝之舊習，猶囿駢體，如楊烱王勃駱賓王盧照鄰皆工駢體，稱爲四傑。論其復古之功，當推韓愈，其所爲文，雄厚雅健，遂起八代之衰。曾毅云：「唐興八世，百八十年間，文章承江左遺風，陷於雕章繪句之弊，貞元元和之際，韓愈柳宗元出，唱爲先秦之古文，與李翺李觀皇甫湜等相應和，遂能挽回八代之衰，上踵孟荘荀韓，下啓歐蘇王曾，蓋古文之名始此，而唐以後之爲文者，莫不以韓柳爲大宗。」唐代詩學尤著，有初盛中晚之別，以盛唐爲最著。如沈佺期宋之問，皆以能律詩被知於上；然唐初風雅，始發其端，未臻鼎盛；至玄宗時，詩人若李白杜甫，均有獨到之處。李白之詩，高妙而飄逸；杜甫之詩，悲壯而沉鬱，同時若王維韋應物等，亦各能詩，故唐之詩詞極盛，韓愈與柳宗元亦皆能詩，韓詩奧衍，柳詩溫雅。同時有李賀者，詩思艱深，於詩學中別樹一幟。稍後有元稹白居易，其詩皆以平易著，尋又有杜牧李商隱溫庭筠輩，詩名亦不下於元白，最後有韓偓者，其詩獨以香奩體得名，亦晚唐之特出也。

第十一章　五代

一、田制

自梁太祖開平元年至宋太祖陳橋受禪，數十年之紛擾，一切俱雜亂無章，田地亦無制度之可言。周世宗時，許人請射承佃，供給租稅，如三周年內，本戶來歸者，其桑田不計荒熟，並交還一半；五周年內歸業者，三分交一分；如五周年外，除本戶坟塋外，不在交付之限。其近北諸州陷蕃人戶來歸業者，五周年外，三分交還二分；十周年內還一半；十五周年者，三分還一，此外不在交還之限，可知此時雖有荒土，國家不能計荒授田，祗任人請射而已。至周世宗見元稹均田圖，歎爲致治之本，詔頒其圖法，使吏民習知，期以一歲，大均天下之田；然祗能謂之均租，不得與北魏之均田，相提並論也。

二、幣制

唐代惡錢，至五代仍未盡絕，江南商人，有挾帶錫鑞小錢，行使沿江各州縣者，唐莊宗同光二年，詔加禁止，不許將惡錢換易好錢，如有私載，並行收納。明宗天成元年，以諸道州府，多銷鎔見錢，以邀厚利，乃下令依盜鑄錢律科斷。後晉天福三年，禁止將鉛鐵雜著，諸道有久廢銅冶，許百姓取便開鍊，官中不取課利，除鑄錢外，不得別鑄銅器，後周顯德二年，立監採銅鑄錢，凡民間銅器，悉令輸官給直，隱匿不輸，五斤以上，加以死刑。江南有唐國通寶，又別鑄如唐制而篆文，其後鑄鐵錢，每十錢，以鐵錢六，權銅錢四而行。前蜀乾德後，只以鐵錢貿易，凡十，當銅錢一。湖南有乾封泉寶，徑寸，以一當十。

三、官制

五代承唐舊制，朱溫篡國，改唐之樞密院爲崇政院，至後唐復樞密使之名，當時樞密之權極重，等於人主，不待詔勅，可以易置大臣。地方官制，則有京師外州之別，京師所治，恆立尹以理之。不隸藩鎮之州郡，均置刺史，以治其事；然朝廷委任刺史，多以武人爲之，論者謂：「天下多事，民力困敝之時，不宜以刺史任武夫，恃功縱下，爲害不細。」

三、軍制

梁太祖用法深嚴，將校有戰沒者，所部兵，悉斬之，謂之拔隊斬；士卒失主將者，多不敢歸，乃文軍士之面，以記軍號，逃者皆處死。唐末帝時，下令各道州府縣鎮，賓佐至錄事參軍都押衙教練使以上，皆習騎隊。晉初置鄉兵，號天盛軍。周世宗即位後，謀肅軍政，乃命大簡諸軍精銳者，升之上軍，羸者斥去之；由是士卒精强，所向皆捷。南唐時，組織民間軍隊，約有七種：一，新擬生軍；二，新擬軍，三，團軍，四，凌波軍，五，義勇軍，六，自在軍，七，排門軍。

四、法制

五代多用酷刑，莫甚於漢，後漢高祖生日時，遣蘇逢吉疏理獄囚以祈福，凡囚犯無曲直輕重，皆殺之。漢法，凡竊盜一錢以上者，即處死刑。隱帝時，處流言者，不論罪之大小，均加以死刑。晉之非刑，有以長釘參人手足，以短刀臠割人肌膚者。

五、教育

五代教育，毫無進展可言；至於選舉，五十年間，惟梁與晉各停貢舉二年。至於朝代更易，干戈擾攘之歲，貢舉未嘗廢也。每歲所取進士，其多者，僅及唐之一半，而三禮三傳學究明經諸科，唐雖有之，但每科所取甚少，五代自晉漢以來，明經諸科中選者，常及百人，蓋帖書墨義，太平之時，士鄙其學而不習，國家亦賤其科而不取。五代爲士者，往往從事帖誦，而舉筆能文者甚少，國家亦始以是爲士子進取之途，故其所取，反數倍於盛唐之時也。

第十二章　宋

一、田制

宋之田制，據宋史食貨志云：「農田之制，自五代以兵戰爲務，條章多闕，周世宗始遣使均括諸州民田，太祖卽位，循用其法，建隆以來，命官分詣諸道均田，苛暴失實者輒譴黜，申明周顯德三年之令，課民種樹，定民籍爲五等，第一等種雜樹百，每等減二十爲差，梨棗半之，男女十歲以上，種韭一畦，闊一步，長十步，乏井者鄰伍爲之鑿，令佐春秋巡視，書其數，秩滿第其課爲殿最，又詔所在長吏諭民，有能廣植桑棗懇闢荒田者，止輸舊租，縣令佐能招徠勸課，致戶口增羨，野無曠土者議賞，諸州各隨風土所宜，量地廣狹，土壤瘠埆，不宜種藝者，不須責課，遇豐歲，則諭民講蓋藏，節費用，以備不虞，民伐桑棗爲薪之，皋之，剝桑三工以上，爲首者死，從者流三千里，不滿三工者減死，從者徒三年。」當時祇有官田民田之分，並無均田之制也。官田約分爲四：一，營田，宋之營田，與初之府兵屯田制相同，分散於州縣，凡官田所在之處，多置營田；二，屯田，宋之屯田，與漢之邊郡屯田相同，卽置重兵於邊爲屯田；三，官莊，凡官田所在之處，隨時設置官莊，以招人佃耕爲主，令其納租；四，職田，隋唐官吏有職分田，爲俸外之祿田，五代以後遂廢，至宋真宗咸平年復置，以官莊及遠年逃戶田充之，對於國家可免租稅，招浮客充佃戶，依鄉原例納租課。嗣因巨室兼併民田，民感其苦，仁宗卽位，下詔限田，公卿勿過三十頃，衙前將吏，勿過十五頃，逾限則收納稅役，以田賞告者。此等限田之法，本足以挽救兼併之弊，施行之初，未嘗不雷厲風行，但朱門豪族，終感未便，任事者每以限田不便，未幾卽廢。宋史云：「承平寖久，勢官富姓，佔田無限，兼倂冒僞，習以成俗，重禁莫能止焉。」蘇洵後亦主張限田，據圖書集成云：「有田一人，耕者十人，是以田主日累其半，以至於富强，耕者日食其半，以至於窮餓而無所告，吾欲少爲之限，而不奪其田嘗已過吾限者，但使後之人，不敢多占田以過限耳。」神宗熙寧二年，曾行青苗法，青苗法乃春散秋斂，將糴本轉貸於農民，春貸十千，隨夏稅繳還，秋貸十千，年終繳還，每期各納息錢二千。司馬光等曾加反對。

二、幣制

宋之錢法，有銅鐵二等，太祖初，特鑄宋通元寶，凡諸州輕小惡錢，悉加禁止，私鑄者，皆棄市。淳化元年，鑄淳化元寶，至道元年，鑄至道元寶，並規定以後，每改元卽更鑄錢，均稱元寶而冠以年號。續通典云：「自太祖平江南，江池饒建置爐，歲鼓鑄至百萬緡，積百年所入，宜乎貫朽於中，藏充足於民間矣。比年公私上下，並苦乏錢，百貨不通，人情窘迫，謂之錢荒，不知歲所鑄錢，今將安在；夫鑄錢禁銅之法舊矣，令勅具載，而自熙寧七年，頒行新敕，刪去舊條，削除錢禁，以此邊關重車而出，海舶飽載而回，聞沿邊州軍錢出外界，但每貫收稅錢而已，錢本中國寶貨，今乃與四海共用，又自廢罷銅禁，民間銷毀，無復可辨，銷鎔十錢，得精銅一兩，造作器用，獲利五倍，如此則逐州置爐，每爐增數，是由畎澮之益而供尾閭之洩也。八年，復申錢幣闌出之禁。」宣和時，轉運使宋喬年鑄烏背漉洞錢進，詔以漉洞或頒諸路，並頒大觀新修錢法於天下。理宗寶祐元年，詔新錢以皇宋元寶爲文，時賈似道當國，請提楮幣改造金銀見錢關子，以一準十。宋朝使用紙幣，始於真宗，先是蜀人患鐵錢太重，自行發行紙幣一種，謂之交子，每一交子計錢一緡，三年一換，謂之一界，以富民十六戶主之。神宗時，蔡京當國，又改其名爲錢引。南渡之後，又有會子關子，亦係分界使用。孝宗力振幣政，慮交子之病民，詔出庫銀收買之。

三、官制

宋承唐制，以平章事爲真宰相，嗣由平章事變而爲左右僕射，又變而爲太宰少宰，左右宰相。宋有各部，如吏部，掌文武官吏選試擬注資任遷敍蔭補考課之政；戶部，掌軍國用度，以周知其出入盈虛之數；禮部，掌禮樂祭祀朝會宴享學校貢舉之政；兵部，掌兵衞武選車輦甲械廐牧之政；刑部，掌刑法獄訟奏讞赦宥敍復之事；工部，掌天下城郭宮室舟車器械符印錢幣山澤苑囿河渠之政。宋代改唐之道爲路，每路所統，有府有州，有軍有監，府州軍均有領縣。

四、兵制

宋之軍制，大概有四：一，禁軍，爲天子之衞兵，守衞京師以備征伐；二，廂軍，由各州募集而供役使；三，鄉兵，選於戶籍或應募，加以訓，以爲所在防守；四，蕃兵，內附之蕃人，具籍塞下，以爲藩籬之兵。熙寧初，王安石變募兵而行保甲，保甲法以十家爲一保，選主戶之有幹力者爲保長，五十家為一大保，選一人為大保長，十大保為一都保，選為衆所服者，為都保正，又以一人為之副，使各貯弓箭，講習武藝；保甲法行，募兵乃衰，此法廢置不定，故民兵之制，亦陷衰替。宋史云：「太祖起戎行，有天下，收四方勁兵，列營京畿，以備宿衞；分番屯戍，以捍邊圉；於是將帥之臣，入奉朝請；獷暴之民，收隸尺籍；雖有桀驁恣肆而無所施於其間，凡其制為什長之法，階級之辨，使之內外相違，上下相制，截然而不可犯者，是雖以矯累朝藩鎮之弊，而其所懲者深矣。咸平以後，承平既久，武備漸開，仁宗之世，西兵招刺太多，將驕士惰，徒耗國用，憂時之士，屢以為言，竟莫之改。神宗奮然更制，於是聯比其民，以為保甲；部分諸路，以隸將兵；雖不能盡拯其弊，而亦足作一時之氣也。」

五、法制

宋代法典，較前古為多，惟中經變亂，遺書散失，故篇目雖多，而書籍無徵。其編纂時期，大約每一改元，則必編修一次，或數次。自開國以迄末禩，幾於無歲不從事於編纂。至其法法典之種類有四，即勅令格式是也。與唐代之律令格式，大同而小異，惟律則存乎勅之外矣。所謂勅者，凡笞杖徒流死，自名例以下，至斷獄十有二門，麗刑名輕重之，皆屬之；令者，約束禁止之謂；格者，別等級之高下；式者，即表奏帳籍關牒符檄，有關體制楷模者也。宋代用刑，頗稱嚴酷，曾採用凌遲與前代之黥刑；但太祖初年，亦頗注意於寬刑。通考云：「宋太祖詔曰：王者禁人爲非，乃設法令，臨下以簡，必務哀矜；世屬亂離，則糾之以猛；人知恥格，則濟之以寬；竊盜之生，本非巨蠹，近朝立制，重以律文，甚非愛人之旨。」至太宗真宗時，亦仰承太祖之意，對於獄刑比較愼重。

六、教育

宋之學制，因乎唐代，其初僅設國子學，以經術教授諸生。其他四門學太學律學算學書學醫學之設，則至元豐而始備。除倣唐制之外，又別有畫學武學之設。教宗室子弟，則有宗正大小學，惟此種學校，祇設於京師，於地方不與焉。州縣學校之外，當宋初，各地設有書院，即古代鄉塾黨庠之制，由賢士大夫所建，爲師徒講習之所，著者有白鹿石鼓應天嶽麓四書院。宋代教育之編制，有三舍法，釐生員爲三等，始入學者爲外舍，外舍升內舍，內舍升上舍。與學校並行者，則有科舉制度，慶曆中，范仲淹等進言，以爲：「使士皆土著而教之於學校，則學者修飾矣；先策論，則文辭者留心於治亂矣；節程式，則宏博者得以馳騁矣；問大義，則執經者不專於記誦矣。」乃詔州縣立學，本道使者，選屬部爲教授，士須在學三百日，方得與考試，三場：先策，次論，次詩賦，通考爲去取，士通經術，願對大義者，試十通，可爲永式。至神宗熙寧二年，從王安石之議，罷詩賦明經諸科，以經義論策試進士，其後復分經義與詩賦兩科，至南宋而並行。

七、文學

宋初文章，尚沿五代纖麗之習，至歐陽修則胚胎史記，而變化於昌黎之文，議論序事出于紆徐之筆，行以秀雅之度，蔚然爲北宋大宗。同時爲修所獎引者，爲蘇洵與其二子軾轍，及曾鞏王安石等。洵之才橫，矯如龍蛇；軾之才大，一瀉千里，純以氣勝；轍淳蓄淵涵；鞏湛深經術；安石勁爽峭直，明茅坤以韓柳歐三蘇曾王爲唐宋八大家，允爲定評。

第十三章　元

一、田制

蒙古入主中華，屯田則有蒙軍與漢軍之分，或强占民田，或據爲牧場，又加以富豪之兼併，人民困苦，不堪言狀，故趙天麟於所上之太平金鏡策略中云：「方今之務，莫如復井田，尙恐驟然騷動天下，宜限田以漸復之，凡宗室王公之家，限幾百頃，巨族宦民之家，限田幾十頃；凡限田之外，蔽欺田畝者，坐以重罪；凡限外之田，有佃戶者，就令佃戶爲主；凡未嘗開懇者，令無田之民，占而闢之。」元初土地制度混亂，欲免隱稅與均役，只有令有田之家，從實自首，即所謂經理法；其法先期揭榜示民，限四十日，以其家所有田自實於官，或以熟爲荒，或以田爲蕩，或隱占逃亡之產，或盜官田爲民田，指民田爲官田，及僧道以田作弊者，並許諸人首告。

二、幣制

元之鈔法，不與銅錢相權，而與絲銀相權。太宗八年正月，詔印造交鈔行之。憲宗三年夏，立交鈔提舉司，印鈔以佐經用。世祖中統元年十月，行中統寶鈔，分一十二十三十五十一百二百五百一千二千九重；至元十二年，又造釐鈔三種：一文二文三文，因民不便用，十五年即取消。武宗至大二年，循舊典造至大銀鈔，自二兩至二釐，定爲十三等。至大四年四月，罷至大錢鈔，順帝至正十年，丞相脫脫議改鈔法。歷代通鑑輯覽云：「遂定更鈔之議，以中統交鈔一貫，省權銅錢一千文，唯至元鈔二貫，仍鑄至元通寶錢，與歷代銅錢並用以實鈔法，至元鈔通行如故；置寶泉提舉司，鑄至正錢，印造交鈔，全民間通用，行之未久，物價騰貴，至逾十倍，所在郡縣，皆以物貨相易，公私所積之鈔皆不行，國用由是大乏。」

三、官制

元初，官制簡單，世祖卽位，始大新制作，命劉秉忠等酌古今之宜，定內外官制，其總政務者，曰中書省；秉兵柄者曰樞密院；司黜陟者，曰御史台，體統旣立，其次在內者，則有寺有監有衞有府；在外者則有行省行台，有宣慰司，有廉訪司。其牧民者，則曰路曰府曰州曰縣。官有常職，位有常員，食有常祿，其長則蒙古人爲之，而漢人南人貳焉。除此之外，更有六部：一，吏部，掌天下官吏選授之政令；凡職官銓綜之典，吏員調補之格，封勳爵邑之制，考課殿最之法，悉以任之。二，戶部，掌天下戶口錢糧田土之政令；凡貢賦出納之經，金幣轉通之法，府藏委積之實，物貨貴賤之直，斂散准駁之宜，悉以任之。三，禮部，掌天下禮樂祭祀之朝會，燕享貢舉之政令；凡儀制損益之文，符印簡册之信，神人封謚之法，忠孝貞義之褒，送迎聘好之節，文學僧道之事，婚姻繼續之辨，音藝膳供之物，悉以任之。四，刑部，掌天下刑名法律之政令；凡大辟之按覆，繫囚之詳讞，奴收產沒之籍，捕獲功員之式，寃訟疑罪之辨，獄具之制度，律令之擬議，悉以任之。五，兵部，掌天下郡邑郵驛屯牧之政令；凡城池廢置之故，山川險易之圖，兵站屯田之籍，遠方歸化之人，官私芻牧之地，駞馬牛羊鷹隼羽毛皮革之徵，驛乘郵運祗應公廨皂隸之制，悉以任之。六，工部，掌天下營造百工之政令；凡城池之修濬，土木之繕葺，材物之給受，工匠之程式，銓注局院司匠之官，悉以任之。

四、兵制

元之兵制，最初只有蒙古軍與探馬赤軍；蒙古軍爲本部族人，探馬赤軍爲他部族人。入中原後，徵發人民爲兵，是爲漢軍；平宋之後，所得之兵，謂之新附軍。其遼東之糺軍，契丹軍，女真軍，軍南之寸白軍，福建之畲軍，只爲鄉兵，守衛本地，不調他處。又別有礮軍弩軍水手軍等。世祖時，內則立左右中前後五衛，而總以宿衛，於諸軍衛設親軍都指揮使，外則於萬戶之下置總管，千戶之下置把總，百戶之下置彈壓，而使樞密院領之。其成兵之法，蒙古軍與探馬赤軍之組織，乃家有男子，十五以上，七十以下，無衆寡盡簽爲兵；十人爲一牌，設牌頭。上馬則備戰鬥，下馬則屯聚牧養。孩幼稍長又置籍，稱漸丁軍，似爲舉國皆兵之制也。人民服兵役之年限，較徵兵制更長。其平定中原後所用之漢軍，則以貧富爲甲乙，戶出一人爲獨軍戶，合二三戶而出一人，則以一戶爲正軍戶，餘爲貼軍戶；或以男丁論，常以二十丁出一卒；或以戶論，二十戶出一卒。其富商大賈，則又取一人謂之餘丁軍；取匠人爲兵，謂之匠軍；取諸侯將校之子弟充軍，謂之質軍。此外尚有騎軍，蒙韃備錄云：「韃人生長鞍馬間，人自習戰，自春徂冬，旦旦逐獵，乃其生涯，故無步卒，悉是騎軍。」

五、法制

新元史刑法志云：「蒙古初入中原，百司裁決，悉依金律，至世祖始取現行格例頒之。有司爲至元新格；然帝臨時裁決，往往以意出入增減，不盡用格例也。其後挾私用譎之吏，貪緣倣效，骫法自顓，是謂任意而不任法，非縱弛之之過也，元史紀事本末云：「世祖至元二十八年，頒行至元新格，元初未有法守，百司斷理獄訟，循用金律，頗傷嚴刻，右丞何榮祖，家世業吏，習於律令，乃以公規治民禦盜理財等十事，輯爲一書，名曰至元新格。」仁宗皇慶元年，詔以格例條畫，有關風紀者，類集成書，名曰風憲宏綱。至治二年，御史李端云：「世祖以來，所定制度，宜著爲令，使吏不得爲奸，治獄者有所遵守。」從之，三年二月命完顏納丹等，纂集累朝格例而損益之，凡爲條二千五百三十有九，名大元通制，頒行天下。大至通制，爲元代第二次頒行之法典，第一次爲至元新格，其效力只及於漢人，而大元通制，則漢人蒙人及色目人，一體及之。順帝卽位，頒行至正條格，據四庫全書總目云：「至正條格二十三卷，元順帝時官撰，凡分目二十七：曰祭禮，曰戶令，曰學令，曰選舉，曰宮衞，曰軍防，曰議制，曰衣服，曰公式，曰祿令，曰倉庫，曰廄牧，曰田令，曰賦役，曰關市，曰捕亡，曰賞令，曰醫藥，曰假寧，曰獄官，曰雜令，曰儒道，曰營繕，曰河防，曰站赤，曰榷貨。」

六、宗教

蒙古之俗，敬天畏雷，尙巫信鬼，本無所謂宗教也。其後統一中原，以政治關係，宗教遂興，玆分述如下：一，佛教，世祖平定西域後，慮其民難治，乃設佛教以柔其心，於是印大藏三十六藏，須歸化之諸邦，又詔天下每歲度僧，讀大藏經，帝又精選碩德三十人往宣布弘化，於是江南佛教大興，其餘建寺設齋，譯經釋道等，不遑枚舉。嘗曰：朕以本覺不二之真心，治天下國家。自後成爲家法，終元之世不衰。二，喇嘛教，喇嘛者，無上之意也，其教在佛家爲外道，最行於西藏，專爲祈禱禁呪，身著紅衣，故或稱紅衣教，世祖領吐蕃，憂其地險遠而民獷悍，任喇嘛，使撫御之，設官分職，盡領之帝師，於是威權日盛。三，道教，蒙人崇尙釋氏，道家方士之流，假禱祠之說，乘時以起，曾不及其什一，太祖時嘗遣使召邱處機，邱勸以欲一天下，在不嗜殺人，中州人頗德之。其教分三派：甲，正乙教，乙，真大教，丙，太乙教。四，天主教，當蒙古定宗卽位，羅馬教皇遣使來賀，憲宗三年，法國亦遣僧侶來朝，自是遂接踵來華矣。

七、教育

元代學制，大半沿襲宋代之舊。元史云：「及太宗定中原，得金漢文士漸多，丞相耶律楚材始建科舉之議，議章程，擬制度，而終未施行；直至仁宗，始令行省舉鄉試，京師策進士，其法一如宋制。」世祖設國學監，建國子學，置學生百二十人，已不若宋代之盛，又其半爲蒙古人，半爲漢人。其他有蒙古國子學，回回國子學。若郡縣之學，置學官於諸路，設十學於各縣，此外別有蒙古字學，至書院之制，亦倣於宋代，有教授學生山長學錄教諭等職，而其考試分進士爲左右二榜，右榜爲蒙古色目人，左榜爲漢人南人，前代所無也。

八、文學

蒙古原無文字，假畏兀兒文字及漢字以濟其用，及世祖時，喇嘛八思巴，始製蒙古文字也。有元一代，政教亂於上，而文學則昌明於下，士君子保存國粹之苦心，其所由來者遠矣。元文極盛於延祐大德之時，而中衰於天歷至元以後，詞學至元而落，曲學至元而盛，一時學士文人寄情寫興，率喜取前代忠臣孝子義夫節婦之遺事，文之以稗官之說，撰爲歌曲，被之管絃，文詞與戲曲合而爲一矣。當時有南曲北曲之分，南曲以琵琶記爲首，北曲以西廂記爲首，北曲每部俱分爲四折，南曲則無此限制也。或謂，元曲可與周詩楚騷漢賦六朝五言三唐近體宋詞並論。李漁云：「元有天下，非特政刑禮樂一無可宗，卽語言文字之末，圖書翰墨之微，亦少概見。使非崇尙詞曲，得琵琶西廂以及元人百種諸書，傳於後代，則當日之元，亦與五代金遼同其泯滅，焉能附三朝驥尾，而掛學士文人之齒頰哉！」元之韻文旣流爲戲曲，散文則流爲小說，元以前小說極少，卽有之，大都神仙變易，始自周之稗官者流，宋世四庫總目分爲二派，敍述雜事，記錄異聞，輟輯瑣語。至元則一洗從前積習，蓋其文辭，則全用俗語，其體例則變爲章回。最著施耐庵之水滸傳，其文結搆雄偉，文字巧妙，可稱千古奇書，實開後世小說之先河，是亦文學上之一大轉變也。

第十四章　明

一、田制

明初承元末大亂之後，河北各地，荒田頗多，洪武六年，遂行墾田之策，諭中書省云：「蘇松嘉湖杭五郡，地狹民衆，無地以耕，往往逐末利而民不給。臨濠朕故鄉也，田多未闢，土有遺利，宜令五郡民無田者，往開種。就以所種田爲己業，給資糧，牛種，復三年，驗其丁力，計田給之，毋許兼併。又北方近城，地多不治，可召民耕，人給十五畝，蔬地二畝，有餘力者不限頃畝。」明之屯田，分軍屯與民屯兩種：軍屯爲各地戍守之兵士，由國家給以耕地之耕牛糧種，使從事耕種；民屯則由農民耕種。明史云：「明時草場，頗多占奪民業，而爲民厲者，莫如皇莊，及諸王勳戚中官莊田爲甚。」憲宗卽位，以沒入曹吉祥地，爲宮中莊田。皇莊之外，尚有官莊，皇莊直屬於皇帝及后妃，官莊則賣與或賜與於貴族者。土地兼併，民感其苦，故劉同升上限田均民之議云：「今天下民窮矣，縱不能分田授屋，而坐視貪紳豪民，富商大賈，求田問舍而無所底止乎？則限田之法，可以倣而行之也。」

二、幣制

明太祖鑒於前代鈔法之弊，乃停止交鈔，而鑄洪武通寶。明史云：「太祖初置寶源局於應天，鑄大中通寶錢，與歷代錢兼行，以四百文爲一貫，四十文爲一兩，四文爲一錢；及平陳友諒，命江西行省置貨泉局，頒大中通寶錢大小五等錢式，卽位，頒洪武通寶錢，其制凡五等：曰當十當五當三當二當一。當十錢重一兩，餘遞降至一錢至。各行省皆設寶泉局，與寶源局並鑄，而嚴私鑄之禁。洪武四年，改鑄大中洪武通寶大錢爲小錢。初寶源局錢鑄京字於背，後多不鑄，民間無京字者不行，故改鑄小錢以便之，尋令私鑄錢，作廢銅送官，償以錢，是時有司責民出銅，民毁器皿輸官，頗以爲苦，而商賈沿元之舊習，用鈔多，不便用錢。七年，帝乃設寶鈔提舉司，明年始詔中書省，造大明寶鈔，命民間通行。其等凡六：曰一貫，曰五百文，四百文，三百文，二百文，一百文，每鈔一貫，準錢千文，銀一兩，四貫準黃金一兩，禁民間不得以金銀物貨交易，違者論罪，以金銀易鈔者聽，遂罷寶源寶錢局，越二年，復設寶泉局，鑄小錢，與鈔兼行，百文以下，止用錢。」考明之銅錢，有制錢及舊錢二種，二百年來，均係兩者並用。嘉靖以後，始有金背火漆鏇邊諸名。制錢卽明朝所鑄之洪武永樂嘉靖諸通寶錢之完好者，舊錢卽前代舊有流行之古錢。

三、官制

明初沿襲元制，設中書省，置左右相國。洪武十三年，罷丞相不設，分中書省之政務，歸於六部：吏部，掌天下官吏選授勳封考課之政令；戶部，掌天下戶口田賦之政令；禮部，掌天下禮儀祭祀宴饗貢舉之政令；兵部，掌天下武衛官軍選授簡練之政令；刑部，掌天下刑名及徒隸勾覆關禁之政令；工部，掌天下百官山澤之政令。洪武十五年，罷御史台，置都察院，其職掌糾劾百司，辨明冤枉，提督各道，爲天子耳目風紀之司。凡大臣有姦邪私搆黨作威福亂正者，凡百官有猥茸貪冒敗壞官紀者，凡學術不正上書陳言變亂成憲希冀進用者，均加以彈劾。此外遇朝覲考察，同吏部司賢否黜陟；遇大獄重囚會鞫於外朝，偕刑部大理秉公平議。各省設承宣布政使司，與提刑按察使司；布政使司之長官爲布政使，掌一省之財賦；按察使司之長官爲按察使，理一省之刑獄。省之下有知府，知府之次有知州，縣有知縣，以掌各地方之政令。

四、兵制

明代兵制可考者如下：一，京營，京師有五軍營三千營及神機營，其制皆備於永樂。分步騎軍爲中軍左右掖左右哨，謂之五軍；得都督譚廣馬五千匹，置營名五千；掌操演火器及隨駕護衛馬隊官軍，爲神機營。二，班軍，明定軍制於京，置七十二衛所，常操練，謂之土著軍；令中都大寧山東河南等地，選卒輪操，謂之班軍，總爲三大營軍。三，侍衛上直軍，其職掌直駕侍衞。四，四衞營，成祖時，有軍卒自迤北逃回，供養馬之役，給糧授室，號曰勇士，宣德六年，乃專設羽林三千戶所統之，凡三千一百餘人，後改武驤騰驤左右衞，稱四衞軍，是爲禁兵。五，衞所，衞所乃分屯設兵，控阨要害，錯置京省，統於諸司，而總歷於五軍督都府，五府無兵，衞所兵即其兵，倣唐府兵遺意，爲法甚備。太祖既定天下，度要害地，係一郡者設所，係連郡者設衞，大約五千六百人爲衞，千一百二十人爲千戶所，百十有二人爲百戶所。六，邊防兵，明初邊地延袤萬里，設兵鎭戍，聯絡其間。七，海防兵，洪武初，注意沿海之防守，沿海戍兵，以備海寇。八，民壯土兵，軍衞之外，郡縣有民壯，邊郡有土兵。

五、法制

明代法律，極富創造精神，故洪武三十年所定之大明律，較唐之永徽律，尤爲繁雜；然內容體裁，則極精密。葉良佩云：「國家之法，雖本於李唐之十一篇，然或删繁定舛，因事續置，大抵比舊增多十二三，而祥德美意，殆未易以言語殫述也。姑舉其大者：如以笞杖徒流絞斬定爲五刑，而鈦趾鑿室之制，一切剗除，以六曹分爲類目，而擅興廄庫等編悉爲裁定。代背箠以臀杖，而斷無過百；易黥面以刺臂，而法止賊盜，他如見知嚴於逃叛，故縱深於捕亡，收孥連坐之條，獨於反逆大不道者當之；凡茲皆法之至善者也。」明律名例之次第，與前代略有不同。吏律有職制公式二目；戶律有戶役田宅婚姻倉庫課程錢債市廛七目；禮律有祭祀儀制二目；兵律有宮衛軍政關津廄牧郵驛五目；刑律有盜賊人命鬥毆罵詈訴訟受贓詐僞犯姦雜犯捕亡斷獄十一目；工律有營造河防二目；此外有名例四十七條，合之凡四百六十條。明代法制，自太祖以至莊烈，多尚嚴峻，神宗感於當時用刑之不當，所以榜示省刑條例。至太祖之創設錦衣衛，成祖之創設東廠，以法司之權，付諸武人，破壞司法，莫此爲甚。

六、教育

明時國學，初名國子學，就元代集慶路儒學爲之。洪武十四年，建立於南京雞鳴山下，改學為國子監，有祭酒司業及監丞博士助教學正學錄典籍掌饌典簿等官。分六堂以館諸生。六堂之名，為率性修道誠心正義崇志廣業。生徒通謂之監生，舉人曰舉監，生員曰貢監，品官子弟曰廕監。六堂諸生，以積分之法，次第遞升，即宋代之三舍法也。考試分孟月仲月季月。初試經義，再試論判及詔誥表策，三試經史策及判語，其優異者，得選用為顯官。自納粟捐貲之例開，庶民亦得援生員之例以入監，流品漸雜，遂為世所輕矣。地方於府州縣皆立學，以禮樂射御書數，設科分教。府縣州學外，又有社學，倣古家塾黨庠之制。並於遼東設衞學所，以教武臣子弟。各地更設有書院，集生徒以講習。分官立私立二種。官立者其初為洙泗尼山二書院，各設山長二人，其後又於江西建象山書院濂溪書院江南修學道書院。而私立者各省皆有，其著者為京師之首善書院，江南之東林書院。明之科舉，沿唐宋舊制，而稍變其試士之法，專取四子書及易詩春秋禮記五經命題，乃太祖與劉基所定。其文略倣宋經義，體用排偶，謂之八股，通謂之制藝。三年大比，以諸生試之直省，曰鄉試。中式者爲舉人；次年以舉人試之京師，曰會試，中式者天子親策於廷曰廷試，亦曰殿試；分一二三甲以爲名第次序，一甲止三人，曰狀元榜眼探花，賜進士及第；二甲若干人，賜進士出身；三甲若干人，賜同進士出身。初設科舉時，初場試經義二道，四書義一道，二場論一道，三場策一道，中試後十日，復以騎射書算律五事試之。

第十五章　清

一、田制

滿清入關之後，戰事頻仍，人民流離，田土荒蕪，故清初卽注重開墾。凡人民開墾者，由官廳借與牛具籽糧，邊徼苗番關外等地墾荒者，並給予房屋，凡無主之田，准墾荒者永守爲業。清初入關，東來諸王及八旗兵丁强佔田地爲己有，圖以標誌，是謂圈地，順治元年諭戶部云：「我朝定都燕京，期以久遠，凡近京各縣無主荒田，及前明皇親駙馬公侯伯內監歿於寇亂者，無主荒田甚多，爾部親釐，如本主尚存及有子弟存者，量口給與，其餘盡分給諸皇勳臣兵丁人等，蓋非利其土地，良以東來諸王勳臣兵丁人等，無處安置，故不得已而取之，可令各府諸縣鄉村，滿漢分居，各理疆界，以杜異日爭端，今年從東來諸王各官兵丁，及東來在京各部院官，着先發給田園，其後至者，再酌量撥給。」清之官莊，有所謂糧莊棉衣莊者，各莊均有莊頭，莊頭之制，使爲佃人者，直接向莊頭負責，莊頭則向收租人負責。

二、官制

清之官制，多倣明代，而折衷於滿洲國俗，其全與明異者，軍機處等是也，茲分述於下：一，軍機處，雍正時，用兵西北，始設軍機處，其大臣無定額，擇親王大學士及六部尚書兼充之，處分軍國要務，因其地處樞要，類於唐宋之樞密院，權位遂駕乎六部及內閣之上。二，總理各國事務衙門，咸豐末年，因國際交涉而設，其職掌凡國際間通商訂約及各國公使覲見，奏派駐外使領等事。三，理藩院，掌內外蒙古回疆西藏之政令。四，內務府，掌理內府之政令。以上所述，皆爲前明所無，後更將舊有之六部擴充爲十一部：卽外務部吏部民政部度部禮部學部陸軍部農工商部郵傳部理藩部法部是也。清分天下爲二十二省，置總督與巡撫，巡撫掌考察布按諸道及府州縣官吏稱職與否，以舉劾而黜陟之。用兵則督理糧餉，每屆鄉試，則膺監臨之任。按清代督撫之實權，幾有代表一方之形勢；雖其任免操於中央，然其職責除繳納課稅兼奏陳外，有時甚或可以不奉行或反對政府之諭旨。

三、幣制

清代貨幣，分銀銅兩種，舊銀幣，由鑪房鑄造，以生銀塊化成，形式不一，有元寶中錠小錁之分。中國貨幣，此最混亂，平量之差，幾難究詰，諸平名目，不可枚舉。計分庫平海關平曹平及市平。四者惟關平各海關一律，餘如庫平，中央與各省，已屬參差，曹平市平，更無論矣。舊銅幣，仿明之錢法，由官府鑄造，謂之制錢，大率每更一帝，必鑄新錢，一如明制。惟私鑄充斥，多混鉛砂，其質頗劣，於是有大錢小錢之別。通商以後，西班牙與墨西哥之銀圓，日以輸入，流行市廛，商人因其攜帶便利，遂沿用之。光緒年間，政府鑒於墨西哥銀圓之流行，乃自設銀圓局，倣其重率鑄之，一圓計重七錢二分。清末因制錢之私鑄日衆，乃改鑄銅圓以補救之，定爲當五當十當二十三種。外國貨幣之流入中國者，除銀圓外，而英美日之紙幣，亦逐漸行使於通商口岸及沿海各省。舊時我國之票號錢莊，原有發行之票，惟皆有定期，逾期則失其效力，故與外國紙幣形雖似而實不同。清初雖亦倣行元明之鈔法，旋卽廢止。迨光緒年間，設立大清銀行與交通銀行，發行紙幣，是亦中國貨幣史上之一大進步也。

四、法制

清初命刑部尚書吳達海等詳繹明律，參以國制。書成，名曰大清律集解。乾隆元年，逐條考正，分律爲四百三十六門，四十七卷，定例一千四百九條，遂名爲大清律例。分爲十年大修，五年小修，至同治以後，例文增至一千九百九十二條，此外又增章程百有餘條，不免涉於繁苛矣。其後大加修訂，删繁就簡。宣統元年，採輯新法，兼用舊典，經修訂後，名曰現行刑律，計删去二十餘門，共存律文四百十四條，又經憲政編查館核定，頒行京外，其總目如下：一，名例；二，職制；三，公式；四，戶役；五，田宅；六，婚姻；七，倉庫；八，課程；九，錢債；十，市廛；十一，祭祀；十二，禮制；十三，宮衞；十四，軍政；十五，關津；十六，廐牧；十七，郵驛；十八，盜賊；十九，人命；二十，鬥毆；二十一，訴訟；二十二，受贓；二十三，詐僞；二十四，犯姦；二十五，雜犯；二十六，捕亡；二十七，斷獄；二十八，營造；二十九，河防。清季廢除笞杖而代以罰金，至死刑祗存絞斬二種，凡宋代之淩遲，明代之磔刑，清初之戮屍剉屍等刑，一律廢除。

五、兵制

清之兵制，有經制與非經制之分。經制兵分八旗與綠旗兩種：一，八旗兵，凡滿洲蒙古漢軍，各有八旗，旗以色別，曰正黃，鑲黃，正白，鑲白，正紅，鑲紅，正藍，鑲藍。滿洲之兵，稱滿洲八旗，而蒙古漢軍係清初降附，編入旗籍者，稱爲蒙古八旗，合滿兵共二十四旗，皆世襲之兵也。二，綠旗兵，一稱綠營，皆以漢人充選，分馬兵步戰兵守兵。而考選之制，馬兵拔於步兵，步兵拔於守兵，守兵拔於餘丁，無餘丁乃募於民。非經制兵有二：一，勇營，其始起於鄉兵，自川楚教匪之亂，及咸豐間，太平軍起，捻回諸亂迭興，各省旗兵綠營，俱不足恃。於是紳民辦團自衛，而湖南之湘勇，安徽淮勇，皆以鄉團改爲勇營。其營制有三：一爲步隊，二爲馬隊，三爲水師。二，練營，洪楊亂後，各省知綠旗兵無用，或擬抽練綠旗壯丁，別予優餉，或議減兵加餉，就餉練兵。

六、教育

清代學制，亦多因明之舊，學子進身之階，率由科舉，按科舉之起源，自漢唐之設科射策，以爲取士，而宋元明清則更互相因襲，惟漢代雖勸以利祿，然經術獨臻發達，唐代雖有秀才進士明經之科目，然其時學校頗盛，殆與考試相對待，宋之科舉，已多流弊，然猶有須在學修業三百日之限制，至元明清三朝，則多陳陳相因，學校遂名存而實亡，其所試之文字程式，雖各有不同，然使天下士子，陷於帖括，以致謭陋空疏，其流弊蓋不可勝言矣。清季學校之復興，自國際通商後，譯學需才，同治間，於北京有同文館之設。庚子後，變法維新，詔開學堂，京師設大學堂，其專門之大綱，曰政科，曰藝科。又定學堂選舉之制，小學堂畢業生，升入中學堂，俟畢業後，再送入高等學堂，畢業後，由學政拔尤擬取，咨送京師大學堂覆試，作爲舉人貢生。

中華民國卅年九月一日印刷
中華民國卅年九月五日發行

中國文化史要

著者　靳仲魚
發行者　上海三通書局　代表人中村正明
印刷者　三通書局印刷所　代表人中村正明　北四川路八三九號
門市部　四馬路中三三一號
分局　南京太平路七號
北京崇文門大街
新開路一八五號
漢口特二區五族路三五號
廣東惠愛中路七八號
杭州新民路三四五號
新京興安大街
代理店　南洋新加坡及全國
各大埠各大書局

盧樂著

孫德孚譯

中國文化輯要

龔勵初題

譯者弁言

1.蓋樂先生（Esson M. Gale）曾供職中國鹽稅管理署。1927-28年，任密西根大學（Michigan）遠東歷史講座。1928-32年，在嘉洲大學主持東方語言學院。

2.蓋樂先生（Esson M. Gale）之「中國文化輯要」（A Topical Survay In Outline）一書，又名「中國文化基礎」。（Basics Of The Chinese Civilization）內容分兩大篇：（一）中國文化發展之異象，（二）中國現代之國際關係。而每篇各具三十章，以大綱式編纂。敍事擇要，觀點的當，剖析剴切，外人目中之「中國文化探討」，咸屬旁觀者清。往往以輕輕數語，引人入勝。況我國研究歷代文化之系統作品，及至今日，尤不多見；本人有鑑於此，不揣冒昧，爰於暑假中抽空翻譯。余意欲閱是書者，能讀原文爲最佳；否則，亦可手披此譯本。

3.該書第二篇。蓋述清季之國際通商及各種條約之簽訂，類似近代史料，可於中文本歷史中系統見之；無特奇佳構；又與題旨相徑庭；故擬不譯。全書精華，統在第一篇三十章中，特譯之成書一册。

4.本人學識淺陋，文化學又非所習，此次冒昧試譯，實源師友鼓勵，感激莫名●斯書以大綱式編輯，非嫻習中國史者驟閱之，但見具備綱領，而不易諳其相通脈絡。翻譯時，所感困難極多，曾另參考史地等書大小三四十册；對於其遺漏事件，雖未稍加添補；所述過於簡略難明處，或略增數語。事盡上古近代，輪廓朗然；字僅數萬餘言，自當無免簡陋。故欲鑽研中國文化者，可以此爲「升堂」之進，不宜以爲「入室」之止。而一般備爲參考，或作精研中國文化之嚮導，的符主旨矣。

5.翻譯兩週而竣，中經改變多次；嗣抄謄付梓校對等，均出諸一手，錯誤自然難免。閱者諸公，乞垂教耳。

孫德孚（一中）識於南京金陵大學，一九三六夏。

☼全部書金，捐助流亡之安徽難胞☼

代序

譯者孚君，余學術文學上至友也。其中學時代，於白話文已深感興味；過去如南京各報副頁或上海各雜誌，常見有其作品發表。但喜化名，（如「大聖」「白闘」等，脫用眞名。）而化名又各不一；個中「雅趣」，道破弗易；知其爲一人者，知己已而。

外國語英文，亦愛練習；故外國詩歌短論小說諸譯文，篋中所存頗夥。茲略舉其已發表者，如：「古銅鏡用途研究」「中國地毯花紋綱述」「權威標幟的傘」「兩種聲音」「奇異的生活」「談孔雀」「談葡萄」「夜之美論」「雪山論」「遲緩論」「好高論」「父親」諸篇，均係極具價值與興趣，且爲我國不可多得之文，又「中國的龍」「中國雙生子」二書，最近或將出版。孚君譯文，質量均健，友人中嘗謂其譯品尚超乎作品，不無因也。不過以上諸文，體裁均屬白話，獨本書以文言翻譯；就余等所悉，此册尙係彼文言翻譯之「處女作」也。

致於本書價值，毋待我贅。而譯者苦心苦力，又非片言所可盡述，惟讀者始克體會其梗概。

八一三變發後，首都淪陷，余等遂負痛來湘。日前聚首，窗話桑梓，深悲其流亡情狀至慘，因思所以救濟之方。然惻隱之心固懷，解囊之力苦鮮，環視吾等，顛沛備歷，早成赤手空拳；檢點所有，獨幸乎君一人之「稿本」尚未罹寇掠失。爰計劃將其大學時代（一九三六，二十二歲。）所譯「中國文化輯要」，整理付梓，則捐助安徽難胞之誠，得所寄託矣。所謂但懷仁心，不論狐腋；祇知所施，弗思來報。此是書之所以付梓也。

劉長慶　張唯蘭　曾東海　簡金井

中國文化輯要目錄

第一編　中國文化發展之眞象

中國文化輯要

第一編 中國文化發展之眞象

一 引言：中國社會之發展

1. 中國文化史之聯續：以古代社會基礎立論，中國之於遠東，尤西臘羅馬之於地中海盆地，乃一「文化元素」；探其歷史，悉根據有用之來源也。

2. 中國文化及其制度之進展：史學家恆乏系統進步之觀念，實宜乎注目新興創立朝代之社會政治制度。(1)研究中國文化之進展，(2)異國壓力之影響，乃研究中國史的兩切近方法也。

3 朝代：(1)「創造宇宙說」之「神話稗史」期，稗史上五大統制者(? 2852-2206 B.C.)皆文化英雄，而現代學者悉對此記載發生懷疑；其次爲「模範皇帝」學術之「黃金時代」，傳說中國歷史有如是古早，或不易信，至於賢帝讓位，紀元前第三世紀，中國已形成一聯合帝制，似又難深信。古乃一封建國也。(2)夏殷

：(2205-1766-1122B.C.)此朝代尚具一線曙光可以鑽研，蓋已發現少數短詩與古器。(3)自周代始有歷史記載，除書經詩經(827B.C.)中有叙述外，餘均模糊，周禮述管理行政制度特詳，周代諸侯競爭，漸成封建制之雛形；結果秦建帝國。

4.漢：恢復經書，以武力擴張帝權，社會階級分士農工商。

5.與韃靼族競爭，上古已然，三國(A.D.220-265)晉(A.D.265-270)及南北朝均有韃靼國侵華，影響文化，唐統一稱帝，曰「光榮時期」，至五代混亂局面，遂多用兵。

6.四大朝代：宋，元(蒙古)，明，清(滿州)。總之，(1)有時外族侵入影響中國文化；(2)併行無阻之文化進展；此為中國歷史上兩大特徵。

二　中國文化之地理上的背影

1.行省及省會。

2.在歷史上的附屬地：滿州(東三省)，蒙古，西藏，新疆。

3.表明以下山脈：

(1)中亞之帕米爾。

(2)泰山，伸向東北。

(3)崑崙，東入中國。

(4)從崑崙山脈，外喜馬拉雅山脈，伸入中國東南部（雲南）形成四大水：

雅魯，揚子，湄公，伊洛瓦底江。

4.表明以下沙漠：

(1)塔里木沙漠（塔里木河在新疆）。

(2)蒙古戈壁沙漠。

(3)西藏平原。

5.表明以下河道：

(1)滿洲之黑龍江松化江遼河鴨綠江。

(2)中北部之黃河。

(3)中部之揚子江。

(4)東南部之西江。

三　中國乃東亞文化之媒介

1.文字：其唯一特點爲韻音象形字，婉如古埃及或加爾地亞。(Chaldean)文字種類甚爲成熟，流行東亞，且文字史最古，亦無間斷。

2.中國文字爲「四眼」蒼頡所發明，彼見沙面鳥跡有感而作，長城創成者蒙恬，發明毛筆。古書用竹簡。

3.最古證據：「古星象學說」始原於楔形文字，古銅，周代石「鼓」，及文學記載，213B.C.，秦始皇焚書，殷代(1766-1122 or 157-1050B.C.)文字，今日尚可探見於甲骨也。

4.言語：同音，最多四百二十單音。諧音之法有三：(1)音樂調，以北平方言，平音，速高，慢高及低音。(2)兩個同義的單音節字。(3)各地不同方言相合，構成普通官話。

5.文字：全國一致，無動詞變化，文詞格式分經詩公牘白話等。

6.文字之構成：中國以符號表示意義者，蓋分兩部：(1)屬字源者，以義用，此類語根字共有二百十四個單音字，自一至十七個不同筆劃。(2)屬聲音者，以音用，表音字共有八百八十八個，合語根字而成。文字者祇須目識而不須耳，故雖發音不同，日本朝鮮人均能識解。其次爲新科學名詞。

7.所謂「Wade System」者，乃以英文表示中文之音也，排列隨意，但簡單一致。

四　中國民族發源之各種學說

1.引言擇要：中國原始人究發源於何地，尙屬懸案。(1)因「下降」而由亞洲西部移來。(2)土著種族發源於陝西山西。

2.自答里木河之盆地遷至黃河流域，此處發覺最早。

六

3.中亞發源說：亞洲冰台（Ice Cap）漸融，中亞「下降」之結果而人民遷移也，經多次探險 始獲古代文化證據。（紀元前第九世紀）巴爾卡什（Balkash ）及勞不勞耳（Lob Nor）及大沙漠之縮減，中國北部之續乾。

4.與Sumerians（古巴比倫南Sumer地方）相同。中國文字亦多類楔形，文化或者同源。

5.中國人民多分爲鄉人或城人。

6黄帝遷居黄河流域，

7.土著發源說，有記載而無證明。

8南部發源說：文字記載，有述及回歸線（熱帶）——但亦有述及北寒地帶者。

9.山海云，發源西部。

10由亞州西部而移入中國北部。

11據威廉氏（E.T.Williams）之結論：土著民族均爲中國人民遷移者。

五　神話及「半有史」時期

1.中國年代學：着重文化進步。

2.古史之證據：殷代甲骨文，竹書紀年，孔子著作，石鼓刻文，周禮。

3.歷史著作之屬諸儒教著有詩，書，（史）禮，春秋。

4.神話時期：盤古氏開天闢地．但缺乏「詩歌神話學」，即步入宇宙創造之實用觀念，次始之「創造」神話，謂天地人三皇創制（1）六十甲子（2）星曆（3）國家觀念。五帝時期發明燧巢（屋）取火，除「後時期之創造說」及「英傑封神說」在外，諸時期實可顯示中國民俗，重要思想與文學藝術。

5.半有史時期：五帝即伏羲，神農，黃帝，堯，舜。伏羲制社會關係，婚嫁，教民佃漁獵畜牧，畫八卦，造書契，樂器，養犧牲以充庖厨。神農，始教民為耒耜，辨植物藥性，黃帝，第一編史家，為遷移及戰爭時期。命蒼頡造字，制潤月，繅絲養蠶，凡宮室器用衣服貨幣之制始乎此。

6.三個想象的模範皇帝：堯，舜，(堯之承繼者)禹。(夏之高祖，治洪水，世襲制始此，)神話及半有史時期止於商代，後稱殷，繼之者爲周。(1122 or-1049B.C.)

六　封建時代之周朝(122 or 11049-256B.C.)

1.引言：周代封建制之情形。乃專制政府之末者。類似夏殷；與歐洲封建制比較，周代乃擴張時期，盛行地方佔據。

2.研究周代材料之來源：周禮，(武王兄弟周公爵)或稱後代人所著。(第四世紀？)書經，孔子編纂。(紀元前第六至第九世紀)春秋述魯國，左丘爲註。詩經，周代短詩，描寫社會實情。司馬遷著史記。

3.政府分權制：武王征服商紂，其後王室衰微而分權諸侯。B.C.484爲戰國時期，周王僅係「名義上中國之統治者及儀式上之首領」。有史時期始自周宣王，(827-782B.C.)紀事在各詩歌中。

4.行政制度：周禮云：以官府之，六屬舉邦治，（一）天官掌邦治（二）地官掌邦教（三）春官掌邦禮（四）夏官掌邦政（五）秋官掌邦刑（六）冬官掌邦事，其下爲省及地方，設吏戶禮兵刑工六卿。

5.文化之進展：眞確歷史記載始自周，觀其政府及社會組織已屬高等文化程度，戶部經費出自鹽鐵特稅，發明羅盤，後經阿拉伯人用諸航海，此實乃一富有健全思想之時代也。

七　佛，道與雜家

1.中國文字及哲學：始於8-9 B.C.。禮教之詩頌，僅四行乃至七八行，爲「中詩」始原，舞唱之以歌頌周祖者。書經春秋屬散文體，述君臣朝儀，卑尊賤貴等。而文章者載道，述哲學思想，論政體之「政治學說」，「王道學說」等。詩經係詩體。再後，倡辦「學」，養國子以道，教之以六藝，散文詩歌之文學隨而發展，儒教學堂于是乎遍中國。

2.孔夫子時代：孔子與老子之教行所予影響頗巨。儒道佛乃中國之三大教，而佛來自印度。中國人多以折衷主義容忍之，均可並存。

3.老子，道教之創始者，著道德經，清靜無爲，玄妙晰理。後代道家託古，以黃老並稱。蓋始於5 B.C，後人名之爲老子。道德經內容，崇尙玄妙自然之天道，主宰萬物。其神學禮制均模仿佛教而目號國教以抗之，唸咒驅魔，修煉長生。

4.儒教：孔聖人（b.551B.C.）著詩書禮易春秋，以傳「先王之道」，教人以「六藝」。講述論語大學中庸孟子四書，後人尊習成性，迄今二千五百年矣。

八　周後孟子及其他諸子

1.771B.C.而後，周代衰微。二十一諸侯，始皆朝周，自韃靼內犯，秦楚亡周。即戰國或孔子時代。（484-B.C.）

2.戰國時代：「春秋十四國」而「戰國七雄」；秦居中，位於渭水，（陝西，Ordos）趙於山西邊陲，胡回蒙等內犯，楚位揚子流域而與外族通婚。後秦楚相戰，秦勝；楚書坑儒，文化上已不復中國矣。

3.戰國時代之外交：蘇秦張儀，縱橫家也，均受業於鬼谷子。蘇秦往事秦，彼拒，遂說六國「合縱」抗秦；張儀受拒於六國，相秦，破合從，使「連橫」事秦，彼等處中國「政治生活上標準地位」，「謀智技巧」善於「實際權威」，信乎。

4周末政治紊亂，思想極其自由，儒道爭居領袖地位，可稱爲「社會政治智力等之叛動時期。」楊朱　紀元前第四世紀）利己，墨子兼愛。

5.道儒之流行：孟子，（372-298B.C.）儒之最著名弟子也。「孟母」，良母之式模。彼之政治哲學謂：人爲貴，君爲輕，社稷次之。論述政治，經濟，自修教育，德重於才，民心等。莊子者，與老子並稱爲「道家鼻祖」，反儒教，於儒經中揶揄孔子，荀子韓非子李斯等均焚書毀儒學。始皇焚書，更坑儒，（213B.C.）

九　始皇之秦代（255-207B.C.）

1.秦，封建之國，位於西北邊陲，伸入異族，背山以爲防。周安王(314-256

B.C.）爲秦莊襄王所滅。蓋周代之亡，竟爲「文化不和諧的外族」所征服。

2.秦莊襄王滅周，其子政又併六國，一統中夏，自號皇帝。

3.儒謂始皇爲大賈呂不韋之子，偽誹秦，以燔書故。

4.燔書：秦自以爲「德兼三皇功高五帝」，號「始皇帝」。制井田，統一法度，從丞相李斯言，燔詩書百家語。廢封建，置郡縣，後世多沿習之。

5.長城：戰國時，秦，燕，趙三國各築長城於北邊。始皇命蒙恬逐匈奴，收河南地。因舊長城聯綴之，自臨洮至遼東，延袤萬餘里。

6.始皇復倡道教：遣方士徐福攜童女入海求仙。小說謂卽居日本。二世營造「阿房宮」，爲中國建築圖樣之原型。

7.帝業之澎漲：南取南越，北逐匈奴。外人稱「秦」，訛爲「支那」；支那之名始此。

十　與古羅馬同時代的大漢帝國(206B.C.-A.D.229)

1.高祖劉邦創漢，起自布衣。妻呂后。立法，復興文字，徵鹽鐵稅，服四夷，發明瓷器，此皆漢代政治文化之重要進展也。前(西)漢都長安，(202B.C.-A.D.9)後(東)漢都洛陽。(A.D.25-229)史記及後漢書中均有記載。

2.高祖即位後，過魯，以太牢祠孔子開後世帝王尊孔先聲。創科舉。武帝制「年號」。(114B.C.)

3.北與匈奴戰：建都長安，利用長城，以便防衛。唐代李華（第九世紀）過斯地有感作「弔古戰場文」。

4.呂后稱制：爲後代「婦女專政」之鑑賞。外戚得勢。

5.漢代經濟情形，司馬遷云之甚詳。蓋由財貨而富裕，重農輕商，「力役制度」及稅。取民之制有三：田租算賦及力役；力役源自貧困，中國實行「彈性稅制」，始此。

6.王莽篡漢：(A.D.9-25)由「假皇帝」而創國號「新」。託古復周制，倡節儉，發掘皇墓貯藏，貸助人民喪葬費，改幣制，立「六筦」以收鹽酒鐵山澤賒貸銅治之利。定物「平價」，抽「貢」，行(古?)「井田聖制」。

十一　大夏(Graeco Bactiran)之影響及東羅馬(Roman Orient)之接觸

1 武帝(140-87B.C.)統一海內，北防奴族。並由陸道與亞洲內地通商，遂傳入東羅馬之知識及印度佛教；中國以鐵絲等交換其葡萄及苜蓿。然中國文化未受其如何影響。

2.首次與西方接觸：「穆王遊記」，與蒙古「漁獵族」接觸最早，遇野蠻牧人匈奴(胡)。長城雖具防敵之意，仍對中亞細亞開放。西方與中國交通，由於蚕絲之餌誘；亞里斯多德評蚕，蚕入西國之記事，佛教徒傳之入印度等。

3.與外國正式交通之開端：武帝欲與月氏夾擊匈奴，遣張騫往使，(138B.C.)中爲胡人扣留久之，後由胡逃往月氏轉西藏而返，記其地形物產，再使西域。因此發覺中亞與西亞相通之三大道：(1)由西藏，冒險。(2)由西北路，因匈奴不平寧

•(3)由四川及雲南，較爲安全。111B.C.征服安南。

4.征服中亞細亞：李廣征服大宛（Ferghana 斐加那），班超至帕米爾之外，通Parthia，差海軍（Kan Ying）至大食，（叙利亞）抵波斯灣而還。

5.羅馬等國大使來朝：A.D.120，一隊音樂隊及戲子至京師，（洛陽）蓋由大食緬甸及海道來者。A.D.165，自安托奈那斯（Marcus Aurelius Antoninus）來一大使Antoun，大食之王也，唐書稱大食爲Fu Lin，與Antu（安提俄克 Antioch）之京城具也。

6.與羅馬帝國通商之要道：經土耳爾其斯坦，過帕米爾至波斯及底格里司之泰西封。（Ctesiphon On Tigris）再有二道：海則經波斯灣遶阿剌伯至蘇彝士，非洲亞力山大，或安提俄克；陸則由泰西封經沙漠以達巴爾邁拉。（Palmyra）A.D.165年，羅馬與Parthia交戰，陸道被阻，但可由海道經緬甸怒江下流(Salween)及湄公河而達。A.D.226年，羅馬商業委員團來南京。常以珍貴珠石，苜蓿，紡織品，皮貨藥材及Tyrian染料；交換中國絲，鐵，皮革。Parthians掮客恒執其'

獨占之牛耳」。

7.西臘之間接影響：亞力山大征服旁遮普，（Punjab）並由中亞（大夏）介入黑勒那而生影響。（Helenistic influences）阿索克王、Assoka、即無憂王。）時之西臘美術家及佛教徒藝術。印度佛教介入西臘塑像術。

一二　佛教傳道士來華

1.原始的印度佛教：佛意原爲引導，並非遵行儀式之宗教，喬答摩悉達（Gautana Shakya Muni）乃其始祖，佛徒以「由八路達靜靈，須去三慾。」教世。主張「變形學說」——「輪迴觀念」，「僧院生活」與「佛教封神」是。佛家「十信」，類似基督教規條；西方佛家生活亦類基督教徒，中亞景教（Nestorian）教堂，即其著例。

2.擁護無憂王，反對婆羅門教：婆羅門往中亞（264-227B.C.）西臘（馬其頓人 Macedonian）傳教，佛教塑像與藝術蒙其影響。佛教反對婆羅門之卑視其他階級更禁佛教。然於蒙族中國、日本及朝鮮，佛教已奠定鞏固之基地 Hinayana，（南方——小乘）Mahayana（北方——大乘）乃佛教之兩大派也。

3.佛教傳入中國：Ei Fang至，中國首都遂有十八羅漢。（217B.C.）漢將霍去病自土耳其斯坦攜回佛之金像，（約在2B.C.年哀帝時）A.D.58-75，明帝幻夢金人，遣使往印報告新教，並攜回塑像。元帝（A.D.147-168）為中國第一個佛教擁護者。其時傳入 Amitabha Sutra。本國反對佛教者，蓋以社會經濟理由為立點，（第六世紀）其輕詆「忠實」「道德」與「孝敬」，加之不婚「僧院生活」，具反「社會實際」也。

4.唐代（618-907）佛教流行最盛，韓愈之呈表諫事，柳宗元之辯文，經唐儒力加反對，第九世紀又制止僧院，然終獲得衆多信徒，以形成最大之宗教，如阿彌陀佛，（Amidhism 西天，（道教）觀音等，乃中國教佛之特徵。

一三　中國佛教之變遷及其影響

1.佛教影響：有輕蔑其為卑陋迷信者，諸不知亦堪助長文化，深山僧寺，雅足點綴自然景緻。風景園之開拓；浮圖之建築；獅，傘，念佛珠，卍字綱，生命輪等之飾樣，藝術絕精．其文學譯自 Sanskrit 字，文法因以介入，中國音語制，「翻譯」，隨以肇起．佛徒Tripitaka 三藏者(3 Treasuries)即Sutra（學說）、Vinaya（法）、Abhibharma（哲學）也。

2.佛教徒在中國藝術上之活動：佛徒傳入神聖藝術共六百餘載，其繪圖造像，模仿印度．而形式模仿 Helenistic 美術。龍門彫刻，佛教塑像與中亞之西臘式壁畫，均蒙影響，北魏時（第四世紀）之繪畫。僧學派首創者梁武帝時，Bobbhibharma（A.D.527）攜來繪畫甚夥。

3.西藏及蒙族之佛教：西藏第一代王Srong-tsang Gampo（第七世紀）時，喇嘛教即行傳入，中國及尼泊爾蒙其影響；Sanskrit（非中國文也），遂奠成藏文之基礎，忽必烈（Kublai Khan）時，喇嘛教復傳入蒙古，拉薩乃西藏之宗教政治京城：Abbe huc 云：喇嘛教與羅馬Catholicism 類似。「活佛」之有「喇嘛教吏圖」

者，此所以與其他佛教不同。著名之北平 Yung Ho 宮殿，乾隆皇帝所贈施也。

4.朝香印度：佛入中國，引起西方取經。宋釋法顯撰（第四五世紀）「佛國記」，Sung Yun 往印於A.D.518年，攜回一百七十五卷經書，A.D.600 年，玄奘攜回六百五十七卷佛經及一百五十具佛骸。其詳均記載，竟引起 Aurel Stein 探險中亞。

一四　漢代文化之進步（J 06B.C.-A.D.221)

1.紙之發明：漢書云蔡倫發明造紙。Aurel Stein 發覺紙之用途。第八世紀，撒馬康德（Samerkanb 即撒馬爾罕）時，阿剌伯獲造紙祕訣於中國俘虜，摩爾(Moors)傳之入西班牙，繼及歐洲；歐洲文化發展，實有以賴之。

2.文學：文帝復經書。(179B.C.)司馬遷著史記，爲後世「正史之祖」。(二十四史)孔安國重視復經。詩人蘇武，李陵之答辯，一愛國，一變節。劉向與其姪歆乃註釋家及歷史家；經藉目錄之學自歆始，待王莽篡位，引爲「國師」。漢學派較後代（宋）實際而倘古，文學復興，樹立「復漢」標幟。其他作家如王充異於諸子，乃中國第一個「思想界革命家」。楊雄（3B.C.-A.D.18）擬易作太玄經。「醉龍」蔡邕與楊賜等奏定六經文學，立碑太學門外，從事文學註釋。今詩多脫骨漢代。許慎據字源而作「說文解字」，乃中國第一部字典。

3.文學考試之組織：「士」經考試而爲「仕」。試分「省」「京城」「帝宮」三級，學院分四等，文以「八股」。實於中國社會政治組織上，佔相當地位與價值。1898年，禁八股；1905年，廢科舉」。對經學之研究，遂不無影響。

一五　混亂局面：（A.D. 220-618）

1.漢朝在中國文化進展上之重要：中國人民通稱「漢人」。漢代興敗之序，盛衰之因，宦官權力之膨脹，在在予「政治生活」以重要性。不滿儒學，黃巾大亂，經濟解組，以銅貨造兵器偶像。鑄幣貶值，苛稅，飢饉瘟疫頻臨。時常羅馬帝國。

2.後漢分裂及三國：後漢之末；魏，蜀，（漢）與三國鼎立。（220-265）「

三國誌」乃中國最著名之歷史小說。曹操，一勇敢奸臣，狡猾多疑之叛者。劉備，漢之後世，創蜀國。諸葛亮，「半巫半聖」，發明機械，精通「八陣圖」。關帝，戰神也，中國之Bayard。以上均係三國中主要英雄，亦戲園中常常派演之英雄。

3.晉，一度統一之帝國：（265-212）曾西都洛陽，東都南京，中國史中之晉代，尤如西方Byzantine帝國，並未能光大古代榮耀，僅事保守，蒙受影響而已。時有北敵侵來。

4.南北朝：（386-589）主要國為宋，（漢族都南京）五胡（韃靼族）建十六國於黃河及楊子之間一百三十五載。同古斯多巴韃靼（Tungusic Toba Tartars）建重要魏國於北。然各族均採用中國文化。魏之彫刻，亦受佛教影響。國必吞朝，梁（南京）奉佛，迨武帝尤甚，A.D.527彼接受Boddhiharma。預示韃靼亂華。諸葛亮之譴責書。

5.隨代：（589-618）欲定制度，向中亞擴張帝威，始築水道，煬帝侈肆，好興土木，民怨；中原亂四百載，李淵起兵，創唐。

一六　文化政治極盛時期之唐代（A.D.618-907）

1.隋末之戰爭饑瘟盜亂，不遜於當時歐洲，加之外來文物相擾，中國文化進展，仍未嘗滯止也。北魏爲著名之「彫刻時期」，（A.D.386-532）僧院觀念騰勃，私塾學校復興續立，詩歌及愛好自然風景之流行。煬帝崇尚文學，建「帝王圖書館」，發木版印刷術。泡製茶以爲社交之用。華陀發明「麻藥」。「假玉」——浮梁陶氏善作磁器。隋都於洛。

2.唐代始終未分裂成諸小國。高祖李淵（太宗）之政治武功，史稱「貞觀之治」。高宗承其遺烈，立武后；大赦，平寇，設學，更官制，頒律令，行「班田」，定「租庸調」法，作「府兵制」，內治彬彬。A.D.626年讓位。

3.太宗：（627-649）高祖時，彼以功名受封爲秦王。即位，武功極盛，策在紀寧海內，整軍修武；用人行政，悉決於徵。亦好佛。平突厥，收西域，遠大食，相交通。新羅，契丹，回紇，吐蕃，印度，南洋諸國，咸入貢內附。公主下嫁吐蕃，傳去佛像佛經。（印度亦與吐蕃通婚，傳去經像。）

4.女子專政，多似不宜。高祖之女李氏問政，張后伴太宗助夫理治，尙稱賢宜。惟武后則不舉而禪位。（690-705）

5.高宗時，兵威尤振，歷二十祀。不幸以后妃爭寵，迎武后入宮，嗣武后稱「神聖皇帝。」

6.唐衰，帝國分裂成十五州，A.D.785年，成立「翰林院」。經朋黨，藩鎮，黃巢等亂，終朱全忠立。

一七　唐詩

1.古詩形式：詩歌初述自然之美，宜爲後代註釋者所曲解。屈原（紀元前第四世紀）始作辭賦，楚辭。五月五日「龍船節」，即紀念彼之慘死也。漢代(206B.C.-A.D.220)「詩歌之藝術」，極受帝王與賞，枚乘（d140B.C.）集「五言詩」之大成，班婕好怨歌行之「秋扇」。

2.唐爲文學黃金期：詩臻其極，文化亦極燦爛累增。各種文選傳至西方者頗多，悉譯爲歐洲文字，尤以英文甚。

3.唐詩人及其思想：生於四川省者有四大詩人，其天才之發揮，頗受該地高山大川偉岩絕壁之昭感。餘生於中部平原，王維張籍具受「佛」「道」影響，反對道教之神禊。

4.李（太）白「詩仙」，杜甫「詩聖」，白居易兼爲之。玄宗時，李白乃「明煌宮中之寵才」，嗣以獲罪楊貴妃，遭放逐；神話因傳彼死，爲道教所奉崇。其性最愛山，與依里薩伯之愛城鎮酒肆，情形相類。杜甫者，（712-770）與李白咸喜酒宴生活，相爲詩人學士及勇敢之伴侶，所謂「酒中八仙」。白居易（772-846）幼即聰慧，官至刑部尚書；後爲「九老」之一，不事於朝。彼揶揄道教；更於詩中謂「琵琶女之憂」「永錯」以悲楊貴妃。

5.詩之背影：西方讀者，以爲中國之「地勢」「建築」「禽獸」「花」「社會「風俗」及文學，」均係詩之暗示。論地勢則各省互異，西部岡巒起伏，中部平原及楊子三角洲，西部遼邊沙漠，漢唐均駐軍防胡。道教迷信「西天」乃「西王母」住所，故嘗爲美術家詩人之一幻想世界。「王」之仙徒，宮殿堂皇生活，宴會，經典；極宇宙之快樂。

6.詩藝：古多四言，魏晉後多五言七言。及至唐代而分「古」「今」兩體，古仿「樂府」，今則「律詩」與「絕句」。「八行詩」者，各行之「意」「韻」，咸相互乘衡。韻壓於尾，韻節轉變，悉詩之大要。

一八　唐代之藝術

1.中國藝術之形象：（甲）金，（古銅）石（彫刻）或陶器。（陶及瓷）（乙）書法及繪畫。中國之造像與繪畫藝術。商周兩代之古銅，北魏Toba Tartars）之彫刻，古代宮殿建築形式，於文學繪畫上描繪如見。中國藝術精神永在，胥「大自然界」與佛教影響之也。

2.畫中常存詩意：美術家乃自「文學之文化」演進中產生，古有「詩畫研究社會」組織，睿宗帝以「畫中詩，詩中畫」爲命題，詩畫關係，可以概見一般矣。

3.畫藝：宜注意書法與外形起草；平面上遠近配景之表示，墨之濃淡，色之和諧，工之等次，更須仔細寫實。

4圖畫藝術之發展史：(1)古初源於佛教流入。周禮定應用顏色之配合；「虎」「龍」「鳳」繪圖，古早已有。漢與肖像，製材料。(2)經學時期：(A.D. 265-966)分南北兩派。南派顧愷之，畫人不點睛；英國博物館，迄尙有其作品陳列。南北朝齊時，(479-501)制「中畫六律」；梁張僧繇善繪山水佛像。

5.唐畫家及其作品：及至唐代，繪畫及圖樣已進展完滿。吳道子，古今「畫聖」，尤善繪()像。王維，(699-756)南派之祖，繪山水最佳。

6.書法：書法藝術，尤貴於畫。書畫悉始自毛筆發明。著名書法家，推晉代王羲之。興賞書法之佳妙，全國同目。牆壁掛對，商店招牌等，尚有以賴之。

一九　伊斯蘭之(Islam)接觸與海道通商之開始

1.第七世紀，阿拉伯與中國人統治中亞，遂互接觸而通商。唐代由陸道與外國往還，補以海道通阿拉伯，回教因是流入。幼發拉底上之海芮（Hira）城，即中國通商最早碼頭；當時中國船隻恆拋錨斯地，然船中駛者是否為中國籍人，尚屬疑問，波斯灣上之奧瑪斯，(Ormuz)阿剌伯史家述此航線甚詳。Renaud 譯之蘇里曼(Suleyman）「史叢」，其記載亦如唐書。

2.中國歷史謂阿剌伯為人食或波斯，後名回回，乃回教始祖穆罕默德所創；但其來源之說不一，始於遼或契丹（Khitan）時期，中國即有回教碑記與回寺，然中國較早之記載，多未視為宗教。西安府尚存其偽經銘刻，福建川州回寺中之極古刻碑，（A.D.1010）廣東番川懷聖寺之碑記，（1350）傳為唐太宗勅建、1217年於日本發現「中阿公文」，約於 A.D.626(?)穆氏舅父傳回教入廣東。又謂早在隋代已有大食使者葬墓一座，名為「香坟」。

3.中國國內之阿剌伯商業：建商埠於廣東。758年阿人慘殺刼掠，其在漢口大商埠者，遂遭華人反對而滅跡。其後，粵漢兩埠均加調整，確定百之三十入口稅與先買權；此爲「治外法權」之始，但其律法多爲元首所強制。

4.與大食之陸道交通：唐與大食戰，彼遣使入朝不肯叩頭。遇安祿山反，唐聯大食等征之。高仙芝附榮王討祿山，敗北而死，大食遂由俘虜穫造紙術。Khalif Harmn Al Raschid 大使來華，聯大食，其軍伍由中亞帶來商品；西部均爲回人所居，約五萬至二十萬人。彼屢次叛華，蓋由於經濟關係，非由於宗教故。除回紇改宗回教外，回民之增多，均非由有改宗也。回教，並不適合中國社會實際。

二〇　契丹，金及宋（A.D.907-960；960-1280）

1.唐末，與韃靼戰爭之成功時期也。（1）第一極盛期——南北朝，北魏，（386）南宋。（420）（2）第二期——契丹（Cathayans）906-1119；金爲北方游牧部族，1115-1234。北宋，960-1127；南宋，爲漢族。五代有基督教，分Manchaean與聶耳斯托良（Nestorians 又稱景教）兩派，唐代有「景教流行中國碑」。（781）建遼或契丹朝（907-1168）者，來自滿。

2.宋太祖趙匡胤，初爲周將，周世宗卒，衆軍士擁之即位。遂釋武臣兵權，以文臣知州事，理稅財兵費，始集權中央，一革五代時之積弊，而版圖不及漢唐。

3.與女貞（契丹）關係：太祖都邊陲，迨至後晉，女貞勢優，始貢稅，割讓北土。嗣於黃河之北立國曰遼，（金）都北京。宋太宗聯Corea抗女貞不成，國裂爲十五州。女貞效中國文治，益相親和。1004年，互訂「宋兄遼弟」親善條約。至眞宗，（1022-1063）宋遼無事。1042年契丹武力極盛，常與鄰國交兵。后聽政。

4.大夏（Tangutans）位於西，聯契丹抗宋，宋年賜貢予兩國。

5.金興，世爲遼屬，入貢。1120年，宋金訂約抗遼。金旋起兵伐宋，創西遼。（1125-1168）

二一　中國社會主義：革新者王安石

1.王安石變法：（1021-1086）孟夫子以後，一著名「思想家」也。負才氣，好議軍國大事。其變法中包括「國家社會主義學說」，早在馬克斯前八百餘祀。主張擴充國家行政職權，人民故習却多反對官家關涉；然終致影響後代國家趨向獨裁，便利官僚。新法要點有四：(1)市易國營。(2)方田青苗等法。(3)保甲法，保馬法(4)募役法。(爲公家服役以免稅賦)是因所用非人，不善實施，致成失敗。

2反對派：史家司馬光，(1009-1086)司馬遷後裔也，創反對派。Jesuit De Mailla 曾翻譯其資治通鑑成十三卷，而於 1777 年出版；爲「編年史」最佳者，蘇東坡，政治，詩，文，註釋家也。亦反對新法，放逐濱口。

3.文學方面：王安石對儒教經書，獨具解釋；並於新法中改革考試制度，試題以符「實用」爲主。輕蔑道德文章。其政策殊甚慷慨而前進。反對派主張保守。雙方皆政治家著作家，才氣並齊。

4.結論：宋室南遷結果，對新法物議者日起，胥源朝庭奢靡，遠征韃靼軍事失利故耳。

二二一　宋代理學家：朱熹與新儒學

1.中國哲學思想之特徵：頗類西方，缺乏「系統哲學綜合法」，而屬「格言形式」。思想多專注於「政治哲學」，「儒教形式」乃中國特徵也。紀元前第五世紀，世稱「西方孔子」之蘇格拉底，甚標榜西方及中國滲合之思想制度。孔子尊古，以遊說與著作載道；蘇氏獨重眞理，探求自求，前進，奠定現代科學之基礎。孔子倫理觀念：制禮，公道禮法，修身，以神尊祖；「人之初，性本善，性相近，習相遠。」知過不改，爲不可知論者。政治方面，主張「王父」「世襲」。（西臘帝國，主張法治，而非人治。）

2.宋學正宗之朱熹。中國哲學原受「佛」「道」影響，該時哲學自不例外。儒教結晶於宋，與早代學派略異，而影響後世。宋學之最著者有濂洛關閩四派。濂者周敦頤，洛者二程，關者張載，閩者朱熹，世稱「宋代五哲家」。

3.朱熹（朱子）經歷：A.D.1130-1200著作家史家也。生於閩，幼多才，學列十九等，官列二十二品。曾習「佛」「道」哲學，故蒙影響；論治以正君恤民爲主，爲學以居敬窮理爲主。

4.朱子影響於儒家思想者：與二程同爲宋學正宗，釋經書，亦儒教純正標準。勸人正心誠意，言動規矩，哲學理論爲「唯物進化」。「天」「道」合一，適與道佛所謂「神人同形同性說」相反。所以，宋代實乃一「「獨立思想」「評論學識」之復興時期」，但後代遂附和「宋代傳說」矣。

一二三　繪畫藝術成功時期之宋（A.D.960-1280）

1.宋代之繪畫書法。棉，黃褐色絲帛，紙，顏材等；乃繪劃材料。利用毛筆，顏色不須混合，弗使油。遠近配景，則於景上繪一平面顯示之；水平線之高下；「大氣之遠近配景」；遠景朦糊不清，西方畫遠景則物形漸小。圖畫種類有(1)山水(風景)(2)人物(3)花鳥(4)植蟲。「佛」「道」之「神聖藝術」，甚予昭感，如釋迦牟尼，觀音，Bodhidharma, Arhats 等。更包括「自然」之特殊哲學，「陰陽」「男女」「天地」「龍虎」等之「兩造原理」；「竹松梅」之「象徵主義」。佛賜中國思想以仁慈。中畫藝旨及昭感，與夫中國藝術主旨之種類及興趣，非短篇可以概述。

2.中國繪畫發展，源於書法；故書畫有切膚之關。漢代淺痕彫刻及顧愷之繪畫，皆最古證據，可考諸漢代坟墓之磚石。史載佛教流入之前，已有繪畫。顧愷之圖畫風格，適足表示第三至第七世紀時中國藝術發展情形。佛教來自印度，（Gandara）途經土耳其斯坦，此可證諸古物發現；當介入新興精神的「繪像之靜思派（釋）」，影響畫藝。經中國日本修正。道教昭感與主旨茲不贅。

3.唐時繪畫：吳道子繪「觀音老母」，崇奉其寬恕仁慈態度，佛教影響也。描繪「單雙輪廓」。北派粗魯有力，南派憂抑幻想；南派王維，一山水單色畫家也。表示距離，蓋以「影」與「大氣之遠近配景」兩法。唐末，中畫上各種問題多已解決，而「技術發現時期」業形閉幕。

4.中國 Periclean 時代之宋。文化方面，宋代畫家可代表「自然」一派，尤於山水及各種景物。徽宗之白鷹，李龍眠受佛教昭感之繪畫，「書畫學院」之建立。後以蒙人侵犯而衰微。

二四　古代基督教，聖方濟派（Franciscan Friars）在蒙古朝庭

1.亞洲蒙帝之興起：蒙古起源、鐵木貞（Tenuchin）即位，如大汗，（Grand Khan）成吉思汗。（Genghis Khan）蒙人武力擴張中亞：（1）回教流入被阻，東西多佛教徒；（2）一百五十年來歐亞陸道重修。成吉思汗死，（1227）帝業分予四子，窩濶台（Ogotai）死，倘保存不少歐洲文化，以至憲宗蒙哥（Mangu）與世祖忽必烈。（Kublai）世祖成功，完全征服中國，建國元。

2.忽必烈之成功。日本蒙受災難，1266年朝鮮大使，1280年蒙古專使。組成一大艦隊，復遭破壞。蒙人不明海權，終失敗。南部戰役，抗交趾支那（Cochin China）不成；與緬甸安南構兵，蒙遂征及熱帶。差使來往於南部羣島。遠征爪哇。

3.宋代之外國記事。（960-1280）中國對西方抱「閉關主義」，胥由於「帝國分裂」及「商業國營」也。雲南四川與印度關係。阿剌伯與中國通商，海道進南方

港埠，泉州(廈門)及澉浦。(杭州)陸道通契丹(「Cathay」)。中國南部，Manzi。阿剌伯地理家：伊德利西，(Edr si)1153，第十三世紀之阿部肺達，(Abilfeda)Ibn Kh-ordadbeh 之形容杭州如何光榮。

4.外使來華。蒙人漸採取「穩定文化」矣，對歐洲旅者之接近，始發生觀念。柏朗嘉賓(意人，英名為 John Of Plan De Carpin)奉教皇英諾森四世(Inocent Iv)之命來華，1246 年謁大汗朝庭。(即蒙古定宗貴由)為歐人來華有文獻可徵者之第一人。英諾森之信差 Delivers 竟獲一傲慢覆書。並記述中國。1254 年，教士羅伯魯。(William Oh Rubruick)來自法國聖路易士，(St. Louis)曾謁蒙哥大汗，(Karakorum)著遊歷記，後為羅澤培根(Roger Bacon)所用，記述 Cathay-ans，描繪確實。美國王子黑頓(Hayton)之編年史。「茲中國已為歐洲所價識矣」。

5. Papacy 欲使蒙古「基督教化」。中亞統治者乃普累斯忒：(Prester John)基督教國欲聯彼抗 Moslems。柏朗嘉賓僅涉足滿洲，John Of Monte Corvi-

no（1289）繼之而留居北平（Khan Balig）十三載。1307年，相聯合者，有七教士。直至明滅蒙朝，（1368）基督教會之推行，節節進步。

二一五　契丹馬哥孛羅（Marco Polo）時之中國

1.尼可羅（Nicolo）與 Maffes Polo 首次來華：（蒙古）彼等於1260年往克里米（Crimen）作商業冒險。經喀山（Kazan）並至布哈爾；（Bokhara）聯大汗使臣，蒞蒙古朝庭，忽必烈遂委任彼等返歐，並傳教至契丹。去後九年，1269年抵威尼斯，（Venice）1271年，離威，更偕少年馬哥與豆米尼叩（Dominican）派之兩教徒，復起程；然二徒却胆怯止行，誠坐失「基督化蒙古」之良機矣。

2.馬哥孛羅在大汗朝之事業與地位：職權如一異國君王。彼雖未嘗分別中國與韃靼，却以蒙人眼光觀察中國。彼遍遊中國，陸順商道西行，水沿楊子漢水入西南與緬甸。（四川，雲南，和林等。）

3.歐人首次詳述中國，爲西人對遠東觀念之起源。嘉賓與羅伯魯，曾涉足蒙古利亞；對地理社會觀察所述，如北平及抗州（Khan Balig and Kinsay）二京之重要，蒙朝之行政，均尙稱切確。

4.孛羅返歐。彼等別離之環境。Koka-Chin 乃波斯 Ilkhan ，Arghon 之新娘也。海道繞印度，通波斯。陸道至答布利斯（Tabriz）及君士坦丁堡。1295 年，抵威尼斯。馬哥因著作「大汗壯麗奇錄」而成「Il Millione」。待被囚於熱那亞，（Genoa）遂向一囚伴口述其遊歷，Rustician Of Pisa（比薩）。1324 年逝世。

5.歐人信任馬哥之著書，懷疑—— Millions 之馬哥，「此即馬哥也！」舞台人物！其書之地理價值，蓋在後人追蹤其所述之路線。彼之「遊記」抄本與刊本，計八十五版。拉謨西俄（Ramusio）創版於 1559；馬斯頓（Marsden）之英文本，於 1818 年出版；1854 年 Bohn 版（Thomas 著）於「Everymans Library」；1824年，法國地理協會版，1865年波提埃（Pauthier）改訂；1863-1889 年，Col. H. Yvle考察而著「Cathay And The Way Thither」，復續出註解本三版；1902-1920年，科提埃（Henri Cordier）補全增訂。攸貞俄尼爾與登擺侖（Eugene Oneil And Don Byrne）又將之編成劇本。

二一六　元代戲劇及小說

1.元代普通文學：元代雖係外族創國，尙堪容納宗教，贊助文學，尊奉孔子。宋末，忠臣文天祥，學者也。王應麟撰「三字經」，敍述各種學識，簡明而叶韻，頗合小學用。第六世紀，周興嗣撰千字文。小說及戲劇之產生，由於文學考試停止，儒學弗用也。

2.戲劇及其起源。元代之文學產物，究與周漢唐宋者有何不同，可稽諸小說與戲劇之發展，古經之「舞與弦」，舞爲節令時舉行也。唐明皇「梨園」戲院，愛護巴及諸伶人。中國戲劇形式有漢宋之分，蓋自王國維研究而始。中國戲劇形式極影，偏重諷刺，致其發展，頗與沙樂府謝之西方戲劇相類似；其佈景，服裝，音樂，男伶角色等，與英王依利薩伯扮演者相匹敵。缺乏牲質及「寫實性」。但中國伶人甚奮勉操練，如裝腔，粗糙音樂，表情與插話等；演劇之成功，亦惟伶人是賴耳。「軍人」「公民」戲劇，不外歷史插話及連續之日常生活。戲劇形態有三：(1)對話(2)動作(3)扮裝。

3.小說：自蒙古征服中亞，卽有小說發生。敍述(1)政治(2)軼事(3)宗教迷信(4)盜寇。歷史小說以「三國誌」最爲流行。「紅樓夢」亦中國家生活小說，最流行者。「西洋記」，記太監鄭和遊歷錫蘭。「水滸」述盜寇。「西遊記」，係以佛徒玄奘「朝佛」路程所託飾，幾成一笑談之「朝佛歷程」。小說者，不僅爲文學之一，且爲大衆普遍讀物；除描繪國家內部情形及風俗外，倘可供給一「常變語法之樣本」，並影響國內文字。「土語」寫述，現代標準「白話」，皆影響於現代「文學復興」也。

二七　復興之明代（A.D.1368-1644）

1.忽必烈以降，蒙漸衰。中國對征服者韃靼之態度，除忽必烈而外，多置罔聞。元書（蒙代史）編纂欠詳；外人嘉賓，羅伯魯與孛羅所記，尚較確切。蒙人輕儒重佛，廢文學考試；直至1313，嗣尊儒而不及時；又續建翰林院。

2.蒙末：當代內部傾軋。階級服從：婦女，太監，奇異宗教牧師等不合理之影響。蒙人仍續被視爲野蠻民族也。

3.1368年，朱元璋創立明朝，乃「乞丐皇帝」之始。奬功臣，尊孔儒，以科舉取士，節抑政費。建都南京，後遷北京。頗類「新國家主義之政府」之「近代行動」。用兵於西部寧夏及長城一帶，抗蒙。元璋即位，取號「洪武」；羅致天下俊傑，平治帝業，（由緬甸至朝鮮）恢復「古代光榮」。

4.第三帝，成祖棣篡位：惠帝乃洪武之孫，在位時，洪武第四子棣與師篡之；入京城，（南京）惠不知所終。成祖即位，（1403-1424）改號「永樂」。甚具雄略。1421年，遷都北京。並修飾古京。

5.明代及其末年：蒙族繼續侵入。宦官王振擁英宗，征瓦剌，被虜。猖佈法令，禁止殺隸及宮女之葬禮。1465-1506年，爲明代光榮之「高峯時期」。完成運河，修築長城。萬曆帝，1573-1620年。滿族遂開始侵入矣。

一一八　明代之鄰邦與學藝

1.鄰邦之接觸：售茶予蒙，中國「拒絕政策」之源起；邊陲市鎮；馬市等。明與日本關係：日本海寇侵擾沿海城市，Hideyoshi侵略朝鮮，彼更計劃由朝鮮征服中國。

2.國民教育制度：與經（儒）學，立學社，科舉取士，純文學，立翰林院，考試「八股」文章。濫任文官，以地理區域分派官級。中國教育，遂影響東亞。

3.文學及哲學：中國之百科全書，與西方概要不同。編纂「永樂大典」，遭毀壞，又部份恢復。王陽明（守仁）「唯心論者」、宗孟子「良知」之說，知行合一，頗可施諸「實用」。其他學派等。

4.繪畫：迂儒或保守派與「宋代自然派」或愛好自然者相比較，蓋可分爲兩期

：(1)垂簾十五世紀末；此期作品，較宋代爲少。林良與吳維之簡單有神之單色畫。其式樣，實物，大氣，均無須繪影表示。馬遠之山水。丁玉川之花鳥。(2)此期已步入「絕勝修飾性質之配色」階段。仇英之「宮殿艷麗生活」「稗史說明」「彩色風景」諸畫。「游戲者」「負販」「嬉戲頑童」等世情時畫，竟使日本藝術之「流行式樣」，亦深權影響。聖哲，山水，花鳥，仍繼續保持「故題」也。

5.瓷器之發展：陶器種類，多不甚述。瓷器及其釉藥，有半透明者。古式色多爲純白；單色者，或綠或藍。染瓷裝飾，始自明代。江西景德鎮之陶器，其瓷泥，卽高陵土(Kaolin)也。「明藍」與鈷同產。瓷器出產，可按「年號」分爲「洪武」「永樂」「玄德」等時期。禹堯，甚重讓「窰」，乃著名陶工家。酒器或茶盞上之顏色；有藍，紫，凋葉色及白蛋殼瓷者。明代以降，更知於色上釉添飾琺瑯瓷。中國瓷器介入歐洲後，近代西方，對之已漸加研究。蓋瓷器乃中國努力於「美術」上之「最後形式」，且爲西方賞識感佩之最深刻者。

二九　明末與滿興

1.明代與外人之關係：西方接觸間斷，基督教滅跡。Timurlane 阻礙 Tran Asian 陸道，阿剌伯封鎖海道。明初政策，在征服遠敵，並封鎖兩國間陸海交通。

2.海道開通：歐人探往契丹（Cathay），悉以著名地理家，方濟派牧師旅行者。尤其孛羅等遊記，刺激所致。查理第五時，哥倫布之卡答蘭阿特拉斯（Catalan Atlas）航船，曾之中國日本而西，由非洲往葡萄牙。亨利（Henry）及 Navigator。古代英商往西北海道探險。西班牙阿馬達（Armada）遭遇損毀，海道大通。葡萄牙船隻被捕，洩露地圖上「標記之路線」，遠東富者遂陸續紛往英國。1600年，東印度公司成立。歐洲各商業國，相互競爭。1517年，葡人在中國者，有斐迪南安德拉達（Ferdinand Andrade 及 Pirez。除澳門外，各港咸被盤據；排拒染指；西班牙人之於菲律賓，荷蘭人之於台灣爪哇，屬之。

3.明衰，與滿開戰。李自成陷北京，毅宗自縊。忠臣吳三桂，遂聯滿入關，建國「大清」。（1644）自成走死。清代行政制度。令留髮「樣辮」以爲「征服標記」。封三桂爲平西王。此卽滿淸初葉及中國孤擲之末也。

4.中國基督教復興：St. Francio VaVier，爲耶教牧師來遠東者之第一人。1583年，利瑪竇（Matteo Rieci）至澳門，爲中國現代教育之創始者。（天主教堂始此）彼雅具科學知識，傳入「天文」「曆」「算」及「地圖學」。1616年逝世。繼彼成功者，有德人湯若望（Adam Schall）及比人 Ferdinand Verbiest。湯氏任欽天監，修曆書，鑄火器。而略受康熙壓迫。惟 Verbiest 則始終任欽天監之職，故克介入準確之「數學」計算。並担任鑄銅及其他科學職務。

5.禮儀之爭論：亞米尼叩派與方濟派教士來華，均反對耶蘇派之容忍「崇拜祖宗，上帝與天」，蓋以娩如中國教儀。彼等懇求，准許「教令」可以取消「君權」。於是觸怒康熙，下令逐「亞」「方」兩教派。1718-1723年，雍正制止基督教。其所以譴責如斯，實因政治關係也。

6.1685年，法國耶教徒至。留北平，直待1744年下令驅逐耶教徒時。法文在漢文上所以獲得地位，實難抹殺耶教功勞。彼等據各種事職以研究中國，甚矣。

三〇　滿洲與滿族（1644-1912）

1.滿洲之地位：原爲韃靼之一部，疆域在東三省。（後改爲東四省）地勢多山；南面海隅有關東或遼東。其現實主要人口，係爲中國日本俄國人民移入者，滿民已形稀少。瀋陽（Mukden）乃昔時市城，並有早年皇陵在焉。

2.古代記載，謂紀元前一千年之滿洲，乃爲未開化之野蠻地帶。至漢朝，曾一度隸屬於中國及朝鮮王國，此可取證於遺存之土工（建築）等物。唐代征服同古斯王國，Bohai，而伸及西比利亞。（Siberia）復被契丹，金，蒙古所服制。迨明季初葉，南滿已成爲邊省矣。滿族祖先愛新覺羅，（Aisin Gioro）曾與明太祖爭勝。明末，滿族酋長努爾哈赤，（Nurhachu）終稱「太祖」。（b.1559）

3.努爾哈赤之事業：其父及祖叛變中國而死，彼遂誓言報服。1586年，竟居五族之首，每年自中國勒索補助金。1593-97年，壓制頑抗之Yeho族。「四旗」（後改爲八旗）之組織；滿洲軍事訓練，戰略，軍隊。1618年，向中國宣戰。滿洲寃情有「七恨」也。

4.滿之鞏固及其與明開戰：1625年，努爾哈赤制服全滿，而成首領。自萬曆帝死，中國漸衰，滿族興起。流寇李自成陷京師，山海關守將吳三桂，引滿入境，太宗於是乎成功。1626年，努氏於奉天逝世。

5.制服中國：順治立，多爾袞（Durgan）攝政。滿清政策，可見諸其對「被征服者」之待遇。掠刧揚州，剃髮留辮，保留中國公民官職，滿洲衛戍隊。是其大略。

6.清代之三朝鼎盛——征服鄰國。康西，（1661-1722）抗吳三桂，明之忠臣Koxing及台灣，戰挨琉寨。（Eleuths）僱用耶教士。纂修「圖書集成」與「康熙字典」。雍正，（1722-36）叛變，內訌，重文學。仇視外。乾隆，（1736-96）在位六十祀，修「四庫全書」。西南及蒙古匪亂。合併土耳其斯坦。又與緬甸，土番，Ghurkas等開戰，疆域遂擴張極大矣。

（完）

民國二十七年十月印刷，月底發行（1001—2000）

中國文化輯要（全一冊）

特價國幣五角
（郵費另加）

著者　蓋樂（E.M.Gale）
譯者　孫德孚（一中）
發行處　漵浦縣合作金庫經理室
印刷所　漵浦縣民生工廠
代售處　湖南漵浦縣民衆書局
　　　　沅陵青年書報供應社